1N03009L

TRAVAILLER

AVEC

PASSION

NANCY ANDERSON

TRAVAILLER

AVEC

PASSION

Comment découvrir la carrière de votre vie

Traduit de l'américain par
Claire Dupond

Données de catalogage avant publication (Canada)

Anderson, Nancy, 1936 -

    Travailler avec passion

    Traduction de : Work with passion.

    ISBN 2-920083-55-4

    1. Satisfaction au travail.   2. Recherche d'emploi.
I. Titre

HF5549.5.J63A5314 1991   650.1   C91-096874-8

Conception graphique : Deval-Concepts

Photocomposition : Deval-Studiolitho inc.

Titre original : *Work With Passion*
             Carroll & Graf Publishers, Inc., New York

Copyright© Nancy Anderson, 1984
Copyright© pour la traduction française,
             Éditions du Roseau, 1991

ISBN : 2-920083-55-4

Dépôt légal : 4e trimestre 1991
             Bibliothèque nationale du Québec
             Bibliothèque nationale du Canada

Distribution : Diffusion Raffin
             7870, rue Fleuricourt
             St-Léonard (Québec)
             H1R 2L3

À mon frère

Et à ma sœur,

Où que vous soyez,

Que jaillisse la lumière enfouie en vous

Et qu'elle illumine un monde en attente.

« Le monde ne pourra jamais être heureux
tant que tous les hommes
n'auront pas une âme d'artiste
– j'entends par là tant que leur travail
ne leur sera pas une source de plaisir. »

Auguste Rodin

REMERCIEMENTS

« … L'idée maîtresse de ma vie, je ne parlerai pas de la doctrine que j'ai toujours prêchée, mais de celle que j'aurais toujours dû aimer prêcher, c'est qu'il faut accueillir ce qui survient avec gratitude et non comme si cela allait de soi. »

G.K. Chesterton, *L'Homme à la clef d'or*

Dans la petite ville paisible de la Floride où j'ai passé mon enfance, mon professeur de sixième avait su reconnaître mon talent et l'encourager. Elle m'avait dit que je connaîtrais le succès parce que je travaillais avec acharnement et assiduité. Je n'ai jamais oublié Mary Maniscalco ni son influence stimulante.

Je n'ai pas oublié non plus Helen Fowler, mon professeur de journalisme à l'université, qui m'a non seulement assuré que je pouvais écrire, mais m'a également honorée de sa confiance en me nommant rédactrice en chef de notre journal. Elle avait en mes capacités une foi bien supérieure à la mienne.

Marjorie Robinson est le type même du professeur d'anglais dont rêve tout étudiant en littérature. Elle est l'incarnation de l'intellectuelle qui aime sa langue, de l'enseignante qui sait aller chercher ce qu'il y a de meilleur en vous, de la personne qui se fie à son instinct. Helen et Marjorie sont deux amies que je chérirai toujours.

Roy Maloney, l'auteur de *Real Estate, Quick and Easy*, est entré un jour dans mon bureau et a remarqué quelques notes que j'avais inscrites sur mon tableau à feuilles. Il m'a alors déclaré, avec la fougue qui le caractérise : « C'est excellent ! Quel livre ça ferait ! Écrivez-le ! » Et c'est effectivement ce que j'ai fait, Roy. Merci d'avoir été mon déclencheur.

Jane Kinzler, une Anglaise d'une remarquable érudition, a revu le premier jet de cet ouvrage et m'a fait diverses suggestions, toutes plus pertinentes les unes que les autres. Enchaînant après elle, Gloria Lionz a patiemment structuré et dactylographié le manuscrit, pour que je puisse le soumettre à un éditeur.

Carol Spenard LaRusso, de Whatever Publishing, est bien plus qu'une bonne éditrice. C'est Carol qui a été la première à saisir tout le potentiel de mon livre et qui l'a repris avec moi, chapitre après chapitre, jusqu'à ce que nous soyons toutes deux satisfaites du résultat. Géniale, équilibrée, affectueuse, exigeante et cultivée, elle est véritablement l'amie des auteurs.

J'ai été extrêmement chanceuse que deux maisons d'éditions décident de publier mon livre conjointement, parce qu'il a ainsi bénéficié d'une double dose d'amitié, d'attention et de compétence.

Jon Bernoff, le premier de mes éditeurs à voir le manuscrit, est un jeune homme enthousiaste, visionnaire et tolérant. Il témoigne d'un grand respect envers les auteurs et sait leur accorder toute la latitude voulue, deux dons qui n'ont pas de prix. Lui et Carole sont d'extraordinaires camarades. Et tous deux travaillent avec passion.

Marcus Allen, de Whatever Publishing, a l'œil du maître typographe : net, élégant, précis. Après avoir jaugé le texte définitif, il a transformé le manuscrit dactylographié en un livre parfaitement équilibré au plan visuel, en une véritable œuvre d'art. Son enthousiasme paisible s'est avéré pour moi une source constante d'encouragement.

Herman Graf est tout simplement le meilleur vendeur du monde. Il affronte la vie avec panache et passion, poussant tous ceux qui le côtoient à aller au bout de leurs possibilités, à relever le défi qu'on croyait derrière soi.

Kent Carrol sait parfaitement ce qu'il recherche : l'excellence. Son intelligence pénétrante a su déceler les contradictions et les faiblesses du manuscrit, et jointe à celle de Carol, son expérience d'éditeur a permis de distiller l'essence de ce concept auquel nous croyons tous si intensément : travailler avec passion. Du début à la fin, le projet a suivi les neuf étapes décrites dans le livre. Et le résultat a été tout à fait concluant !

Pendant sept années fructueuses, Carol Miller et moi-même avons été à la fois des amies et des associées. Nous avons été liées par cette confiance absolue qui est le siège même de l'amour. D'un amour indéfectible.

Enfin, si j'ai eu la patience de mener ce projet à terme, c'est grâce à la force qui coule en moi. « Yahvé ma force et mon bouclier, en lui mon cœur a foi ; j'ai reçu aide, ma chair a refleuri, de tout cœur je rends grâces. » Psaume 28:7

PRÉFACE

J'ai écrit ce livre pour vous aider à mener la vie pour laquelle vous êtes né – une vie qui fonctionne, au sens premier du terme « fonctionner ». Lorsque votre vie « fonctionne », tous ses éléments se fondent en un tout harmonieux et équilibré : votre travail, votre famille, vos amours, vos finances, ainsi que votre croissance mentale et spirituelle.

Nous sommes tous sur terre pour accomplir quelque chose, pour en tirer des leçons. Et, surtout, nous devrions connaître une vie agréable – emplie d'humour et de joie. « Comment faire ? me demanderez-vous. Ma vie est loin de ressembler à ce que j'aurais souhaité. Comment pourrais-je me laisser aller à rire et à m'amuser alors que tout concourt à démontrer que la vie n'est qu'une lutte interminable ? Que pourrais-je trouver dans votre livre, qui n'a pas déjà été dit et redit dans des dizaines d'autres ouvrages traitant de développement personnel ? Je les ai tous lus et je suis quand même resté sur ma faim. »

Qui sait, peut-être trouverez-vous dans ces pages les réponses à vos questions, comme il est également possible que vous n'y trouviez rien. Je m'adresse à vous de la même façon qu'avec les centaines d'hommes et de femmes qui sont venus me consulter à propos de leur carrière ou de leurs affaires. Chaque fois, je leur ai expliqué les mêmes étapes – et, chaque fois, ces étapes ont *fonctionné*. C'est ça qui importe – ce qui fonctionne. Dans ce livre, je m'adresse à vous personnellement, comme si vous étiez assis en face de moi. Je veux, par ce tête-à-tête, tenter de vous rejoindre en adoptant un style qui personnalisera le problème que vous voulez résoudre : quelle est votre véritable voie dans la vie ? dans quel domaine réussiriez-vous le mieux ?

Travailler avec passion s'appuie sur des faits, des événements, des personnes. J'ai puisé à plusieurs sources pour élaborer le plus clairement possible les étapes qui mènent vers le pouvoir. Tout comme pour mes clients, je vous ai préparé de nombreux exercices écrits. Et je vous raconte un grand nombre de réussites personnelles. J'ai constaté à de multiples reprises que nous adorons entendre ce genre d'histoires. Nos sources d'inspiration sont si rares ! Avez-vous remarqué combien cela vous réjouit d'apprendre que quelqu'un a su triompher de l'adversité ? Si le découragement vous gagne, si vous craignez que votre vie ne débouche, au mieux, que sur la médiocrité, vous ferez dans ces pages la connaissance de dizaines de personnes qui pensaient comme vous. Ce sont des personnes tout à fait ordinaires, mais elles ont constaté qu'elles pouvaient accomplir des choses extraordinaires, dès l'instant où elles modifiaient leur façon de penser.

Vous découvrirez, au fil de votre lecture, les nombreuses expériences de mes clients. L'accent y est mis moins sur le « comment » que sur le « comment-*faire* ». Vous apprendrez aussi – grâce à des exercices et à des lectures, en réfléchissant et en étant à l'écoute de vos sentiments – à adopter un comportement dynamique qui métamorphosera complètement votre vie.

Il existe des similitudes frappantes entre les personnes qui aiment leur travail et qui connaissent le succès. S'il est vrai qu'elles ont un même schème de pensée, ce qui compte surtout, c'est le fait qu'elles n'hésitent pas à passer à l'action. Et c'est *comment* elles agissent qui constitue le thème de ce livre. La façon la plus simple et la plus rapide de changer personnellement et d'améliorer sa condition consiste à observer leur comportement dynamique et à reproduire l'action souhaitée. C'est pourquoi je raconte leur histoire avec une telle abondance de détails.

Bien loin d'être des capitaines d'industrie ou encore des vedettes de la scène politique ou du monde du spectacle, ces personnes dynamiques sont des gens tout à fait ordinaires, des gens comme vous et moi, mais qui ont accompli des choses extraordinaires. Chaque fois, cela a commencé par le désir de changer – occuper un nouvel emploi, trouver un travail plus enrichissant, lancer sa propre entreprise. En étudiant comment elles avaient atteint leurs objectifs, j'ai fini par constater à quel point leur réussite reposait sur la *foi*, la *conviction* et l'*imagination* – sur la *passion*! Dans chacun des chapitres de cet ouvrage, vous découvrirez un « secret de la passion ». Et lorsque vous aurez maîtrisé ces neuf secrets, vous serez à votre tour un acteur dynamique et non plus un sujet passif.

Ce livre débute par une analyse approfondie du produit à mettre en marché – *vous*. La plupart des ouvrages qui traitent de développement personnel mettent l'accent sur les techniques, l'information et d'autres sources *extérieures*. Ici, au contraire, vous apprendrez que c'est d'abord *en vous* que vous devez regarder – pour découvrir votre passion – avant de vous tourner vers des techniques axées sur la réussite. L'un doit précéder l'autre. En fait, la connaissance de soi détermine tout le reste, y compris les techniques à suivre. Si l'entreprise que vous voulez monter ou l'emploi que vous recherchez sont en harmonie avec votre passion et vos valeurs, vous ne pourrez que réussir. Car ils constitueront les fondements mêmes de votre épanouissement. En revanche, si cette harmonie est inexistante, peu importe « l'argent » que cela vous rapportera, il vous faudra saboter votre entreprise ou quitter votre emploi pour pouvoir vous en sortir. En renonçant à tout ce qui ne correspond pas aux grands objectifs de votre vie, vous aurez enfin les coudées franches pour donner corps à votre passion.

J'aimerais bien être présente lorsque vous serez frappé par l'éclair de la compréhension, car je sais que cela viendra. Quelle que soit la voie que vous aurez empruntée, je vous en félicite et vous souhaite de connaître la vie la plus dynamique qui soit!

COMMENT LIRE CE LIVRE

Lisez ce livre de la première à la dernière page avant de vous attaquer aux exercices. Pendant votre lecture, assimilez les concepts, voyez où cela vous mènera, pensez à ce qui vous est enseigné. Laissez passer au moins quelques jours, puis reprenez le livre au début.

Cette fois, faites tous les exercices prescrits. Si vous êtes d'un naturel indépendant, vous voudrez en savoir plus long sur les résultats d'un travail aussi ardu. Et si vous terminez votre lecture avant de prendre votre crayon, vous découvrirez le fin mot de l'énigme : le bonheur.

Note : Dans cet ouvrage, la forme masculine désigne, lorsque le contexte s'y prête, aussi bien les femmes que les hommes.

1

COMMENT DÉCOUVRIR
VOTRE PASSION
ET VOTRE POUVOIR

Aimez-vous votre travail ? Êtes-vous aussi heureux de voir arriver le lundi matin que le vendredi matin ? Êtes-vous satisfait des relations que vous entretenez avec vos collègues, avec les amis que vous côtoyez au travail et pendant vos loisirs ? Gagnez-vous autant d'argent que vous le voudriez ? Éprouvez-vous de l'admiration pour votre patron et pour la philosophie de votre entreprise ? Le soir venu, regagnez-vous votre foyer, empli de la conviction sereine d'avoir accompli le maximum, impatient de vivre une nouvelle journée riche en défis de toutes sortes, variée, passionnante ? Vous reconnaissez-vous dans les produits ou les services offerts par votre société ? Jouissez-vous de la sécurité d'emploi, reconnaît-on votre valeur, avez-vous des possibilités d'avancement ? Votre vie privée répond-elle à vos attentes ?

Si vous avez répondu négativement à l'une ou l'autre de ces questions, je vous dirai ce que je dis à tous mes clients lorsque nous nous préparons à travailler pendant des mois pour découvrir leurs véritables aspirations : vous *pouvez* aimer votre travail. Vous pouvez mener une vie fascinante et gratifiante. Les choix et les occasions sont innombrables. La vie n'est littéralement pas assez longue pour vous permettre d'accomplir tout ce qui vous passionnerait. C'est donc par *vous* que nous devrons commencer, si vous voulez exaucer vos désirs. Vous devez apprendre à vous connaître, à découvrir ce qu'il y a d'unique en vous, quels sont vos points forts et tout ce que vous êtes capable d'accomplir naturellement, facilement, sans effort. Mais vous n'avez nullement besoin de retourner à l'école, de changer du tout au tout, de tout laisser tomber ou de vous faire renvoyer pour obtenir les résultats souhaités.

Les personnes qui se présentent à mon bureau sont fortement préoccupées par leur vie et leur carrière. Elles sont mécontentes de leur situation actuelle. Leur créativité est réprimée. Elles ignorent le genre d'emploi qui leur conviendrait le mieux. Elles n'aiment pas leur patron ou elles sont déçues par la structure administrative de leur entreprise ou par les politiques qu'elle préconise. Il est également possible que l'ennui soit devenu leur lot quotidien : elles ont besoin de nouveaux défis, mais, pour une raison ou une autre, elles sont incapables de concevoir le processus exact qui leur permettrait de résoudre leurs difficultés professionnelles. Bien souvent aussi, elles veulent gagner plus d'argent ou obtenir plus d'avantages. Mais, plus que tout, elles veulent progresser, croître, accomplir des actions qui leur vaudront la reconnaissance de leurs pairs et de leurs employeurs. Elles cherchent à savoir quelle est leur mission, quel est leur but dans la vie.

Lors de la première rencontre, la conversation se déroule généralement selon le schéma suivant. Je demande à mon visiteur : « Qu'est-ce qui vous a incité à venir me voir ? »

Réponse : « J'ai l'impression d'étouffer, de ne pas être apprécié. Mes collègues se comportent de façon lamentable, mon patron n'est pas le genre de chef que je pourrais admirer, je n'arrive pas à faire passer mes idées et la direction ne se soucie absolument pas de son personnel. Pour elle, nous ne sommes que des numéros. L'emploi qui me plairait ne m'est pas accessible. J'ai les connaissances, la formation et l'expérience voulues, mais je ne peux pas mettre mes capacités à profit. Je sais que j'ai du potentiel, mais on dirait que je n'arrive pas à le développer de façon à être apprécié et récompensé comme je le devrais. »

De toute évidence, nous avons affaire à une personne qui ignore tout de sa passion.

« Qu'avez-vous tenté pour résoudre votre problème ? »

Là, les réponses peuvent varier. « Pendant des mois, j'ai envisagé de changer de carrière. J'ai essayé de discuter avec mon patron et mes collègues, mais cela n'a rien donné. J'ai répondu à des offres d'emploi, j'ai rédigé mon curriculum vitae et je l'ai même envoyé à quelques entreprises. »

Je demande alors ce que cela a donné. « Pas grand-chose. J'ai passé quelques entrevues, mais ou bien cela ne correspondait pas à ce que je voulais ou bien je n'étais pas la personne qu'ils recherchaient. En plus, cela influe sur ma vie tout entière. Je ne suis pas très facile à vivre en ce moment et ce n'est pas drôle à la maison. Les membres de ma famille (ou ma femme, mon mari, mon partenaire) ne peuvent pas vraiment m'aider ; ils sont accaparés par leurs propres problèmes. Je suis sûr qu'il existe quelque chose pour moi, un poste où je pourrais donner mon maximum, mais j'ignore quoi et où. Je ne connais pas le marché du travail, je ne sais pas ce qui me conviendrait. »

DÉCOUVREZ VOS BESOINS

Pour qu'un emploi vous aille « comme un gant », il faut qu'il réponde à *vos besoins intimes*. Un besoin est une force, une lacune à combler, une passion, consciente ou inconsciente. La vie de chaque individu se déroule selon un fil, selon un thème. Lorsque votre travail suit ce fil, vous vous sentez satisfait. Les besoins changent à mesure qu'on avance en âge. Quand on est jeune, on se préoccupe surtout des apparences, on cherche à briller. Plus tard, on préférera devenir son patron, avoir sa propre affaire. Vous avez peut-être besoin de travailler en équipe, avec un groupe de personnes capables de faire fructifier les idées de tous sans menacer l'ego de qui que ce soit. Si votre emploi actuel ne vous offre rien de tel, il est possible que vous tâchiez de vous rattraper pendant les week-ends en vous consacrant à des passe-temps, en rencontrant des amis ou même en vous adonnant à la boisson ou à d'autres formes d'évasion. Mais c'est peine perdue. Et, dès le lundi midi, vous vous sentez démoralisé et vous comptez les jours jusqu'au vendredi. Vous vous demandez si c'est bien là tout ce que vous réserve la vie.

Comme le souligne Stewart Emery, le cofondateur d'*Actualizations*[1] : «Heureusement, vous n'êtes pas une graine dans un sachet de semences, attendant d'être semée dans le bon sol.» Car, en votre qualité d'être humain, c'est à vous qu'il revient de décider du cadre où vous voudrez éclore.

Lorsque vous commencerez à rechercher la bonne «plate-bande», tâchez d'en faire un jeu, cela vous facilitera les choses. Prenez ça d'un cœur léger et essayez de vous identifier à la nature. Vous ne trouverez sûrement pas de pins dans le désert du Mohave. Si vous tentez constamment de tout diriger vous-même et ça depuis l'époque où votre fleur n'était encore qu'un modeste bouton, il est inutile de vouloir vous intégrer à une grande société. Recherchez plutôt les petites entreprises qui comptent moins de vingt personnes.

Vous saurez que vous avez trouvé la bonne plate-bande lorsque vous éprouverez la sensation agréable de vous épanouir : les connaissances que vous êtes en train d'acquérir vous satisfont pleinement, tout comme les fleurs qui vous entourent. Le jardinier (le propriétaire, le patron, le chef de service) vous stimule juste assez, il ne vous arrose (dépanne) pas trop, il ne vous surexpose pas au soleil (attentes démesurées), ne vous prive pas de fertilisants (aucune félicitation ou surabondance de critiques).

Supposons que vous ayez besoin d'être repiqué – vous êtes une plantule qui ne pousse pas comme elle le devrait. *Le milieu où vous pourrez vous épanouir est à votre portée.* Rappelez-vous bien ce point, répétez-le tous les jours. Ce qu'il faut laisser croître, c'est uniquement ce pouvoir qui n'appartient qu'à vous et à personne d'autre. Avant de changer de plate-bande, vous devez réfléchir à cette force naturelle qui est en vous et ensuite seulement vous déciderez du sol le plus approprié.

Vous possédez tout le pouvoir dont vous avez besoin pour découvrir le milieu de travail qui vous conviendra parfaitement. On m'a souvent demandé si tout le monde entretient une passion. La réponse est oui. Elle est peut-être enfouie sous d'innombrables craintes, mais elle existe. Toutefois, vous devez apprendre à vous connaître – vous êtes votre produit – *avant* d'aller plus loin. La connaissance du produit débute par la conscience – la perception exacte et solidement ancrée de ce que vous avez à offrir. Tout comme pour n'importe quelle entreprise, la gestion d'une carrière exige qu'on sache d'abord ce qu'on a en inventaire – qu'on connaisse la nature du produit, la nature de la passion.

Les êtres humains sont merveilleux. Je crois en la magie de la personnalité de l'être. Au fil des années, j'ai vu des hommes et des femmes prendre leur destinée en main et bâtir leur vie consciemment au lieu de se comporter comme s'ils étaient incapables de la diriger. Dans bien des cas, ces personnes s'étaient d'abord perçues comme les êtres les plus inaptes à faire preuve d'un pouvoir personnel.

Mon travail comme conseillère en orientation professionnelle et auprès des entreprises m'a appris que la capacité personnelle est un état d'esprit. C'est pourquoi j'estime que le choix d'une carrière est d'une importance capitale. Lorsque vous aimez votre travail, tous les autres éléments de votre vie semblent se mettre en place. Quand vous réussissez sur le plan professionnel – quel qu'il soit –, vous vous sentez bien. Vous développez un sens aigu de votre valeur personnelle et vous prenez davantage conscience de la valeur des autres. *C'est par la dignité du travail que l'on parvient à l'estime de soi dans la vie.*

Aider les individus à découvrir leur voie me permet de faire ce que je réussis le mieux : tout d'abord, guérir le cœur et libérer l'esprit, et, en second lieu, analyser et concevoir une stratégie de mise en marché. La clé du succès, dans le monde du travail, tient à la capacité d'établir et de maintenir des relations durables. Nous verrons ce concept plus à fond dans un prochain chapitre. Pour certains clients, la principale difficulté eu égard à leur carrière ou à leur vie consiste à faire le meilleur choix possible. Pour d'autres, il s'agit d'apprendre à nouer des relations et à élaborer une stratégie : l'amorce, le suivi et les autres techniques de recherche d'emploi. Tous mes clients ont connu le succès dès le moment où ils sont parvenus à combler l'écart entre leur lucidité mentale et affective et leur passion. Je peux les aider à établir cette jonction vitale parce qu'ils ont suffisamment confiance en moi pour me livrer le fond de leur cœur et pour me révéler ce qu'ils veulent vraiment. (*Indice-passion* : si quelque chose vous *embarrasse*, c'est que vous vous rapprochez de votre passion ! Ce n'est peut-être pas évident de prime abord, mais pensez-y bien.) Ce livre a pour but de vous aider à créer ce même lien dans votre vie, également.

LA RÉALITÉ NAÎT DE VOTRE ESPRIT

La passion résulte de deux facteurs : savoir exactement ce que vous voulez et avoir la force émotionnelle de tendre vers ce but, tout en laissant votre plan mûrir suffisamment longtemps pour qu'il puisse se concrétiser. La jonction entre la lucidité mentale et affective et la passion s'établit au moment où vous comprenez comment votre esprit procède effectivement pour créer les conditions souhaitées.

Notre système d'éducation de même que la majorité de nos rapports avec les autres mettent l'accent sur la cause et l'effet : si on a A, on obtiendra B. Ce concept est linéaire, rationnel, fondé sur le jugement, méthodique, prévisible, logique, analytique et axé vers un processus. C'est ce qu'on appelle communément « la pensée de l'hémisphère gauche », parce qu'il est prouvé que, chez la plupart des individus, ce processus réflexif se déroule dans l'hémisphère gauche du cortex cérébral. Cette partie du cerveau a pour fonction d'ordonner la réalité, c'est-à-dire ce que nous observons et ressentons. Le principe de la rationalité a donné naissance aux révolutions scientifiques et industrielles. Depuis 1650 environ jusqu'à tout récemment, les méthodes scientifiques et pédagogiques privilégiaient l'enrégimentement et la centralisation de nos systèmes sociaux, politiques et religieux. Cette importance accordée à nos facultés rationnelles l'a souvent été au détriment de nos autres facultés, centrées sur l'imagination, la sensibilité et la créativité.

Dans ce monde où tout change rapidement, il est urgent d'adopter un mode de pensée *parallèle*. Tout comme le corps humain, le corps socio-culturel connaît la souffrance pendant ces phases de croissance et d'évolution accélérées (il doit, par exemple, faire face à des changements dramatiques au niveau du noyau familial autrefois étroitement soudé ou encore de la dégradation du système d'enseignement public). Lorsqu'il faut trouver des solutions inédites, les individus sont forcés de puiser à une autre source – leur créativité –, qui est la pensée de l'hémisphère droit.

LA PENSÉE CRÉATRICE

L'imagination, la créativité, les nouveaux schèmes de pensée sont tous des fonctions qui relèvent de l'hémisphère droit du cerveau. Cette région cérébrale est intuitive, irrationnelle, non linéaire, sensible, créatrice, innovatrice et passionnée. Certains ont qualifié les hémisphères gauche et droit de mâle et de femelle, de yang et de yin, l'énergie émanant de la région mâle et étant reçue par la région femelle. C'est de la partie droite du cerveau que nous viennent les pressentiments, les idées, les pensées irrationnelles, les éclairs de génie. Cette information est ensuite traitée par le côté gauche du cerveau, qui est très fortement développé chez la plupart d'entre nous. Cet échange se fait très rapidement, en l'espace de millisecondes. Vous fantasmez, par exemple, sur quelque chose d'agréable dont vous rêvez depuis toujours et aussitôt votre intelligence s'interpose et vous dit : « Ne sois pas stupide, tu sais bien que c'est impossible ! » Alors, vous cessez de rêver.

Il s'ensuit que les réactions instinctives, les premiers sentiments (ai-je besoin de parler de passions ?) face à un événement sont parfois réprimés et étouffés. Et, finalement, on aboutit à une forme de pensée très rigide. L'idéal ne consiste pas seulement à maintenir l'équilibre entre les deux modes de pensée, mais également à acquérir la faculté de dépasser cette dualité, ce syndrome du soit ceci / soit cela, du gauche / droit. Lorsque l'esprit est discipliné, dirigé – lorsque vous êtes le maître de ce que vous pensez –, vous êtes aussi le maître des actions qui découlent de vos pensées. « L'homme est semblable à ce qu'il ressent dans son cœur. » Cette vérité tirée de la Bible vaut à la fois pour les impulsions négatives et pour les pensées positives.

Rares sont ceux d'entre nous qui, dans leur enfance, ont été initiés à la pensée créatrice. Bien au contraire, que ce soit à l'école, à la maison ou, plus tard, au travail, le fait de nous conformer à un modèle extérieur nous vaut généralement d'être récompensés. Quand vous a-t-on parlé du pouvoir de votre esprit, quand vous a-t-on appris que les pensées sont concrètes ? Qui vous a remis les clés magiques donnant accès à une vie dynamique : à la spontanéité, à la souplesse et à la faculté de suivre les élans de votre cœur ?

Si vous êtes comme la plupart des gens, vous êtes conscient de vos limites – vous les avez découvertes très tôt dans votre vie. Votre génie – car nous en avons tous – a commencé à être réprimé dès la première fois où vous avez eu l'impression de savoir ce qu'il vous était en fait impossible de savoir rationnellement (vous étiez trop jeune, trop ignorant, trop *quelque chose*). Et parce que vous avez cru alors que vous ne pouviez connaître l'«inconnaissable», vous avez fait taire votre génie, vous l'avez étouffé et vous vous êtes imposé des limites. Ce faisant, vous avez jugulé vos passions. Mais ces impulsions naturelles et puissantes subsistent en vous. Ensemble, vous et moi, nous leur redonnerons vie, nous réveillerons l'enfant créateur qui sommeille en vous.

Ce livre s'intitule *Travailler avec passion*. Lier passion et travail, penserez-vous peut-être, n'est pas quelque chose qu'on peut réussir du jour au lendemain. Et vous aurez raison. Par contre, ce qui *peut* effectivement changer du premier coup et transformer littéralement votre vie, c'est votre attitude, la façon dont vous envisagez les problèmes. Ce changement peut prendre naissance au cours d'un rêve, d'une conversation ou à l'occasion d'un incident qui vous met subitement en contact avec votre conscience – vous «voyez la lumière». Le véritable changement s'amorce intérieurement, naît du profond désir de changer. Mais, tandis que vous commencez à adopter une nouvelle attitude, il pourra s'écouler un certain temps avant que vos désirs deviennent réalité – qu'il s'agisse d'un nouvel emploi ou de lancer votre propre affaire, par exemple. Pour que «la situation s'améliore», il vous faut d'abord améliorer la façon dont, justement, vous considérez «la situation».

Nous nous concentrerons sur des étapes faciles à suivre et qui vous aideront à vous rapprocher de votre passion – des étapes qui vont au fond des choses et dont l'efficacité n'est plus à démontrer. Comme vous n'êtes pas assis en face de moi pour que nous puissions discuter de vos impressions et de vos idées, je m'appuierai, tout au long de cet ouvrage, sur des expériences vécues par d'autres personnes afin d'expliquer comment elles en sont arrivées à mener une vie plus passionnée et plus dynamique.

LA PASSION ET LE POUVOIR

La passion est une forme d'émotion particulièrement puissante. C'est un sentiment vécu par les personnes qui éprouvent un sentiment intense face à un objet ou une personne, un idéal ou une croyance. En se libérant, nos passions peuvent engendrer le bien comme le mal. L'histoire abonde d'exemples qui illustrent l'influence que peut avoir une personne passionnée. La moindre histoire d'amour, le moindre changement historique d'importance – qu'il soit d'ordre social, économique, philosophique ou artistique – a vu le jour sous la pression d'individus *passionnés*.

Tous, nous sommes habités par la passion, nous sommes capables d'éprouver une émotion intense. Pourtant, rares sont ceux d'entre nous qui *agissent* conformément à leur passion. Nous refusons de la laisser s'exprimer parce que, entre autres motifs, très tôt dans notre vie on a ridiculisé notre tendance à nous « emballer » ou à nous « croire sorti de la cuisse de Jupiter ». Il existe de nombreuses variantes sur le thème du découragement. Littéralement, « décourager » signifie ôter son courage à quelqu'un et c'est comme ça que vous avez appris à contrôler les élans de votre cœur et à renoncer à votre passion.

Il est possible qu'enfant vous ayez réprimé vos passions naturelles. Néanmoins, celles-ci, de même que le pouvoir qu'elles engendrent, referont surface dès l'instant où vous saurez qui vous êtes. Votre véritable nature est définie par vos sentiments les plus profonds et par votre capacité d'agir en fonction de ceux-ci. Selon les dictionnaires, le pouvoir est *la capacité d'agir*. En votre qualité d'adulte détenteur d'une certaine autorité, vous savez que vos décisions sont fondées sur des choix. Désormais, vous n'aurez plus besoin de faire des choses que vous détestez – vous pourrez choisir de faire uniquement ce qui vous plaît vraiment. C'est ça, le pouvoir.

Le pouvoir est un terme qui a de nombreuses connotations négatives. En ne tenant compte que de la définition qui précède, demandez-vous quelles sont les personnes qui jouissent d'un pouvoir personnel et quelles sont celles qui en sont dépourvues. Les présidents, les rois, les gens riches sont peut-être les premiers auxquels vous penserez. Comme il est possible que vous enchaîniez en pensant : « Je n'ai aucun pouvoir personnel. » Vous pouvez vous sentir impuissant à susciter les changements que vous souhaiteriez : un monde meilleur, des relations plus harmonieuses, davantage d'argent. Bref, vous vous sentez coincé comme lorsque vous étiez enfant et que vous étiez conscient des véritables limites de ceux qui avaient autorité sur vous.

LE POUVOIR MATURE

J'aimerais dire ici quelques mots d'encouragement à l'intention des parents, des enseignants et des autres personnes détenant une autorité parentale qui pourraient se sentir blessés par mes propos relatifs aux méthodes d'éducation conventionnelles. Vous êtes des gens très bien ! Lorsque vous étiez à la fois en situation d'autorité et chargés d'une terrible responsabilité, vous avez fait de votre mieux. Ce que je tiens à préciser dans cette section, c'est que le passé n'est pas à la base du pouvoir. « *Le moment présent est le moment du pouvoir*[2]. » Nos vies se renouvellent constamment. Et, en tant qu'adultes, c'est maintenant que nous avons prise sur notre pouvoir.

Nous avons vu que le pouvoir est la capacité d'agir, plutôt que le fait de dominer quelque chose ou quelqu'un. L'action, la concrétisation de nos passions, passe par plusieurs étapes préliminaires. *La première étape* consiste à vous connaître vous-même – à être lucide. « Voilà un point de réglé, me direz-vous. Je me connais bien, passons à l'étape suivante. » Il est assez surprenant de constater que la plupart des gens, ce qui inclut même des professionnels grassement rémunérés, ne se connaissent pas vraiment. Nous parlons ici d'une connaissance intégrale portant sur le passé, le présent et l'avenir. Qui suis-je ? Quelle est ma passion ? Quel est mon but ? Que veux-je faire de ma vie ? C'est en répondant à ces questions que vous saurez comment orienter votre vie et lui donner plus de poids.

Mais où trouver ces réponses ? La bonne nouvelle, c'est que vous les connaissez déjà, elles se trouvent en vous ! La mauvaise nouvelle, par contre, c'est qu'elles sont enfouies sous plusieurs couches de peurs et d'incrédulité. La peur et l'incrédulité sont l'envers des médailles qui portent les noms d'action et de foi. Les peurs sont des émotions irrationnelles qui nous empêchent de donner libre cours à nos passions et de tendre vers le pouvoir. *La moitié de la première des étapes qui vous feront accéder au pouvoir consiste à admettre l'existence* de vos peurs – ces peurs qui se dressent entre la personne que vous êtes actuellement et l'individu puissant que vous deviendrez un jour. C'est pendant votre enfance et votre adolescence qu'elles ont été ancrées en vous (bien souvent involontairement) par vos parents, vos frères et sœurs, les figures d'autorité et vos pairs.

LES SIX SPECTRES DE LA PEUR

Selon Napoleon Hill, auteur de *Réfléchissez et devenez riche* [3], devenu depuis un classique, il existe six peurs fondamentales qu'il qualifie de « spectres ». Ce sont :

1. la peur de la pauvreté ;

2. la peur de la critique ; ✓

3. la peur de la maladie ; ✓

4. la peur de perdre l'amour ;

5. la peur de la vieillesse ; ✓

6. la peur de la mort.

Étudiez attentivement les symptômes décrits ci-dessous en prenant bien note de ceux qui vous tracassent le plus. Ce sont vos ennemis, mais ils sont parfois imperceptibles ; ils ont tendance, dans leurs efforts pour s'incruster, à résister à toute forme de scrutation.

La peur de la pauvreté

La peur de la pauvreté, qui est la pire de toutes, présente divers symptômes : l'indifférence, l'anxiété, l'indécision, une prudence excessive et la procrastination. Loin de toucher uniquement les « pauvres », elle peut inspirer une véritable « terreur » même aux personnes les plus fortunées.

John, l'un de mes jeunes clients, avait plus de 50 000$ dans son compte bancaire et jouissait d'une source de revenus réguliers grâce à un héritage et à des placements. Malgré ça, il vivait dans la crainte de tout perdre. Cela le paralysait et son choix de carrières semblait limité. Il se tourmentait, faisait traîner les choses et refusait de prendre des risques.

«John, lui demandai-je, qu'allez-vous faire de vos journées, maintenant que vous n'avez plus besoin de travailler?»

«Tout ce qui me vient à l'esprit perd de son intérêt après un moment de réflexion. Ça ne m'intéresse pas de travailler pour un patron, je sais combien je tiens à mon indépendance. L'autre possibilité serait d'investir dans une entreprise en tant qu'associé. Mais dans quel genre d'affaire? Je n'ai pas envie d'utiliser mon argent pour m'acheter un emploi.»

«Pourquoi devriez-vous utiliser votre argent? Qu'est-ce qui vous plairait vraiment? C'est ça que vous devez d'abord régler, et non la question de l'argent. Quand vous y aurez réfléchi et trouvé comment vous lancer dans quelque chose qui vous passionnera, il est probable que votre fortune passera au second plan.»

Il s'est finalement avéré que John était fasciné par les voitures de course. Il avait déjà participé en amateur à des courses de Formule V au volant d'une Ford et ses yeux brillaient d'excitation quand il en parlait. D'ailleurs, il lui arrivait encore de travailler avec ses anciens coéquipiers. Je lui suggérai donc de discuter des perspectives financières avec des professionnels de la course, ce qu'il fit effectivement. Cela lui prit quelques semaines, mais il trouva la réponse à ses questions et quand il revint me voir, il était au comble de l'excitation!

«Nancy, ça y est, c'est dans la poche! J'ai découvert que je possédais les aptitudes et les connaissances suffisantes pour monter une écurie de courses et la diriger avec succès. Il me faut d'abord réunir une équipe. Ensuite, préparer une étude de rentabilité. Finalement, je prendrai contact avec des dirigeants d'entreprise qui pourront augmenter leur chiffre d'affaires en commanditant nos voitures. Celles-ci porteraient leur nom et leur logo et ils pourraient inviter leurs éventuels clients à des courses automobiles. Ces derniers assisteraient à des compétitions excitantes et s'identifieraient au commanditaire dans une atmosphère électrisante. Tout ça aiderait les entreprises à vendre leurs produits ou services à des clients d'un genre particulier – ceux qui aiment la vitesse et les événements spectaculaires.»

Un an plus tard, je me rendis assister à la première course régionale de John, où je fis la connaissance de ses coéquipiers. Ils avaient trois magnifiques voitures d'un bleu royal, plusieurs commanditaires et ils débordaient d'enthousiasme. La course fut un triomphe; John ne termina pas au premier rang, mais il promettait. Nous échangeâmes une poignée de mains et prîmes rendez-vous pour la prochaine course.

« Nancy, me dit-il, ce qui m'est arrivé de plus fantastique, cette année, c'est que j'ai découvert une façon de ne pas toucher à mes économies et à mes placements tout en gagnant autrement ce dont j'ai besoin. En discutant avec les gens à qui j'avais téléphoné pour leur demander conseil, j'ai découvert qu'ils avaient des besoins que j'étais capable de satisfaire. Certains, par exemple, préféraient un contrat de location : c'étaient des coureurs novices qui voulaient louer une voiture de course pour se perfectionner. D'autres recherchaient un bon mécanicien. Je sais réparer ce genre de voitures et c'est comme ça que j'ai gagné pas mal d'argent. Je me rends compte que, l'année dernière, je me préoccupais surtout des *pertes*. Dès que j'ai commencé à me concentrer sur les *gains*, mes revenus ont augmenté. » En me quittant, John me confia que son rêve serait de participer aux 500 milles d'Indianapolis.

John avait réglé des questions précises : la réparation et la location. Et il avait cessé de craindre la pauvreté parce qu'il était certain de réussir dans la réparation et la location de voitures de courses, sa *passion*. Jamais, jusque-là, il n'avait pensé pouvoir gagner de l'argent en faisant ce qui lui plaisait parce qu'il croyait, comme tant d'autres, qu'il était impossible d'allier plaisir et rentabilité.

Cette croyance prend sa source dans l'« Éthique puritaine du travail » – selon laquelle on n'est censé prendre aucun plaisir à vivre et à travailler et que c'est après la mort qu'on sera récompensé. Le « plaisir » est séducteur, coupable, irresponsable – « une tentation du démon ». S'amuser en travaillant ? Estimez-vous chanceux d'avoir du travail, rétorqueront les cyniques incrédules. Alors que nous vivons à une époque qui porte aux nues ceux qui mènent une vie heureuse et féconde, la plupart des gens ne sont pourtant pas heureux dans leur travail.

La peur de la critique

La peur de la critique engendre la timidité, le manque d'initiative, l'absence d'ambition et un complexe d'infériorité. C'est peut-être, dans notre culture, la plus dévastatrice et la plus répandue de toutes les craintes. Ce souci du qu'en-dira-t-on nous est inculqué très tôt par des parents, des amis, des enseignants et des pairs bien intentionnés (et par d'autres qui le sont moins !).

Figurez-vous une jeune femme brillante, jolie, intelligente, douée pour les arts graphiques. Alors qu'elle travaillait à son compte depuis son adolescence, Sharon vivait dans la crainte d'être critiquée. Elle avait réussi à surmonter une autre peur, celle d'être rejetée sur le plan professionnel, parce qu'elle savait qu'il lui suffisait de quelques clients pour bien gagner sa vie. Néanmoins, certains doutes tenaces continuaient de la harceler.

« Puisque vous réussissez si bien dans votre métier, Sharon, d'où vous vient donc cette peur ? » lui demandai-je.

« Quoi que je fasse, mon père et ma belle-mère trouvent toujours à redire. Ils n'arrêtent pas de me répéter : « Quand vas-tu enfin devenir sérieuse et te mettre en quête d'un vrai travail ? » (Vous voyez comment les autres peuvent décourager votre passion ?) Et ma meilleure amie semble penser que je me berce d'illusions. Elle dit que la concurrence est beaucoup trop forte et que je ne devrais pas compter sur la réussite. »

Combien de fois n'avez-vous pas été détourné de votre voie par votre famille et vos amis qui vous bombardaient de critiques ? C'est en comprenant que ceux qui vous mettent des bâtons dans les roues comptent souvent parmi vos proches que vous commencerez à changer votre façon de voir. Et, qui sait, peut-être les amènerez-vous eux aussi à changer la leur.

Quant à Sharon, elle a réussi à surmonter ses peurs en ne se laissant plus accabler aussi souvent par les critiques et en se liant avec des gens qui se réjouissent de ses succès.

La plupart des peurs sont des *croyances* que nous entretenons à propos de la réalité et non la réalité elle-même. Si quelques-unes nous sont nécessaires comme boucliers, la grande majorité, par contre, est sans fondement.

La peur de la maladie

La peur de la maladie engendre l'hypocondrie, le manque d'exercice (on craint de se surmener), une prédisposition morbide (on a si peur d'attraper quelque chose que cela nous arrive effectivement), une tendance à se dorloter et le manque de modération. La pratique d'une activité physique constitue la solution par excellence pour conserver sa vivacité d'esprit. L'adoption d'un programme d'exercices permet de se libérer des tensions, d'augmenter la confiance en soi et d'avoir plus d'énergie. J'insiste toujours auprès de mes clients pour qu'ils fassent de l'exercice régulièrement.

La peur de perdre l'amour

Cette peur – l'une des plus tragiques qui soient – engendre la jalousie, les remontrances, la possessivité, la captativité et même une tendance à jouer le tout pour le tout (afin d'acheter cet amour auquel on tient tellement). Si vous craignez tant de perdre l'être aimé, c'est parce que vous croyez en la possibilité de « perdre » l'amour. En fait, une fois que vous avez connu l'amour, cette expérience demeure en vous pour toujours. Vous devenez de plus en plus réceptif à l'amour. Vous saurez que vous vous êtes débarrassé de cette peur lorsque vous pourrez *vous* aimer continuellement. En attendant, vous aurez besoin de la confirmation des autres.

Aimer, c'est se soucier d'une personne et la soutenir sans rien en attendre en retour, ce qui n'est pas un mince exploit. Très peu d'entre nous ont connu cette forme d'amour pendant leur petite enfance. Et si nous sommes vraiment très chanceux, nous avons dans notre entourage une ou deux personnes qui souhaitent nous voir heureux sans imposer la moindre condition à la nature de ce bonheur. Quel que soit votre cas, prenez la décision de vous aimer suffisamment pour trouver quelque chose à aimer dans votre travail.

La peur de la vieillesse

Cette peur engendre une tendance à refuser de vieillir, à s'excuser d'avoir l'âge qu'on a effectivement et à se voir diminué ou en train de décliner. Elle altère l'esprit d'initiative, l'imagination et la confiance en soi. Elle découle de la croyance que « vieillir » est une forme de déchéance. *Rien n'est plus faux!*

Chez la femme, la peur de la vieillesse est souvent rattachée à un besoin de sécurité ancré dans les mœurs. On lui a appris que c'est par son apparence qu'elle attirera celui qui subviendra à ses besoins. Si elle commence à paraître « vieille », cet homme risque de l'abandonner pour une femme plus jeune et elle perdra alors sa « sécurité ». La crainte de la vieillesse s'accompagne d'un profond sentiment de perte, la perte du *pouvoir de séduction.*

Pour une femme qui a acquis la sagesse, la maturité apparaît comme un accomplissement. La personnalité d'une femme mûre se pare de cet attrait qui est le fruit de l'expérience. Une femme vraiment fascinante est celle dont le moi intime exhale la joie, la beauté, la générosité, la gentillesse – elle cherche à comprendre ce qui soustend son expérience. Comment ne pas estimer et aimer une telle femme ?

De nos jours, n'importe quelle femme peut paraître au meilleur de sa forme, quel que soit son âge. La pratique d'une activité physique, une alimentation saine, la façon de s'habiller, le maquillage, des couleurs bien choisies sont autant d'éléments qui peuvent rehausser ses qualités naturelles. Le moi extérieur est le reflet du moi intime, d'un équilibre entre l'intellect, la sensualité et la spiritualité. Chaque année qui passe lui donne quelque chose de *plus* : plus d'ardeur, une plus grande faculté d'émerveillement, une expérience accrue. La femme perspicace met toutes ces richesses à profit pour devenir plus puissante et plus influente – pour devenir véritablement, le pivot de la civilisation.

Pour un homme, la peur de la vieillesse est reliée à la peur de perdre son indépendance et son pouvoir. Il craindra de voir ses collègues le surpasser, le dépouiller de ce qu'il était ou, pire encore, le rabaisser. Tout comme pour la femme, sa peur a une forte coloration sexuelle, mais l'esprit de compétition y tient une plus grande place. Parvenu dans la force de l'âge, il aurait tout intérêt à lire les biographies d'hommes célèbres. Il pourrait fort bien découvrir, à sa grande surprise, que c'est sur le tard qu'un grand nombre d'entre eux ont connu un rendement maximal (et que beaucoup ont été influencés par le genre de femme dont nous avons parlé plus haut !).

L'homme véritablement mature respire la force et la vitalité, une vitalité qui lui vient de son observation de la vie quotidienne. Il est curieux, perspicace, bien informé, affectueux, chaleureux. Ayant foi en lui, il est porté à avoir confiance dans les autres. Il ne prend ni la vie ni lui-même trop au sérieux et il a le rire facile. L'homme qui avance en âge apprécie la vie, prend le temps de la savourer. Il connaît l'importance d'une réflexion sereine ; seul et à l'écart des autres, il dose et évalue ses journées. De ce fait, il devient une source d'équilibre et un exemple pour les autres.

Tout comme pour les autres peurs fondamentales qui disparaissent dès qu'on en a compris la cause, la peur de la vieillesse s'estompe dès l'instant où l'on admet que chaque phase de la vie est aussi indispensable et magnifique que les quatre saisons. Chaque saison a sa raison d'être, est dotée d'un charme particulier. L'automne et l'hiver de notre vie nous préparent à une renaissance, à cette métamorphose que la nature nous promet toujours.

La peur de la mort

Cette sixième peur se manifeste par une fixation sur l'idée de la mort, qui, elle-même, fait perdre toute motivation et amène à concentrer son attention sur des phénomènes sur lesquels on n'a aucun pouvoir.

L'une de mes jeunes clientes avait peur de la mort parce que son père était décédé subitement, pendant son adolescence, sans qu'aucun indice ne laisse présager sa fin. Il exerçait une forte influence sur elle et sur le reste de la famille – il était au centre de leurs vies, tant financièrement qu'affectivement. Bouleversée par sa mort, Annette ne s'en était pas remise. Âgée maintenant de 31 ans, elle menait depuis sa disparition une vie décousue qui témoignait de son manque de motivation. Elle était passée d'une expérience à l'autre, collectionnant les emplois et les amants, et son mariage s'était soldé par un divorce désastreux. Je lui fis rédiger son autobiographie, une tâche que j'impose à tous mes clients. Elle dut écrire à la main pas moins de 200 pages pour se libérer de tous les sentiments refoulés depuis son adolescence.

La partie relative à la mort de son père était la plus longue ; Annette s'étendait sur son chagrin pendant des pages et des pages, voyant dans ce décès un affront personnel. « Pourquoi ? Pourquoi ? » demandait-elle inlassablement.

« Annette, lui expliquai-je, tant que vous ne comprendrez pas que la vie est faite pour être vécue, vous continuerez d'avoir peur de la mort et de perdre l'amour. Votre expérience de la mort a anéanti votre confiance en vous-même. Le décès de votre père vous a obligées, vous et votre famille, à vous prendre en main. Vous devez commencer à vous rendre compte que la peur est à l'origine de votre manque d'intérêt et de votre vie incohérente. Vous vous laissez mourir comme si vous vouliez reproduire la mort de votre père. »

« J'ignorais, avant de commencer à parler de lui, que ma peine était encore si forte. J'ai pleuré sans arrêt, mais j'ai continué d'écrire », me répondit-elle, les larmes aux yeux.

« La douleur comporte plusieurs phases et vous avez franchi la plus importante qui consiste à *accepter la réalité*. Que pensez-vous faire, maintenant ? Vous êtes vivante, alors vivez ! C'est ce que votre père aurait voulu », affirmai-je pour l'encourager.

Il fallut plusieurs semaines à Annette pour réussir à changer sa façon de pensée. Elle rencontra d'autres personnes qui avaient vécu des drames similaires et découvrit qu'elle n'était pas la seule dans son cas. Après avoir eu peur de vivre sa tristesse, elle pouvait enfin parler de la mort, même de son propre chef. Lorsque je la revis, quelques mois plus tard, elle affichait un tout nouveau comportement.

« Je sais maintenant qu'une vie agréable m'attend, me dit-elle, manifestement plus épanouie. Je suis jeune et en santé. Et maintenant que j'éprouve des sentiments différents envers mon père, je me rends compte que je dois vivre pleinement chaque jour sans me tourmenter au sujet de l'avenir. »

Si vous êtes comme la plupart des gens, vous ressentez probablement une ou plusieurs de ces peurs. Le reste de ce chapitre a pour but de vous préparer à un événement très particulier : la rédaction de votre propre autobiographie. Ce faisant, vous découvrirez l'origine des peurs qui vous ont empêché de reconnaître votre passion. Vous découvrirez également quels sont vos points forts et que vous avez du courage. Le fait d'être le héros de votre histoire vous permettra de voir comment votre personnalité s'est forgée sous l'influence de votre entourage et, à l'instar d'Annette, vous apprendrez que vos craintes ne sont que des illusions fondées sur des décisions prises il y a bien longtemps.

RÉDIGEZ L'HISTOIRE DE VOTRE VIE

La prochaine étape (qui est la première d'une série de neuf) s'avère extrêmement efficace lorsqu'elle se déroule dans la discipline et l'enthousiasme. Depuis des années, mes clients ont amorcé leur progression sur la voie du pouvoir personnel en rédigeant leur autobiographie. C'est sans aucun doute la meilleure des méthodes de clarification que j'ai employées. Chacun réagit différemment lorsque je lui en parle : «Je ne suis pas un écrivain!» ou bien «Qu'est-ce que cela a à voir avec un emploi?» ou encore «Je ne trouverai jamais le temps de m'y mettre avec tout ce que j'ai déjà à faire.»

Certains de mes clients ont même été tellement perturbés par cette perspective qu'ils ont mis fin à nos rencontres dès cet instant. C'est vraiment étonnant de voir comment des gens peuvent fuir leur pouvoir personnel.

> **Premier secret de la passion : la clarté est le premier pas vers le pouvoir.**

Pourquoi le fait d'écrire son autobiographie est-il si important? Vous remarquerez que je parle d'«écrire»; c'est qu'il s'agit là d'une activité qui astreint au calme et à la réflexion. Je déconseille l'emploi d'un magnétophone. Le fait de coucher sur papier ce que vous avez pensé, ressenti, vécu est particulièrement propice à une analyse personnelle. De plus, cela vous amène à valider votre propre histoire. En consacrant du temps et de l'énergie à l'exécution de ce projet, vous serez gagné peu à peu par un nouveau sentiment de bien-être et, au terme de votre cheminement, vous parviendrez à la maîtrise de vous-même et au pouvoir personnel.

Tous, nous conservons une image incomplète du passé. Certains souvenirs font irruption dans notre conscience de temps à autre, mais nous ignorons de quelle façon tel ou tel souvenir – de même que l'événement qui lui a donné naissance – s'insère dans notre vie prise comme un tout.

Il est difficile de concevoir notre vie comme un tout unifié. Chaque jour apporte son lot de contraintes et de confusion : la famille, le travail, les factures, les ennuis, tout cela revêt un caractère d'urgence. Les philosophes qui ont étudié la question – de Platon à Sartre, en passant par Descartes – ont conçu des systèmes de croyances propres à rendre nos expériences intelligibles. C'est avec William James, à la fin du XIXe siècle, qu'est née une nouvelle façon de considérer l'expérience humaine. James était d'avis qu'une personne pouvait influer sur le cours de sa vie en modifiant son expérience. Ainsi, on ne chante pas parce qu'on est heureux, on est heureux *parce qu'on* chante. Quand on agit avec entrain, on se sent de bonne humeur. Lorsqu'on *fait comme si*, la vraisemblance devient réalité. Cette technique du *faire comme si* est efficace. La pensée a le pouvoir de donner naissance à un changement souhaité. Autrement dit, ce à quoi l'on pense et sur quoi l'on se concentre *devient* notre expérience. Ce principe trouve son illustration dans l'histoire qui suit.

L'HISTOIRE DE MARK

L'un de mes clients les plus jeunes, que j'appellerai Mark, était préoccupé par son manque d'expérience professionnelle, ce qui ne l'empêchait pourtant pas de convoiter un poste d'administrateur pour ses débuts. Mark se présenta à mon bureau, nerveux et inquiet pour son avenir, tenant à la main un curriculum vitae de trois pages. Il venait tout juste de quitter l'université après avoir décroché son baccalauréat en administration des affaires. Il avait posté des douzaines de curriculum vitae, avait eu du mal à obtenir des rendez-vous et, les rares fois où il avait pu passer une entrevue, il s'était heurté au même refrain : « Vous n'avez aucune expérience. » Cette situation sans issue ne laissait pas de le décourager : comment pourrait-il acquérir de l'expérience si personne ne l'engageait ?

Nous commençâmes par nous concentrer sur ses capacités et ses réalisations, sur ce qu'il savait faire naturellement et avec aisance. Pendant ses études, Mark avait été assistant-gérant dans un restaurant-charcuterie. « Avez-vous pris des initiatives permettant d'en accroître le rendement et les bénéfices ? » lui demandai-je. Après avoir réfléchi quelques minutes, il me répondit : « Eh bien, j'ai rapproché la mayonnaise de la moutarde ! » On n'aurait pu trouver mieux pour rationaliser la productivité !

Mark se souvint alors d'une autre idée tout de même plus profitable : il avait inventé un nouveau sandwich qui avait aussitôt connu un énorme succès. Et le fait qu'il n'hésitait pas à rester après ses

schème
de pensée

heures lorsque les affaires marchaient bien prouvait qu'il avait le sens de l'initiative. Très rapidement, nous pûmes dresser la liste des multiples capacités et autres points forts susceptibles de le mettre en valeur. En se les remémorant consciemment, Mark en vint à se percevoir comme un *administrateur expérimenté*. Dès lors, il se présenta à ses entrevues avec l'attitude confiante et pleine d'assurance de celui qui s'est fait lui-même – et ne tarda pas à obtenir exactement le genre d'emploi qui l'intéressait. Il vaut d'ailleurs la peine de souligner que la personne qui l'engagea affirma l'avoir fait à cause de l'assurance dont il avait fait preuve pendant l'entretien.

Comme Mark entretenait une véritable passion pour les automobiles, nous réussîmes à dénicher, grâce à notre étude du marché, une entreprise de pneus qui offrait à la fois le programme de formation dont il avait besoin et des perspectives d'avancement. Le directeur qui avait interviewé Mark avait apprécié le sérieux de sa lettre d'introduction (nous traiterons ce point au chapitre 7), de même que l'enquête poussée qu'il avait menée sur la compagnie. Cela l'avait flatté et il se considérait chanceux d'avoir trouvé quelqu'un ayant autant d'initiative que Mark. Celui-ci réussit à merveille dans son nouvel emploi et accéda, un an plus tard, à un poste de direction.

Lorsque l'on consacre du temps à quelque chose, peu importe ce dont il s'agit, on finit par y adhérer; plus on s'en occupe et plus cet engagement s'intensifie. Quand nous passons notre temps à craindre l'échec, cela se reflète dans notre vie. Il a suffi que Mark se perçoive autrement pour que son expérience change. Sa première démarche importante a consisté à privilégier un autre schème de pensée. Vous aussi, vous pouvez accomplir ce changement indispensable en adoptant les techniques exposées dans chacun des chapitres de ce livre. En plus d'*apprendre à utiliser* ces outils, vous apprendrez comment retrouver et mettre à contribution les ressources inestimables de votre enfance: l'émerveillement, la spontanéité, l'esprit d'innovation.

La *spontanéité* et la *souplesse* sont les deux termes qui définissent l'accession à un véritable pouvoir personnel. Quand votre esprit est ouvert et libre de tout jugement, il dispose alors d'un des outils propres à l'enfance: l'émerveillement. Pouvoir observer le monde d'un regard neuf prépare la voie non seulement à une aventure affective, mais également à l'innovation, au changement, à d'autres façons de penser et d'agir. Pensez à Edison, à Einstein ou à Picasso (pour n'en citer que trois) qui ont su donner libre cours à leur pouvoir et à leur génie en demeurant ouverts à des possibilités inédites. Soyez souple, spontané – ne vous cantonnez pas dans une seule façon de penser et d'agir. Au lieu de vous en faire en pensant à tout ce qui pourrait vous arriver (surtout l'échec), essayez d'envisager votre expérience en vous laissant aller à l'émerveillement et à la curiosité. C'est à ce moment-là que vos passions et votre génie cesseront d'être occultés.

EXERCICES DE RÉDACTION

Puisque la clarté représente le premier pas vers le pouvoir, nous allons nous préparer pour la rédaction de votre autobiographie. Vous serez peut-être contrarié d'avoir à vous réserver un moment pour écrire, surtout si vous voulez lire ce livre, obtenir des résultats rapidement et en finir au plus tôt avec tout ça ! Mais pendant ce tête à tête avec vous-même, vous constaterez l'émergence d'un phénomène bizarre : à mesure que vous vous connaîtrez mieux et que vous découvrirez à quel point vous êtes quelqu'un d'intéressant, l'expérience vous plaira de plus en plus. Quand je m'adresse à un auditoire, je demande s'il y en a, dans la salle, qui ont déjà passé 24 heures complètement seuls et sans le moindre projet ; rares sont les mains qui se lèvent ! Si vous vous sentez hésitant ou réticent face à cette forme d'introspection, vous êtes tout à fait normal. Ne vous forcez pas à passer outre ; votre résistance ou votre apathie vous aideront à ralentir votre rythme en prévision de cette période indispensable de réflexion. Le résultat en vaudra la peine, puisque, pendant ces moments de calme et de tranquillité où vous aurez l'air de ne rien faire, vous mettrez le cap sur de nouveaux horizons. Bien entendu, vous ne serez pas inactif. En fait, vous serez même extrêmement occupé !

Rappelez-vous que votre avenir dépend de la *clarté*, d'une évaluation précise de vous-même. Personne n'est plus qualifié que vous-même pour procéder à cet examen puisque vous êtes constamment avec vous ! Voici quelques exemples d'exercices dont vous pourrez vous inspirer.

TROIS EXEMPLES D'EXERCICES DE RÉDACTION

Exercice d'autodescription

Commencez par rédiger ou enregistrer quelques paragraphes sur vous-même, un peu à la façon du client cité ici (mes remarques entre parenthèses visent à souligner ce qui ressort de cette vision de soi).

«Je trouve que, fondamentalement, c'est là un exercice passablement difficile. (Voici un début honnête!) Cela m'incite à dire que je n'ai pas l'habitude de me concentrer sur moi-même.

«Mes qualités : je me vois comme quelqu'un de brillant, de généreux, au point parfois de nier mon besoin de «recevoir». (Il est conscient de donner plus qu'il ne reçoit et, en l'exprimant, il se libère des sentiments que lui inspire ce trait de caractère. Un tableau précis et objectif se dessinera à mesure qu'il assumera la responsabilité de cette attitude qui se retourne contre lui.) Je suis généralement très motivé, mais, depuis quelque temps, je me sens freiné par l'impression de ne pas savoir ce que je veux. (Cette apathie résulte de son manque d'intérêt.)

«Concrètement, je n'hésite pas à me battre pour obtenir ce que j'attends de la vie et je suis même devenu passablement gâté pour tout ce qui concerne le confort, l'accumulation de biens et le mode de vie. (Le conflit, ici, est évident. D'une part, il met tout en œuvre pour s'offrir ce dont il a envie et, d'autre part, il s'estime «gâté» lorsqu'il y parvient. Je lui ai demandé pourquoi il se trouvait gâté ; après tout, c'était là le fruit de ses efforts, ce qui fait toute la différence. Se sentait-il coupable d'avoir obtenu ce pourquoi il avait travaillé ? On a ici un exemple de la peur d'être critiqué ; on devrait, Dieu sait pourquoi, se sentir coupable d'avoir obtenu ce qu'on désirait.)

«Physiquement – bien qu'on m'ait appris dès l'enfance à ne pas en tenir compte (le message parental est clair : «Tu ne dois pas être fier de ton corps») –, je dirais que je suis bien au-dessus de la moyenne. Je prends le temps de me maintenir en forme. Je m'habille avec élégance, même s'il m'arrive souvent de déroger à mes habitudes en optant pour une tenue plus «neutre» afin d'être sur un même pied que les autres. Aussi, je me contenterai de dire que, sur le plan physique, j'ai vraiment fière allure et que je sais en tirer parti, quoique je fasse constamment attention à ne pas laisser ce facteur jouer un rôle trop important dans ma vie. (Ce sont là les observations d'un homme qui sait faire la part des choses entre le don de séduction et l'évaluation de ce don et de ses limites.)

« Au point de vue mental/affectif, je suis une incorrigible girouette. Je me suis mentalement exercé à observer, à voir, à ressentir. Mais, en même temps, je suis mon pire ennemi. Je me sers souvent de toutes les connaissances que j'ai acquises, mais de façon négative ; c'est-à-dire que j'analyse toujours tout, avec un degré de conscience parfois excessif. Toutefois, je me rends également très bien compte lorsque j'ai laissé « faire » les événements, en utilisant toute mon intuition comme une force positive. Ce sentiment est beaucoup plus souhaitable et, la plupart du temps, je travaille sur cet aspect. En règle générale, je considère que je suis émotivement stable et je m'arrange pour être seul pendant les périodes où ça va moins bien. » (Tout ce paragraphe illustre les mécanismes de son esprit qui examine, soupèse, cherche à prendre conscience. Ce client était un restaurateur au faîte de la réussite, qui, à partir de rien et sans aucune expérience en ce domaine, a fait de son établissement un haut lieu de la gastronomie. Extrêmement créateur et intuitif, il s'est servi de son imagination pour créer exactement ce qu'il voulait : un restaurant bien à lui, où l'on sert une excellente cuisine.)

Exercice de description d'après les autres

Décrivez maintenant comment les autres vous perçoivent. Quelle idée, à votre avis, se font-ils de vous ? Reprenons l'exemple de notre client :

« Essentiellement, mes impressions sur la façon dont les autres me perçoivent découlent de ce qu'ils m'en disent. (C'est de cette façon que nous apprenons tous à mieux nous connaître. Et c'est pourquoi il est si important d'avoir, dans notre vie, des miroirs fidèles, c'est-à-dire des personnes qui nous renvoient de nous-mêmes une image conforme à la réalité. Il est très rare de rencontrer des miroirs fidèles. La plupart des gens, surtout nos proches, sont de parti pris.) On me dit souvent : « Vous ne ressemblez pas du tout à l'idée que je me faisais de vous. » Il semblerait que je donne l'impression d'être très distant. On dit parfois que j'ai l'air d'avoir un sale caractère et j'ai même entendu des remarques à propos de « ces yeux-là ». (Il a des yeux bleus très pénétrants.) Alors, on dirait souvent que, pour les autres, mes manies sont le reflet de mes états d'âme et de mes changements d'humeur. On trouve que j'affiche une confiance en moi qui est à la limite de l'indifférence. Ou, si je suis de bonne humeur, que j'ai un regard pétillant où l'on peut lire une certaine insouciance. »

Exercice de description du moi idéal

Il vous reste à décrire votre *moi idéal*. Quelles sont les qualités que vous voudriez accentuer ?

Voyons ce qu'en pensait notre client : « Si j'étais celui que j'aimerais être tout le temps, je serais nettement moins exigeant envers moi-même. Je me préfère vraiment quand je suis plus détendu. J'aimerais régler mon niveau de « conscience » pour que, au lieu de me plonger dans un état méditatif, il me maintienne dans cet état d'« euphorie » que j'entrevois régulièrement. (Il parle de ce sentiment de bien-être qu'on éprouve lorsque tout va bien – on entend, voit, parle et agit avec aisance. C'est le sentiment d'être toujours au bon endroit au bon moment, une aspiration élevée à laquelle on parvient grâce à une discipline mentale.)

« J'aimerais énormément avoir une confiance absolue dans toutes les connaissances que j'ai acquises. Je sais pertinemment que je donne davantage mon maximum quand j'agis selon un « processus linéaire » plutôt que lorsque je fonctionne par à-coups. Il est également évident que les gens sont plus à l'aise avec moi lorsque je suis dans l'une de mes périodes de détente. » (Ces « périodes » dont il parle se caractérisent par l'absence des six peurs fondamentales. Il s'agit simplement d'un état d'esprit engendré par la conviction que tout va bien, que la vie a un sens et que nos vies sont importantes.)

Un autre de mes clients constata qu'il y avait un tel écart entre la façon dont il se percevait et la description de son moi idéal qu'il en fut bouleversé. Son idéal était inaccessible, me dit-il. Je lui demandai pourquoi.

« Eh bien, voyez ce que j'ai écrit : « Je suis calme, équilibré, à l'abri des soucis financiers » – c'est tout le contraire de ce que je suis ! » me répondit-il.

Son image de soi était passablement négative. «Joe, croyez-vous que vous *méritez* d'être calme, équilibré et sans soucis financiers ? » Il hésita un moment. «Vous avez répondu à ma question », lui dis-je alors.

Vous découvrirez peut-être qu'au fond de vous-même vous n'êtes pas vraiment convaincu d'avoir droit au bonheur, à une vie dynamique. Nous traînons avec nous tellement de choses qui nous poussent à considérer avec prudence le succès sous toutes ses formes. Un trop grand confort matériel nous serait néfaste. Tel est le point de vue de ceux pour qui la vie n'est qu'une suite d'épreuves. Dans le cas de Joe, son image de soi a commencé peu à peu à se calquer sur son moi idéal. Mais il lui a fallu découvrir qui il *pensait* être avant de pouvoir tendre vers son image idéale.

Y a-t-il quelque chose dans votre passé qui vous perturbe ? Peut-être avez-vous blessé quelqu'un ou fait quelque chose qui vous pèse sur le cœur. Ces situations anciennes, non résorbées, peuvent nous empêcher de croire que nous avons (à juste titre) droit au bonheur.

Asseyez-vous et dressez votre inventaire ; soyez honnête envers vous-même. Ensuite, *faites amende honorable*. Allez voir directement la personne que vous avez offensée et demandez-lui de vous pardonner. Si cela n'est pas humainement possible, écrivez une lettre. Faites comme si vous étiez la personne en cause – il s'agit peut-être d'un parent, d'un frère ou d'une sœur, d'un ami. Acceptez ces excuses, pardonnez-vous et mettez la lettre au panier. Désormais, cette histoire appartient définitivement au passé.

C'est là un geste qui demande du courage. Pourtant – et cela vous surprendra peut-être –, c'est vous qui en profiterez le plus parce que vous aurez surmonté votre orgueil. (*Indice-passion* : les personnes vraiment passionnées éprouvent du chagrin et des remords en repensant à leurs fautes. N'oubliez pas que la passion est un sentiment intense.)

QUATRE EXERCICES DE MISE EN FORME

Je vous conseille de prendre un crayon et du papier – ou une machine à écrire si cela vous convient mieux – et de faire les quatre exercices qui suivent. Vous pouvez également utiliser un magnétophone pour ces premières tentatives de remémoration. Le son de votre voix sera pour vous un guide efficace et vous aidera à y voir plus clair. Toutefois n'enregistrez pas votre autobiographie sur magnétophone (cela viendra plus tard) parce que cela nuirait à un processus dont seule l'écriture permet l'aboutissement : parvenir à la clarté de l'expression.)

Les questions qui se trouvent au début de chaque exercice ne sont là que pour vous mettre en train. Complétez-les par toute idée stimulante qui pourrait vous venir à l'esprit. Ne prenez pas ces exercices trop au sérieux ; tâchez plutôt de vous amuser en les faisant !

Échec ou succès

Pensez à un épisode de votre vie qui avait été couronné de succès ou s'était soldé par un échec. Réfléchissez-y un moment, puis faites-en le récit. En quels termes en parlez-vous ? Vous êtes-vous dépeint comme quelqu'un d'actif ou de passif ?

Votre autoportrait

Vous avez déjà une certaine vision de vous-même. Vous percevez-vous comme quelqu'un d'unique ou de spécial à certains égards ? Votre personnalité vous plaît-elle ? Avez-vous aimé ce que vous avez vu dans le miroir, ce matin ? Êtes-vous satisfait de vos cheveux, de vos yeux, de votre démarche – de votre silhouette ? Qu'en est-il de vos pensées, de vos espoirs, de vos buts et de vos aspirations ? Êtes-vous conscient de tout ce que vous avez dit et fait de bien, aujourd'hui ? Et votre travail ? Pensez-vous que vous vous en acquittez correctement, quelle qu'en soit la nature ?

Le regard des autres

Comment les autres vous perçoivent-ils ? Vous voient-ils comme vous vous voyez ? Réfléchissez avant de répondre. Que pensent-ils de votre apparence, de votre personnalité ? Vous aiment-ils ? Vous trouvent-ils optimiste, déprimé, prudent, téméraire, drôle, compétent, incompétent ? Quel genre de père, de mère, de frère, de sœur, d'épouse, d'amant êtes-vous à leurs yeux ? Aiment-ils se retrouver en votre compagnie ? Vous montrent-ils à quel point ils vous apprécient ? S'interrogent-ils sur l'être que vous êtes réellement ? Ont-ils confiance en vous, vous trouvent-ils sincère ? Vous disent-ils ce qu'ils pensent de vous, quels sont les sentiments qu'ils entretiennent à votre endroit ?

Votre moi idéal

Décrivez votre *moi idéal*. Est-il très différent de votre premier portrait ? Dans quelle mesure ? Qu'aimeriez-vous changer ? Selon quels critères vous évaluez-vous ? Les vôtres, ceux des autres, ceux de vos parents ? Est-ce que votre silhouette idéale diffère beaucoup de votre apparence actuelle ? Qu'en est-il de votre comportement, de vos amis, de votre travail, de votre revenu ? Quelles similitudes y a-t-il entre votre idéal et ce que vous voyez en ce moment ? Qui pourrait les vérifier pour vous ?

RETROUVEZ VOS SOUVENIRS LES PLUS ANCIENS

Une fois que vous aurez terminé ces exercices préliminaires, vous serez prêt à vous attaquer à votre autobiographie. Commencez par vos souvenirs les plus anciens. En faisant revivre le passé, vous parviendrez à une connaissance approfondie de plusieurs éléments primordiaux, eu égard à l'édification du pouvoir : les valeurs, les besoins, les objectifs, un comportement caractéristique – votre vision de votre existence exceptionnelle !

Bon nombre de vos valeurs vous ont été inculquées pendant votre petite enfance. Votre conception de la réussite s'est forgée tout au long du processus éducationnel, un processus auquel se sont greffées les expériences vécues aussi bien avec votre famille, vos amis et lors d'activités spécifiques qu'à l'école elle-même. Le tout premier souvenir de l'une de mes clientes remonte à son quatrième anniversaire. C'était par une chaude matinée d'octobre, en Floride. Elle portait une robe rose et un joli tablier blanc, des chaussettes roses et des bottines blanches. Le jardin grouillait d'amis, des fillettes et des garçonnets du voisinage, qui avaient pris d'assaut les balançoires, la glissoire et les autres jeux.

Elle se rappelait qu'elle était dans la cuisine, en compagnie de sa mère et de sa grand-mère qui s'affairaient à préparer les gâteaux et la crème glacée. Il y avait deux gâteaux, l'un au chocolat et l'autre aux fraises. Sa grand-mère lui ayant demandé si elle voulait deux bougies par gâteau ou quatre sur chacun, elle avait répondu : « Quatre ! »

Le tableau qui se dégage de ce souvenir nous révèle un milieu aimant et une petite fille qui attend beaucoup de la vie. Il illustre l'aspect intrinsèque du *sens du pouvoir personnel*. La fillette savait à quel point sa mère et sa grand-mère étaient importantes pour son évolution. Elle savait également combien elles l'aimaient. Vous saurez reconnaître la présence de l'amour dans votre vie à la façon dont vous parlerez de ceux qui ont compté pour vous. Les mots jailliront de vous et viendront confirmer votre propre valeur, même s'il vous arrive de vous voir sous un jour très sombre.

Laissez-vous envahir par vos souvenirs, quels qu'ils soient. Il n'existe pas d'autobiographie « bonne » ou « mauvaise ». Il s'agit de votre expérience, donc elle ne peut qu'être bonne. Ce qui nous intéresse ici, c'est votre vision du passé et des personnes qui en faisaient partie. La rédaction de votre autobiographie vous aidera à en découvrir toute la puissance.

Votre autobiographie comportera deux volets : la Première Partie devrait porter sur votre éducation et sur votre première expérience professionnelle ; la Seconde Partie traitera des autres aspects de votre vie. Décrivez en détail les expériences que vous jugez importantes et n'oubliez pas de parler des personnes qui ont joué un rôle significatif dans votre évolution.

Lisez attentivement le plan que nous vous proposons plus loin. Les questions vous aideront à vous rappeler les divers événements dans un ordre chronologique – et vos réponses risquent d'être particulièrement révélatrices.

PREMIÈRE PARTIE :
DE LA NAISSANCE À LA FIN DE LA SCOLARITÉ

1. Les années préscolaires

Où êtes-vous né et dans quelles circonstances ? Était-ce à l'hôpital ou à la maison ? L'accouchement a-t-il été facile, difficile ? Étiez-vous l'aîné, le cadet ou autre ? (La première enfance est extrêmement importante. Renseignez-vous auprès de votre famille sur le genre de bébé que vous étiez. Feuilletez les vieux albums de famille et choisissez une photo de vous que vous garderez désormais à portée de la main. Cette personne vit encore en vous, ce petit enfant fait partie de votre personnalité. En le regardant quotidiennement, vous revivrez votre innocence, votre curiosité, votre foi en l'avenir.) Avez-vous vécu avec vos deux parents pendant toute cette période ? Avez-vous connu une vie confortable et prévisible ? Ou était-elle au contraire le théâtre de nombreux changements, de déménagements, de bouleversements ? Vos parents étaient-ils heureux ensemble et satisfaits de leur vie ? Est-ce qu'ils vous aimaient et vous le disaient ? De quelle façon ? Comment exprimait-on ses sentiments dans votre famille ? Et vous, le faisiez-vous ? Quelle place tenait l'amour dans votre vie ? Quelle en était la source ? Qu'en était-il de vos grands-parents ? (Même si vous ne les avez pas connus, ils ont énormément d'importance à cause de leur influence incommensurable sur vos parents.)

Comment vous êtes-vous rendu compte que vous étiez ou non quelqu'un de spécial ? Comment étaient vos frères et vos sœurs ? Les aimiez-vous ? Vous aimaient-ils ? Que pourriez-vous dire des autres membres de votre famille ? Vous sentiez-vous plus proche de votre père ou de votre mère ? Y avait-il un adulte, autre qu'un parent, qui s'intéressait à vous ? Avait-il de l'influence sur vous ? Quelle forme revêtait-elle ? L'un ou l'autre de vos parents était-il alcoolique ? Quel effet cela a-t-il eu sur vous pendant vos premières années ?

Aviez-vous des amis lorsque vous étiez petit ? Qu'est-ce que vous aimiez faire plus particulièrement ? Qu'est-ce qui vous amenait à vous sentir seul ou incompris ? Comment saviez-vous que vous aviez réussi quelque chose ? Échoué ? Que se passait-il – est-ce qu'on vous complimentait ou vous grondait-on ? Qu'est-ce qui était tenu pour « bien » ou pour « mal » ? Aviez-vous des animaux favoris ? Lesquels ?

Ce sont là les influences préscolaires. Voyez-vous combien chacune a été importante pour l'évolution du personnage qui est au centre de votre histoire ? On pourrait comparer notre vie à un tissage complexe ; certains fils contribuent plus que d'autres à l'élaboration du motif. La qualité d'un récit dépend du comportement cohérent du principal personnage de l'intrigue. C'est à cause des personnages – de leurs réactions uniques et conséquentes face aux événements – que les livres que vous avez préférés ont pu capter votre intérêt. Ne lésinez pas sur les détails : les incidents mineurs qui vous viendront à l'esprit peuvent s'avérer très révélateurs. Nous nous intéressons à votre histoire pour savoir quelle a été *votre expérience* jusque-là. Passons maintenant à vos années d'études.

2. La socialisation du moi

Quand et où avez-vous commencé à aller à l'école ? Est-ce que cela vous réjouissait ou vous consternait ? Étiez-vous effrayé ? Votre famille vous a-t-elle encouragé ? Vos parents aimaient-ils l'école ? Que vous en disaient-ils ? Étiez-vous le premier à y aller ou certains de vos frères ou sœurs vous y avaient-ils précédé ? Comment vous rendiez-vous à l'école : en autobus, à bicyclette, en voiture ou à pied ? Qui vous accompagnait ? Quelle a été votre première réaction devant votre institutrice ? Devant vos camarades de classe ? Appreniez-vous facilement ? Dans quelles matières éprouviez-vous des difficultés ? Dans quelles autres réussissiez-vous le mieux et pourquoi ? Vous êtes-vous fait rapidement de nouveaux amis ? Les invitiez-vous chez vous ? Que pensaient vos parents de vos amis ? Vous êtes-vous déjà enfui de chez vous ?

S'il y avait des cas d'alcoolisme dans votre famille, quel effet cela a-t-il eu sur vous pendant cette époque ? Ou plus tard ? (Ne sous-estimez pas l'importance de l'alcool dans votre vie. À moins qu'on ne vous ait renseigné à fond sur ce problème, l'héritage affectif légué par ceux de vos parents et de vos amis qui buvaient exagérément peut avoir un effet dévastateur sur votre vie. Lorsque vous aborderez votre adolescence et votre vie adulte dans votre autobiographie, vous décrirez les problèmes que vous avez peut-être eus avec l'alcool et les drogues.)

Quels sont les professeurs qui vous ont le plus influencé ? En bien ou en mal ? Aviez-vous de bonnes ou de mauvaises notes ? Qu'est-ce que pensaient vos parents et vos professeurs de vos résultats en classe ? Que pensiez-vous de vos relations avec les autres élèves ? Quels sports ou activités parascolaires pratiquiez-vous ? Pourquoi ? Vous sentiez-vous prêt à passer, d'une année à l'autre, dans une classe supérieure ? Qu'avez-vous ressenti lorsque vous avez quitté l'école primaire ? À quoi ressembliez-vous ? Étiez-vous grand, petit ou de taille normale pour votre âge ? Est-ce que cela influait sur le comportement de vos pairs ? Vous admiraient-ils ou vous laissaient-ils dans votre coin ? Comment obteniez-vous, à l'école, l'attention dont vous aviez besoin ? Avez-vous eu des amourettes, vous intéressiez-vous à l'autre sexe ? Et vous, est-ce qu'on vous remarquait ? Et lui, vous remarquait-il ? Avez-vous obtenu des prix ? Étiez-vous sage ou turbulent ?

Notre personnage commence à prendre forme. La socialisation a porté des fruits. Vous avez maintenant une douzaine d'années et vous êtes à l'aube de la puberté. Sous l'action des hormones, tout votre univers est en train de changer. C'est une époque où vous êtes extrêmement impressionnable. Pendant les cinq prochaines années de vos études secondaires, vos sentiments vont s'intensifier jusqu'au point de rupture. C'est maintenant que vous allez leur donner libre cours ou, au contraire, les réprimer. La pression de vos pairs est énorme. Votre souci ou votre refus de vous conformer à leur façon d'être revêt une importance capitale. Comment vous êtes-vous adapté ? Qui étaient vos pairs ? Vous êtes-vous révolté contre vos parents ?

3. La prison de la pression des pairs – les cours secondaire et collégial

Décrivez comment vous vous sentiez pendant vos études secondaires et collégiales – enthousiaste, effrayé, rongé par l'ennui ? Où alliez-vous en classe ? Était-ce dans la ville où vous habitiez ? Votre famille a-t-elle déménagé pendant ces années-là ? Vous étiez-vous adapté aux cours ? Comment étaient vos professeurs ? Avez-vous pu suivre les cours qui vous intéressaient ? Qui vous conseillait à ce sujet ? L'école occupait-elle toutes vos pensées ?

Aviez-vous un ami intime avec qui vous pouviez parler à cœur ouvert ? Aviez-vous un ou une amie de cœur ? Plusieurs ? Comment s'est passée votre première expérience sexuelle ? Quels sentiments vous inspirait votre sexualité ? Celle des autres ? Vous a-t-on déjà surpris en train de vous masturber ? Que vous a-t-on dit ? Est-ce qu'un adulte vous a parlé de la sexualité ? Énumérez vos premières activités sexuelles et décrivez vos impressions (qu'elles aient été homosexuelles, hétérosexuelles ou incestueuses). Vous établirez une liste semblable lorsque vous parlerez de votre adolescence et de votre vie adulte. Qui vous a aidé à vous sentir *bien* à propos de la sexualité et de la passion? Qui vous a taquiné ou ridiculisé? Qui vous a dit que c'était mal? Aviez-vous du mal à vous lever le matin? À quel moment de la journée vous sentiez-vous le plus en forme? Était-ce toujours au même moment? Participiez-vous aux activités de l'école – football, base-ball ou autres sports? Aviez-vous des idoles à l'école?

Quels livres lisiez-vous pour vous distraire? Quels films aimiez-vous, quelles étaient vos vedettes préférées? Passiez-vous du temps en tête à tête avec vous-même? Étiez-vous actif, toujours engagé dans quelque chose? Est-ce que quelqu'un vous a jamais parlé des mécanismes de l'esprit, de la créativité? Vous sentiez-vous le maître de votre vie? Ou aviez-vous l'impression qu'elle vous échappait? Qui était votre modèle? Y avait-il des événements dans le pays et dans le monde qui retenaient votre intérêt? Vos parents prenaient-ils une part active dans la vie de l'école? Dans quelle mesure participiez-vous aux associations étudiantes? Aux clubs, troupe de théâtre, chorale? Aimiez-vous vous servir de vos mains – faire de la poterie, de la peinture, travailler le bois? Y excelliez-vous? Travailliez-vous à temps partiel? Pendant l'année scolaire? L'été? Comment avez-vous obtenu votre premier salaire?

C'est pendant ces années que se sont ancrés en vous bon nombre de vos attitudes et de vos intérêts. Vous avez essayé, puis rejeté plusieurs images de vous-même. Rappelez-vous comment vous suiviez les toutes dernières modes après les avoir étudiées avec une intensité qui les amplifiait: vêtements, comportement, blagues, manies, danses, voitures, rendez-vous – vous vous concentriez tout entier sur *l'extérieur* pour voir ce qui était acceptable, savoir ce qu'«ils» pensaient. «Ils» représentait habituellement quatre ou cinq de vos amis et de leurs camarades. Un échantillonnage restreint, mais capital pour la formation de votre caractère.

C'est aussi peut-être à ce moment-là que vous avez commencé à restreindre vos possibilités. Vous aviez entendu nombre de réflexions sur le thème «la vie, c'est...» et décidé que quelques-unes étaient fondées. Vos perspectives se sont rétrécies et peut-être avez-vous cessé de rêver et de laisser le champ libre à votre imagination. Et si vous vous êtes imposé d'autres limites, vous avez su de moins en moins qui vous étiez. Étudiez votre personnalité à 18 ans : quelle image aviez-vous de vous-même après l'étape de la socialisation? Vous recherchez les signes d'une personnalité cohérente, d'un *mode de comportement* naturel qui serait maintenant prévisible. Examinez vos choix à propos de vos amis, de votre famille, de vos amours, de votre travail ou de vos projets universitaires.

4. L'heure du choix

Quelle orientation avez-vous prise vers la fin de vos études collégiales ? Qu'aviez-vous l'intention de faire après votre cours ? Est-ce effectivement ce que vous avez fait ? Et vos amis les plus proches, qu'ont-ils fait, eux ? Avez-vous pensé de bonne heure à partir de chez vous ? Désiriez-vous demeurer chez vos parents lorsque vous avez commencé à travailler ou poursuivi vos études ? Qu'avez-vous ressenti lors de la remise des diplômes et pendant les autres activités qui ont marqué la fin de votre cours collégial ? Avez-vous pris une part active à ces événements ? Qu'est-ce qui vous a surtout plu pendant la semaine des finissants ?

Avez-vous terminé vos études secondaires ? Si vous avez décroché, précisez pourquoi. Qu'ont pensé les autres de votre décision ? Qu'avez-vous fait ?

Comment avez-vous passé l'été qui a suivi votre départ du cégep : avez-vous travaillé, vous êtes-vous amusé ou avez-vous préparé votre entrée à l'université ? Où vous trouviez-vous ? Avec qui passiez-vous votre temps ? Si vous n'aviez pas l'intention d'aller à l'université, quels étaient vos projets – et pourquoi ? À qui vouliez-vous ressembler ? Et à qui ne vouliez-vous pas ressembler ? Est-ce que quelqu'un vous a conseillé sur la profession qui vous conviendrait le mieux ? Qui vous a dit dans quel domaine vous aviez du talent ? Qu'avez-vous décidé ? Avez-vous pu vous inscrire à l'université de votre choix ? Pourquoi ? Avez-vous eu droit à une aide financière ? Que pensaient vos parents des études supérieures ? Vous ont-ils encouragé à les poursuivre aussi longtemps que vous le souhaitiez ? Sinon, qui vous a encouragé à entrer à l'université ?

Quel qu'ait été votre travail à ce moment-là, en quoi consistait-il ? Quels étaient vos rapports avec vos patrons ? Comment vous entendiez-vous avec vos collègues, avec les clients ? Pendant toutes ces années où vous avez étudié et travaillé, quels ont été vos rapports avec les figures d'autorité – professeurs, directeurs d'école, conseillers, patrons, fonctionnaires, propriétaires d'entreprise ?

Comment dépensiez-vous votre salaire ? En mettiez-vous une partie de côté ? Était-ce vous qui payiez pour vos vêtements ou votre voiture ? Avez-vous voyagé ? Si oui, quels endroits avez-vous visités ?

À l'université, avez-vous choisi vous-même votre principal champ d'étude ? Avez-vous bénéficié d'une aide financière, de bourses ? Comment et pourquoi avez-vous opté pour votre programme de cours ? Quels cours aimiez-vous et quels étaient ceux qui vous déplaisaient ? Avez-vous terminé votre champ de spécialisation ? Pourquoi ? Comment avez-vous aimé votre vie à l'université – aviez-vous l'impression de faire partie de l'établissement ? Quel a été votre plus grande réussite ? Votre pire échec ? Avez-vous rencontré des personnes de valeur ? Êtes-vous resté en contact avec elles ? Quels sont les professeurs qui vous ont le plus marqué ? Pourquoi ? Comment ont-ils reconnu vos efforts ? Avez-vous participé à la vie du campus – sports, clubs, activités de groupes ? Aviez-vous une vie sociale active ? Preniez-vous ou non vos études au sérieux ? Quels étaient vos résultats ? Vos notes se sont-elles améliorées, ont-elles baissé ou sont-elles restées à peu près les mêmes ?

Avez-vous remarqué d'importants changements affectifs dans votre attitude envers la vie en général ? Est-ce qu'un ami vous a déjà trahi, menti ? Quel effet cela a eu sur vous ? Remettiez-vous en question la qualité de l'enseignement ? Avez-vous participé à des mouvements de contestation étudiants ? Quels en étaient les causes ? Que s'est-il passé ? Quels étaient les leaders étudiants que vous admiriez ? Étiez-vous du nombre ? Avez-vous eu envie d'abandonner ? L'avez-vous fait ? Que s'est-il passé alors ? Avez-vous repris vos études par la suite ? Quel âge aviez-vous pendant votre séjour à l'université ? Quand avez-vous décroché votre diplôme ? Pendant votre dernière année, avez-vous commencé à chercher un emploi ? Dans quel domaine ou auprès de qui ? Vous a-t-on engagé ? Qui ? Étiez-vous heureux de quitter l'université ? Comment qualifieriez-vous cette période : enrichissante, vide ou passionnante ? Vous êtes-vous marié ou fiancé ?

SECONDE PARTIE : LIVRÉ À VOUS-MÊME

5. Le début de la vie adulte

Vous devez maintenant avoir environ 22 ans. Étudiez le principal personnage de votre histoire. En quoi est-il différent ? En quoi est-il resté le même ? Dans quel sens ses valeurs ont-elles changé ? Tout en suivant l'évolution de l'histoire, avez-vous remarqué la répétition de certains schémas – un comportement qui coïncide avec vos premières années ? Vos convictions changeaient-elles continuellement ? Étiez-vous indécis à propos de votre avenir ? Saviez-vous quelle voie vous vouliez suivre ? Vous étiez maintenant prêt à voler de vos propres ailes. Vous sentiez-vous capable de relever ce défi ? Êtes-vous tombé amoureux ? Vous êtes-vous marié ? Comme homme ou comme femme, quel événement a modifié le cours de vos projets ? Lorsque nous repensons à ces premières décisions, plusieurs d'entre nous remarquent qu'ils avaient l'impression d'être prisonniers de circonstances qui échappaient à leur compréhension et à leur volonté. Avez-vous éprouvé ce sentiment ?

Votre personnage aborde maintenant la vie adulte. Comment est-il : sûr de lui, insécure ou ancré dans la réalité ? A-t-il changé de ville, d'emploi, de relations ? Où habitiez-vous et avec qui ? Quelles étaient les personnes qui comptaient le plus pour vous ? Si vous veniez d'avoir un nouvel emploi, comment cela s'était-il passé ? Vous convenait-il ? Touchiez-vous un revenu suffisant ? Partagiez-vous les dépenses avec votre femme ou votre compagne ? Travailliez-vous ? Où ?

Quel genre d'amis aviez-vous alors ? Vous soutenaient-ils ? Dans le cadre de votre vie familiale, aviez-vous gardé le contact avec vos parents et vos proches ? Jouaient-ils un rôle dans votre vie ? Vous aidaient-ils financièrement ? Avez-vous loué ou acheté une maison ? Avez-vous eu des enfants ? En quoi leur venue a-t-elle changé votre vie ? Votre image de vous-même s'est-elle trouvée modifiée par votre paternité ou votre maternité ? Preniez-vous votre rôle au sérieux ? Vous avez peut-être eu plusieurs enfants. Dans ce cas, aviez-vous un préféré ? Qui, de votre fils ou de votre fille, compreniez-vous le mieux, vous donnait le plus de joie ? Comment qualifieriez-vous votre vie de famille : harmonieuse, difficile ou un mélange des deux ?

6. Ma vie actuelle

Concluez votre histoire avec un résumé de votre vie actuelle. Où habitez-vous ? Que faites-vous comme travail ? En êtes-vous satisfait ? Votre vie sociale est-elle agréable ? Résumez vos expériences sexuelles depuis la polyvalente jusqu'à aujourd'hui. Avez-vous des amis ? Qu'est-ce qui vous *fascine* ? (*Indice-passion !*) Quels livres lisez-vous ? Comment est votre patron ? Êtes-vous à votre compte ? Souhaitez-vous le devenir ? Qu'en est-il de votre vie familiale ? Si vous avez des enfants, étudient-ils et habitent-ils à la maison ? Où sont vos parents, vos frères ou vos sœurs ? Votre vie se déroule-t-elle comme vous l'aviez rêvé ? En quoi diffère-t-elle de vos attentes ? Votre histoire ressemble-t-elle par certains côtés au conte de fée que vous préfériez quand vous étiez petit ? Ou vous rappelle-t-elle celle de votre héros favori ?

Une fois que vous aurez franchi le barrage de la peur, vos souvenirs surgiront nombreux dans votre mémoire. Vous serez alors à même de suivre votre évolution, vos amours, vos haines, votre indifférence, votre irresponsabilité, votre sexualité, votre humour. J'aimerais pouvoir, à ce stade-ci, vous parler des fantastiques biographies que j'ai lues. J'ai ri, pleuré, ressenti de la consternation, de l'admiration et une grande joie devant cette capacité que nous avons tous et toutes de connaître des hauts et des bas et de passer à travers. Votre histoire, racontée avec une totale franchise, est un document d'une très grande valeur, quelque chose que vous devriez conserver précieusement.

Un mot, maintenant, à propos de l'amour et de la colère : après avoir déterminé les facteurs qui provoquent votre colère, vous constaterez que, derrière celle-ci, se cache un amour déçu. Vous devez vous rendre compte que vous « détestez » uniquement cette personne ou ce groupe parce qu'ils n'ont pas su répondre à vos attentes. Pardonnez-leur cette défaillance et laissez-vous aller à aimer le reste. Ce qui importe, c'est d'y *attacher autant d'importance* (*indice-passion !*) que vous le faites. Vous êtes capable d'éprouver des sentiments intenses.

Lorsque vous aurez terminé, vous aurez probablement noirci entre 30 et 50 pages. Relisez-les lentement, comme s'il s'agissait du récit de quelqu'un d'autre – vous serez ainsi plus compréhensif et plus compatissant. Cette distanciation vous permettra de vous comporter en réviseur plutôt qu'en écrivain. Il s'agit là de deux rôles différents. Il faut être un écrivain exceptionnel pour pouvoir revoir son propre texte. Mais vous, vous en êtes trop proche, il vous tient trop à cœur. Vous pouvez même donner un autre titre à votre récit et un autre nom à votre personnage. Cela cadrera avec le vieil axiome selon lequel il est toujours plus facile de régler les problèmes des autres que les siens. Alors, devenez quelqu'un d'autre !

Posez-vous les questions suivantes : est-ce que mon personnage accepte d'avoir été mal informé ? Quelles sont celles de ses convictions qui sont démodées ? Dans quelle mesure le passé détermine-t-il le présent ? Les vieilles craintes, les anciens doutes sont tous irrationnels. Tâchez de déceler des schémas et des réactions qui relèvent d'un comportement acquis. Dans le récit suivant, nous voyons comment la carrière de mon client a été entravée par un mode de comportement ancré en lui depuis des lustres.

L'HISTOIRE DE FRANK

À 40 ans, Frank, qui était maître-imprimeur, affichait un comportement professionnel répétitif. Il réussissait assez bien dans tout ce qu'il entreprenait, mais jusqu'à un certain point seulement. Puis, c'était le drame. La cause en était toujours la même : un grave conflit de personnalité avec un supérieur, après quoi Frank démissionnait avec fracas ou était renvoyé. Et comme si cela ne suffisait pas, il souffrait d'hypertension aiguë. Inutile de préciser que Frank était constamment d'une humeur de chien ! « Lorsque je ne rue pas dans les brancards, je ne pense qu'à le faire », reconnaissait-il en riant. Son sens de l'humour lui permettait de rester en selle, mais guère plus.

La lecture de sa biographie mit en lumière une série de phénomènes révélateurs. Frank était né après un frère qui excellait dans tous les domaines : études, sports, vie sociale. Leur père était un perfectionniste, exigeant et, lui aussi, choyé par la réussite. Il se livrait souvent à des comparaisons entre Frank et son frère aîné. L'une de ses formules, plus particulièrement, s'était gravée dans la tête de mon client : « Pourquoi n'es-tu pas comme ton frère ? Il fait tout sans effort, alors que toi, il te faut remuer ciel et terre. » Frank avait beau faire, ce n'était jamais assez, il était toujours loin du compte.

Frank s'était longtemps efforcé de se plier aux exigences déraisonnables de son père. Il avait rarement droit à des compliments (on ne reçoit jamais trop de félicitations). Ses succès étaient le fruit de la peur, de la crainte de représailles. Qui plus est, il s'était fait à l'idée qu'il était condamné à échouer – donnant ainsi raison aux fâcheuses prédictions de son père. Finalement, son estime de soi s'était atrophiée.

Je demandai à Frank s'il remarquait certains parallèles entre sa relation avec son père et celles qu'il entretenait avec les patrons qu'il avait choisis. Au départ, il y avait le fait qu'il s'attendait à échouer et non à réussir. Ou, s'il réussissait effectivement, ce n'était pas sans diverses arrière-pensées désagréables. Selon lui, même quand on gagne – en montant une entreprise, par exemple – on y laisse toujours des plumes d'une façon ou d'une autre.

Frank avait été sidéré de constater que, en règle générale, ses patrons étaient imprévisibles, prompts à juger et difficiles à satisfaire, exactement comme son père.

« Pourriez-vous vous résoudre à travailler pour votre père, lui demandai-je. Si c'est le cas, vous ne vous en sortirez jamais. »

« Vous avez raison, me répondit-il. Je m'aperçois que je suis loin de me trouver à la hauteur ! »

Ces révélations sur ses premières expériences n'ont pas mis le point final à tous les problèmes de Frank, mais elles lui ont néanmoins permis d'y voir plus clair. Nous avons travaillé ensemble sur cette base jusqu'à ce qu'il commence à rechercher l'approbation plutôt que la réprobation. L'homme est à l'image de ses pensées, nous enseigne le Livre des Proverbes. Dans le cas de Frank, la peur d'être critiqué avait fini par donner corps à ses appréhensions les plus sombres. Son histoire s'est finalement conclue sur une note plus heureuse : Frank occupe maintenant un poste prestigieux et savoure pleinement l'indépendance qui va de pair avec ses fonctions. Lors d'un entretien récent, il m'est apparu optimiste et plein d'entrain.

« Je suis heureux comme un roi, ici », me dit-il. Puis, baissant la voix comme un conspirateur, il reconnut : « On peut vraiment dire que je suis comme un coq en pâte, maintenant. » Nous rîmes tous les deux au souvenir de l'époque où, pour lui, la vie n'était rien d'autre qu'une lutte interminable.

TROUVEZ LE TEMPS DE VOUS ISOLER

Pour accéder au pouvoir, vous devez d'abord apprendre à penser autrement. Ce processus débute lorsqu'on est seul avec soi-même. Nous avons tous beaucoup à gagner en passant davantage de temps à l'écart des autres et en apprenant à rester tranquillement assis pour mieux réfléchir. Tâchez de trouver chaque jour un moment – ne serait-ce que quelques minutes – pour vous isoler paisiblement avec vos pensées.

Au début, vous éprouverez une certaine réticence à l'idée de devoir vous asseoir tout seul. Vous rechercherez des sujets de diversion, accueillerez avec soulagement la moindre interruption, vous vous promènerez à droite et à gauche, vous vous inventerez des choses à faire. Vous lirez un moment, puis vous sauterez sur vos pieds, gagné par la nervosité, peut-être même par l'exaspération. C'est tout à fait normal. Cela veut dire qu'on vous a inoculé de nouvelles informations et qu'elles commencent à faire effet. Presque tous mes clients se sentent nerveux lorsqu'ils commencent à penser aux changements qu'ils sont sur le point d'effectuer.

Rappelez-vous : le premier pas vers le pouvoir réside dans l'expérience de la clarté. Mais, juste avant que n'émerge cette clarté – saluée par un profond soupir de soulagement –, vous serez en proie à une confusion extrême. Aussi, si vous avez « les nerfs en boule » ou si vous êtes intrigué par les éventuels résultats de cette introspection, félicitez-vous. Vous commencez à saisir le sens de ce premier pas vers le pouvoir : vous commencez à *vous connaître*.

EXERCICE SUR LES TRAITS DE CARACTÈRE

Un autre que vous

Dans cet exercice (en deux volets) portant sur les traits de caractère, vous aurez à évaluer quelqu'un qui vous est proche : ami, conjoint, patron, professeur, etc. Est-ce que votre notation de cette personne correspond à l'image qu'elle a d'elle-même ? Vous pourriez le lui *demander* (dans la mesure où vous entretenez des liens étroits et positifs). Cet exercice vous servira d'initiation à la perception que les autres peuvent avoir d'eux-mêmes.

Pour chacune des comparaisons présentées dans la colonne « Traits de caractère », encerclez le qualificatif qui décrit le mieux cette personne de façon générale : par exemple, est-elle davantage soumise ou rebelle ?

Après cette première étape, attribuez-lui, pour chacun de ces traits, une note entre 1 et 10. Rappelez-vous que, d'après notre échelle, la note # 1 indique que vous considérez qu'il s'agit chez elle d'un trait mineur ; la note # 2 correspond à un degré supérieur et ainsi de suite jusqu'à 10, cette dernière note signifiant que vous y voyez l'un de ses traits dominants.

TRAITS DE CARACTÈRE	TRAIT MINEUR						TRAIT DOMINANT		
Soumis / Rebelle	1 2 3 4 5 6 7 8 9 10
Vantard / Modeste	1 2 3 4 5 6 7 8 9 10
Hardi / Timide	1 2 3 4 5 6 7 8 9 10
Maître de soi / Impulsif	1 2 3 4 5 6 7 8 9 10
Affectivement stable / Facilement perturbé	1 2 3 4 5 6 7 8 9 10
Souple / Inflexible	1 2 3 4 5 6 7 8 9 10
Énergique / Apathique	1 2 3 4 5 6 7 8 9 10
Introverti / Extraverti	1 2 3 4 5 6 7 8 9 10
Meneur / Suiveur	1 2 3 4 5 6 7 8 9 10
Objectif / Subjectif	1 2 3 4 5 6 7 8 9 10
Colérique / Placide	1 2 3 4 5 6 7 8 9 10
Passif / Agressif	1 2 3 4 5 6 7 8 9 10
Réfléchi / Superficiel	1 2 3 4 5 6 7 8 9 10
Sûr de soi / Insécure	1 2 3 4 5 6 7 8 9 10
Sociable / Solitaire	1 2 3 4 5 6 7 8 9 10
Vif d'esprit / Naïf	1 2 3 4 5 6 7 8 9 10
Tolérant / Prompt à juger	1 2 3 4 5 6 7 8 9 10

EXERCICE SUR LES TRAITS DE CARACTÈRE

Vous-même

Dans ce second volet, vous allez reprendre l'exercice, mais cette fois pour *vous* évaluer. Est-ce que votre notation correspond à votre image de vous-même et à votre autobiographie? Si vous le désirez, vous pourrez demander à un ami intime de vous évaluer à partir d'une copie de ce tableau. Cette seconde évaluation pourra s'avérer aussi utile que révélatrice puisqu'elle vous fournira un nouvel aperçu sur la façon dont les autres vous considèrent et que vous pourrez en outre la comparer à votre propre image de vous-même.

Pour chacune des comparaisons présentées dans la colonne « Trait de caractère », encerclez le qualificatif qui vous décrit le mieux de façon générale: par exemple, êtes-vous davantage soumis ou rebelle?

Après cette première étape, attribuez-vous, pour chacun de ces traits, une note entre 1 et 10. Ici encore, rappelez-vous que, d'après notre échelle, la note # 1 indique que vous considérez qu'il s'agit chez vous d'un trait mineur; la note # 2 correspond à un degré supérieur et ainsi de suite jusqu'à 10, cette dernière note signifiant que vous y voyez l'un de vos traits dominants.

TRAITS DE CARACTÈRE	TRAIT MINEUR					TRAIT DOMINANT				
Soumis / Rebelle	1	2	3	4	5	6	7	8	9	10
Vantard / Modeste	1	2	3	4	5	6	7	8	9	10
Hardi / Timide	1	2	3	4	5	6	7	8	9	10
Maître de soi / Impulsif	1	2	3	4	5	6	7	8	9	10
Affectivement stable / Facilement perturbé	1	2	3	4	5	6	7	8	9	10
Souple / Inflexible	1	2	3	4	5	6	7	8	9	10
Énergique / Apathique	1	2	3	4	5	6	7	8	9	10
Introverti / Extraverti	1	2	3	4	5	6	7	8	9	10
Meneur / Suiveur	1	2	3	4	5	6	7	8	9	10
Objectif / Subjectif	1	2	3	4	5	6	7	8	9	10
Colérique / Placide	1	2	3	4	5	6	7	8	9	10
Passif / Agressif	1	2	3	4	5	6	7	8	9	10
Réfléchi / Superficiel	1	2	3	4	5	6	7	8	9	10
Sûr de soi / Insécure	1	2	3	4	5	6	7	8	9	10
Sociable / Solitaire	1	2	3	4	5	6	7	8	9	10
Vif d'esprit / Naïf	1	2	3	4	5	6	7	8	9	10
Tolérant / Prompt à juger	1	2	3	4	5	6	7	8	9	10

COMMENT VOUS PERCEVEZ-VOUS?

Répondez rapidement aux questions de cette section, sans trop réfléchir. Remarquez dans quelle mesure vos expériences fructueuses remontent loin dans le temps. En revanche, si vous constatez que le succès est pour vous un phénomène tout récent, depuis aujourd'hui par exemple, c'est que vous êtes sur la bonne voie. Vous vivez maintenant au *présent*. Et tout en écrivant, soyez à l'affût des indices de la passion.

1. Je me suis senti vraiment bien _____

    _____

    _____

2. Ma plus belle réussite a été quand _____

    _____

    _____

3. J'étais content quand on me disait que _____

    _____

    _____

4. La période la plus fructueuse de mon passé a été celle où ____

    _____

    _____

5. La meilleure chose qui me soit jamais arrivée est _____

    _____

    _____

6. Le moment où j'ai été le plus heureux a été quand _____

    _____

7. La meilleure période de ma vie a été quand _____

_____

_____

Indices-passion pour le questionnaire ci-dessus

1. Étiez-vous seul la majeure partie du temps ?

2. Étiez-vous physiquement actif – à l'intérieur, dehors ?

3. Quel était le contexte de l'événement qui vous sert maintenant de guide ?

4. Quelles qualités vous caractérisaient alors (persévérance, détermination, maîtrise de soi, confiance en soi) ?

Étudiez attentivement ces points et recherchez dans chaque exemple les *symboles* qui caractérisent votre vie d'alors.

RÉSUMÉ

> **Premier secret de la passion : la clarté est le premier pas vers le pouvoir.**

1. Relatez tout événement qui s'est conclu par une réussite (ou, si vous préférez, qui s'est soldé par un échec). C'est le premier des quatre exercices de mise en forme qui vous aideront à parvenir à une plus grande clarté.

2. Décrivez-vous en quelques paragraphes. Comment vous percevez-vous ? Décrivez vos qualités, votre moi physique, mental et affectif.

3. Décrivez ensuite comment les autres vous perçoivent. Quelle image, à votre avis, ont-ils de vous ?

4. Finalement, décrivez votre moi idéal. Quels en sont les aspects que vous aimeriez accentuer ?

5. La rédaction de votre autobiographie est un exercice extrême-
    ment profitable. Il vous aidera à parvenir à la clarté.

6. Tout en faisant le résumé de votre vie jusqu'à maintenant,
    attardez-vous sur vos souvenirs les plus anciens. Que s'est-il
    passé et qui était présent ? Conservez votre personnage tout au
    long du processus. La Première Partie traite de votre famille – et
    trace un portrait précis de vos parents, amis, et relations, de vos
    activités et de vos années d'école. N'oubliez pas de parler de
    votre éducation et de votre première expérience professionnelle.
    Et n'oubliez pas non plus de décrire les personnes qui ont compté
    pour vous, de même que celles qui vous auraient maltraité ou cri-
    tiqué. Si vous êtes porté, aujourd'hui, à vous sous-estimer, c'est
    parce que ce trait de caractère trouve son origine dans votre
    passé ; lorsque vous en aurez repéré la cause, vous serez en
    mesure d'y faire face et d'y mettre fin.

7. La Seconde Partie de votre autobiographie portera sur le reste de
    votre vie. Prêtez une attention particulière aux portraits que vous
    tracez des personnes qui vous ont aidé ou soutenu tout au long
    de votre évolution. Il est possible que ces personnes, pas plus que
    certains événements, ne se montrent pas toujours sous un jour
    très agréable.

8. Les exercices sur les traits de caractère : le premier volet consiste
    à évaluer quelqu'un qui vous est proche ; dans le second, vous
    reprendrez ce même exercice, mais en vous concentrant sur
    vous-même.

9. Complétez les phrases de l'exercice intitulé « Comment vous
    percevez-vous ? » Comparez-le avec ce que vous avez déjà écrit.
    Évaluez les résultats : est-ce que tout se tient ou y a-t-il des diver-
    gences ? Êtes-vous davantage concentré sur votre passé ou sur
    votre présent ?

2

ÊTES-VOUS SATISFAIT
DE CE QUE VOUS ÊTES ?

La deuxième étape en vue de libérer votre passion et votre pouvoir débute par *l'acceptation de vous-même tel que vous êtes*. Au cours de la première étape, la rédaction de votre autobiographie de même que d'autres exercices vous ont permis de revivre, dans un ordre chronologique, divers épisodes de votre passé. Si vous souhaitez modifier la conclusion de votre histoire, vous êtes prêt pour la deuxième étape : l'acceptation de soi.

À la lumière de vos souvenirs ravivés par votre autobiographie, vous avez pu suivre les divers stades de la cristallisation de votre système de croyances. Dans certains cas, vous aurez peut-être besoin d'une barre à mine pour briser le mortier des informations erronées. Vos croyances peuvent se dresser en travers de votre passion. Dans ce chapitre, nous examinerons à la fois l'histoire en général et votre histoire personnelle afin d'en dégager la vérité sur vous-même et sur votre époque.

N'oubliez pas que vous êtes en train de vous initier aux secrets du pouvoir personnel. C'est la même énergie (la passion) qui guide et gouverne les personnes qui connaissent une réussite éclatante. Pas plus que pour d'autres « secrets », l'information n'est pas inconnaissable ; simplement, on a parfois du mal à la discerner. Il est possible que votre pouvoir et votre conscience soient temporairement enfouis, que votre lucidité et votre enthousiasme soient étouffés. Que faut-il faire pour dégager ces passions ? Vous devez *amadouer votre inconscient* afin que l'information puisse parvenir à votre conscience ; ensuite, seulement, vous pourrez en tirer parti.

Le principal obstacle à ce procédé est cette croyance populaire selon laquelle la conscience serait séparée de l'inconscient. En fait, dans la psyché humaine, l'une et l'autre sont reliés par un efficace système de rétroaction. Et c'est *l'imagination* qui assure la navette depuis ce riche entrepôt de la créativité qu'est l'inconscient. Nous ne sommes pas à la merci de pulsions face auxquelles nous serions totalement impuissants. C'est du pouvoir de l'imagination que nous tirons notre propre pouvoir. L'imagination est semblable à un pont : elle permet de passer d'un endroit à un autre, d'une croyance à une autre[1].

Si vous arrivez à vous représenter vos aspirations, vous pouvez apprendre à faire en sorte que votre imagination « bâtisse ce pont ». Chez la plupart des individus, l'absence de pouvoir personnel est le fait de croyances erronées. Vous pouvez, par exemple, avoir l'intime conviction de ne pas être à la hauteur de votre image idéale. Pourtant, ce que vous *êtes* est tout à fait acceptable. Lorsque Frank (voir le premier chapitre) a changé ses croyances à propos de lui-même et de son frère aîné, son expérience quotidienne s'en est trouvée modifiée. Et il s'est senti « comme un coq en pâte » dans ses nouvelles fonctions.

LES STÉRÉOTYPES MASCULINS ET FÉMININS : BLANCS CHEVALIERS ET CHASTES DEMOISELLES

L'un de mes clients avait toujours rêvé d'être le blanc chevalier, le sauveur, le héros qui fonce, vêtu d'une armure étincelante, affichant un sourire éclatant et se frayant un chemin à travers les broussailles à grands coups d'épée. Le résultat coule de source : transportée de bonheur, la douce demoiselle tombe en pamoison, le dragon quitte la caverne sur la pointe des pattes et, emplis d'un sentiment où l'admiration le dispute à la jalousie, les autres chevaliers grincent des dents à l'unisson.

Ce désir d'être le libérateur, le héros, est un comportement qui limite bien des hommes. L'image de l'homme qui préside à la vie des autres s'appuie sur les concepts de supériorité et d'infériorité.

Lorsque nous étions petits, on nous a appris que la société est *hiérar-chisée* et que les individus sont en quelque sorte comme les barreaux d'une échelle, certains se trouvant plus haut et d'autres plus bas. Il y a les figures d'autorité – dont le premier exemple est le père, donc un homme, qui sait tout et qui maintient l'ordre. (Le fait que ce soit ou non effectivement fondé est ici sans importance.)

Devenus adultes, nous devons nous habituer à voir nos sembla-bles d'abord et avant tout comme des individus. Il s'ensuit que notre esprit doit faire table rase des principes hiérarchiques. Voyons quel-ques exemples de cette forme d'ouverture d'esprit : le parent qui se rend compte que son enfant est un être distinct de lui-même ; l'homme qui admet que la femme est une entité distincte et non une image idéalisée ; la femme qui croit que l'homme peut être sensible et attentionné. Les schèmes de pensée hiérarchiques et autoritaires limitent notre évolution et celle des autres. Les hommes et les fem-mes pourront se lier d'amitié lorsque *chacun* cessera de se comporter en être supérieur – l'homme à cause de son esprit rationnel, la femme à cause de son rôle d'éducatrice.

L'autorité existe pour que nous puissions nous en libérer. Enfants, nous dépendons de ceux qui la détiennent ; adultes, nous devons nous émanciper. Cet élan qui nous pousse à opter pour l'indépendance est à la base des libertés politiques et religieuses. Le concept de la res-ponsabilité individuelle ne peut accepter l'existence d'une autorité extérieure : personne, homme ou femme, n'a le droit ni la faculté de diriger ma vie. J'en suis le seul maître. C'est là l'indice d'une société adulte, tout comme c'est l'indice d'une personne adulte, d'une per-sonne qui est sortie de son état de dépendance.

Dans le cas de notre exemple du blanc-chevalier-monté-sur-son-blanc-destrier, l'un des problèmes tient au fait qu'il détruit la confiance de la personne « secourue ». Le ressentiment s'accentue, l'esprit d'initiative s'atrophie : « Tu n'as qu'à le faire, puisque tu sais toujours comment t'y prendre. » En outre, le chevalier (qui, après tout, n'est qu'un être humain) finit par se lasser de porter tout le fardeau. Et, tout bien intentionné qu'on soit, du fait qu'il est le principal pour-voyeur, il plonge son « débiteur » dans une sorte d'esclavage et de dépendance affectifs.

Je sais bien que des siècles d'autoritarisme ont façonné l'humanité. L'accession à la liberté individuelle s'est avérée un processus lent et pénible, au même titre que l'accession de l'individu à la maturité. Loin de moi l'idée de suggérer qu'un homme devrait tirer un trait sur sa famille et mettre le cap sur Tahiti – nous avons besoin, pendant notre croissance, de respecter les structures sociales et psychologiques. Mais, si l'on veut suivre son cœur, il est indispensable de procéder à ces changements, ainsi que l'a appris mon «blanc chevalier».

Ce client, que j'appellerai Lance (le diminutif de Lancelot, bien sûr), a commencé à comprendre que l'acceptation de soi débute par la perception d'une situation telle qu'elle *est* et non telle qu'on lui *avait appris* à la voir. Il s'est rendu compte que ce comportement était la conséquence de certaines croyances acquises dans le contexte restreint de l'enfance. (Ainsi, quand on atteint l'âge adulte, on ne considère plus ses parents de la même façon qu'autrefois.) Lance a accepté ses choix antérieurs et ne s'est pas reproché d'avoir brandi une épée trop lourde. Mais il a décidé de tourner la page et de changer d'attitude envers les femmes.

Lance a découvert que des jeunes femmes apprenaient à se prendre en main. (Plusieurs d'entre elles participaient à des séances d'affirmation de soi!) Aujourd'hui, de plus en plus de femmes sont conscientes que le fait de s'assumer est enrichissant et contribue à renforcer l'estime de soi. Elles font davantage preuve d'un esprit sportif: elles ne craignent pas la compétition et se familiarisent avec la défaite et la victoire. Plus important encore, elles confirment l'ancien adage: «Ce qui importe, ce n'est pas de perdre ou de gagner, mais de participer.» L'essentiel, c'est de persévérer, de continuer de participer et de découvrir que tout est possible.

Ceci dit, même si le «complexe de la pucelle» est on ne peut plus réel, le courant favorisant un rôle accru des femmes dans la société s'accélère lentement. Pour qu'il se maintienne, il faut que les hommes et les femmes partent sur de nouvelles bases. Le système de croyances qui privilégie les concepts hiérarchiques va à l'encontre de l'égalité dans les relations entre les sexes. Néanmoins, on constate, en cette fin du XXe siècle, une tendance indiscutable à vouloir repenser ces relations ainsi qu'un mouvement en faveur de l'égalité. Dans le futur, l'amitié, le respect mutuel et le partenariat auront la préséance – ils seront les grands thèmes du XXIᵉ siècle.

Le psychologue Carl Jung soutenait qu'il y a en chacun de nous un élément masculin, l'*animus*, et un élément féminin, l'*anima*. Les femmes ont besoin d'apprivoiser leur *animus*, d'apprendre à aimer cet homme puissant, tourné vers l'action, qui réside en elles, et à avoir confiance en lui. Inversement, les hommes doivent apprivoiser leur côté affectif, l'*anima*. « Elle » est sensible, intuitive et très puissante. Les hommes qui ont peur de leurs émotions ont peur de leur propre *anima*. À force de refouler leurs sentiments, ils en viennent parfois à se sentir mal à l'aise avec les femmes. Quand nous établissons un équilibre entre nos côtés féminin et masculin, nous devenons des êtres raffinés, sensibles, perceptifs – en même temps qu'actifs et agissants. Et quand chacun des éléments de notre psyché exécute ce qu'il fait de mieux, nous nous apercevons que nous considérons les autres de la même façon, c'est-à-dire comme des individus qui sont la résultante de deux forces puissantes.

Au programme d'une enfance masculine type, donc axée vers la réussite, on trouve des sports d'équipe, des conversations avec des adultes mâles portant sur la victoire, les réalisations et les prouesses physiques. Il est entendu que les garçons doivent rivaliser entre eux, qu'ils doivent être les premiers en classe, dans leurs activités sociales, puis dans leur carrière, qu'ils doivent tendre vers la réussite professionnelle et financière. On leur apprend à tenir leur vie intérieure pour quantité négligeable. Quant aux femmes, rares sont celles qu'on espère voir réussir financièrement, accomplir des prouesses physiques ou se doter d'un statut propre. Et lorsqu'elles y arrivent, c'est généralement à cause d'un élan intérieur, d'une force qui les pousse à exceller dans leur domaine en faisant fi des pressions sociales.

Depuis quelque temps, les hommes et les femmes voient leurs relations soumises à de continuels changements parce que leur éducation se déroule dans un contexte conflictuel, les attentes des parents et celles de la société étant divergentes. Même si de nombreux hommes apprennent qu'il est maintenant socialement acceptable de développer leur *anima* et de respecter la pensée de leur hémisphère droit, plus intuitive, je pense néanmoins que les femmes ont une longueur d'avance pour ce qui est de la redéfinition du masculin et du féminin, et pour l'admission du fait que l'accès à une multiplicité de choix est non pas nuisible, mais bénéfique pour la société. Celle-ci a besoin qu'on maintienne un équilibre entre la pensée rationnelle et ordonnée de l'hémisphère gauche – responsable des révolutions industrielles et scientifiques – et la pensée créatrice, intuitive, de l'hémisphère droit, qui permettra de résoudre les problèmes urgents engendrés par ces révolutions. Alors que ce siècle tire à sa fin, nous ne pouvons nous offrir le luxe d'ignorer l'extraordinaire pouvoir des principes féminin et masculin.

Autrefois, l'analyse scientifique ramenait tout à une définition empirique, ne reconnaissait que ce qui était accessible par les cinq sens. Si des phénomènes ne pouvaient être « vus » au microscope, entendus, goûtés, touchés ou sentis, on en niait tout simplement l'existence. Il ressort, toutefois, des toutes dernières expériences psychologiques que les données fournies par les sentiments et les pensées sont vérifiables. Les pressentiments, la perspicacité, l'intuition, les expériences parapsychologiques, les révélations émanant des mystiques, tous ces phénomènes convergent vers un savoir auquel on peut accéder autrement que par les cinq sens. Qui plus est, des personnes très haut placées m'ont confié qu'elles se fiaient à leur instinct au moment de prendre des décisions particulièrement cruciales. Bien entendu, pas plus les hommes d'affaires que les pédagogues ou les savants ne seraient prêts à révéler les mécanismes sous-tendant ces décisions, de crainte de paraître « illogiques ».

Les femmes, qui ont peut-être développé la pensée intuitive de leur hémisphère droit, faute de s'être vu accorder la liberté d'explorer le monde extérieur au même titre que les hommes, sont maintenant encouragées à repenser leurs croyances au sujet de leurs capacités logiques et rationnelles. Malgré ça, elles sont encore nombreuses à douter des facultés de leur hémisphère gauche et à se montrer réticentes à l'idée d'explorer leurs capacités mathématiques et analytiques.

« Je suis quelqu'un de très sociable », m'ont affirmé bon nombre d'entre elles, comme si cela excluait toutes leurs autres facultés. Tout a été dit, ou presque, sur cette peur du succès qui caractériserait les femmes et sur la façon dont elles saperaient leur progression vers le « sommet ». Pour moi, cela revient beaucoup plus simplement à ne pas suivre sa passion jusqu'au bout. Les femmes qui font marche arrière et se contentent de servir de repoussoir aux autres sont à l'image de la « pucelle » dont je parlais plus tôt. Elles finissent parfois par en vouloir aux hommes qui ont droit à tout ce qui est gratifiant. (Les fillettes qui le comprennent très tôt réagissent en devenant des « garçons manqués ».) Tant que les femmes, à la fois comme collectivité et comme individus, n'auront pas compris qu'elles sont aussi responsables que les hommes de l'image de la « pucelle », l'ambivalence persistera. L'incertitude et les tiraillements qui les habitent quant à leur identité et à leurs aspirations les empêchent d'utiliser leur pouvoir personnel. Rappelez-vous ceci : *le pouvoir est la capacité d'agir, d'avoir de l'influence*, et il est obligatoirement précédé de la passion.

Lancelot et Guenièvre ont accepté leurs rôles. Lui, en consentant à un affrontement manifeste, elle, en sachant comment le motiver. Elle jouit d'un pouvoir occulte, lui, d'un pouvoir tangible. Il est puissant ; elle l'est un peu moins et, maintenant, cela ne fait plus du tout son affaire ! Le jour est enfin venu où une femme qui veut affronter un dragon peut sortir et s'en dénicher un !

Idéalement, Lance et Guenièvre décideront de pourfendre le dragon ensemble, partageant la gloire et l'effort ! Dans une relation égalitaire, chacun des partenaires aide l'autre à s'épanouir pleinement, à développer ses habiletés. Un partenariat fructueux se fonde sur une confiance totale ; semblables aux habitants d'une renardière, chacun d'entre vous est à l'affût des dangers qui pourraient menacer l'autre et collabore à votre victoire commune. Jamais il ne vous viendrait à l'idée de vous immiscer dans la sphère d'activité de votre partenaire. Vous n'avez pas besoin de rivaliser l'un contre l'autre. En fait, chacune de vos interactions est motivée par l'admiration et le respect que vous inspire l'individualité de votre partenaire. Il n'y a pas de relation plus merveilleuse entre deux êtres que cette dynamique, cette association. « Là où tu iras, j'irai. » Chaque entité est indépendante, mais toutes deux progressent, main dans la main, vers un objectif commun. C'est le pouvoir *partagé* : deux personnes ou plus qui œuvrent dans l'harmonie, unies dans la conception de buts communs.

Lorsque les parties ne tendent plus vers un but commun, leur relation se détériore. La personne puissante, qui intègre la réalité à la vie qu'elle a choisie, en acceptera les conséquences. Quand un tel changement survient, il peut engendrer des conflits. Mais qui veut divorcer? Qui se réjouit de la rupture d'une association? L'anxiété, la douleur, les offenses, la colère atteignent un paroxysme et sont traumatisantes. Pourtant, bien des divorcés (dont moi-même) à qui l'on demande, des années plus tard, «seriez-vous prêt, aujourd'hui, à revivre tout ça?» répondent par l'affirmative. Car, en dépit des moments difficiles, notre vie après le divorce s'avère plus satisfaisante parce que ce changement était nécessaire à notre croissance personnelle.

CHOIX RESTREINTS – CHOIX ABONDANTS

Toute société est essentiellement à l'image de ses systèmes de croyances. Dans *La Troisième Vague*[2], Alvin Toffler analyse l'évolution de la société occidentale, la comparant à une succession de «vagues». Pendant la Première Vague, de type agraire, la société se composait de petites unités: les villages. La structure du pouvoir, essentiellement locale, s'appuyait sur la naissance et sur la propriété terrienne. Hiérarchique et autoritaire, le mode de pensée était le reflet de cette structure.

La Seconde Vague de la civilisation, toujours selon Toffler, sonna le glas de la structure de pouvoir locale. La révolution industrielle, avec, dans son sillage, le développement technologique, transforma la société et imprima une trajectoire usinière à la vie de tous les jours: l'école, la famille, le travail devinrent autant de rouages de la production. La standardisation, la spécialisation, la synchronisation, la concentration, la maximalisation, la centralisation – tous ces facteurs contribuèrent à masculiniser le mode de pensée «centralisé» de cette Seconde Vague, tandis que les femmes, reléguées dans la Première Vague, marquaient le pas. L'épouse «produisait» pour sa famille et non pour le marché. Toffler expose sa théorie en ces termes:

> Aussi, alors que le mari allait vers le travail économique direct, sa femme restait en général affectée au travail économique indirect. L'homme assumait la forme la plus historiquement avancée du travail et il appartenait à la femme d'en assumer les formes antérieures, plus arriérées. En quelque sorte, l'homme marchait vers le futur alors que la femme était enlisée dans le passé.

Cette division fut à l'origine d'un éclatement de la personnalité et de la vie intime. La nature publique ou collective de l'usine et du bureau, les nécessités de la coordination et de l'intégration eurent pour résultat de privilégier l'analyse « objective », les « rapports objectifs ». Les hommes, préparés dès l'enfance à tenir le rôle qui leur était imparti dans l'entreprise, à se mouvoir dans un univers placé sous le signe de l'interdépendance, étaient incités à être « objectifs » ; aux femmes, préparées dès leur naissance à d'autres fonctions – la procréation, l'éducation des enfants et les soins du ménage, besognes socialement solitaires dans une très large mesure –, on inculquait le « subjectivisme » – et on les tenait fréquemment pour incapables d'accéder au type d'intelligence rationnelle et analytique prétendument associé à l'objectivité.

Comment s'étonner si les femmes qui se détournaient du relatif isolement du foyer pour s'engager dans le processus de la production interdépendante étaient souvent accusées de se déféminiser, de devenir « froides », « dures » et… objectives !

En outre, l'identification fallacieuse des hommes à la fonction productrice et des femmes à la fonction consumériste, alors même que les premiers étaient aussi des consommateurs et les secondes des productrices, ne fit qu'accentuer les différenciations et les stéréotypes sexuels. Bref, et bien que l'oppression de la femme eût existé bien avant que la Seconde Vague eût commencé à submerger la planète, la « guerre des sexes » moderne a en grande partie sa source dans ce clivage entre deux modes de travail et, par-delà, dans le divorce qui s'est opéré entre la production et la consommation. La coupure économique a encore aggravé la cassure sexuelle[3].

Pour Toffler, « la désagrégation de la famille (…) est un aspect du processus de nettoyage qui prépare le terrain à une nouvelle sociosphère de Troisième Vague[4] ». La vie familiale adoptera de nouvelles structures, tout en conservant le modèle nucléaire qui caractérisait la Seconde Vague (l'homme demeure le pourvoyeur, la femme s'occupe du foyer et élève deux enfants), mais ce modèle ne sera qu'*un* choix parmi de nombreux autres. Dans une révélation qui ne manque pas de surprendre, Toffler affirme que, aux États-Unis, seulement sept pour cent des familles ont conservé une structure nucléaire, d'où il s'ensuit que quatre-vingt-treize pour cent des familles américaines se sont tournées vers d'autres modèles !

Toffler soutient également que le passage du mode de pensée de la Seconde Vague à celui de la Troisième Vague aura pour effet d'atténuer l'actuel bouleversement social. Cela correspond à ce que j'affirmais plus tôt dans ce chapitre, c'est-à-dire que l'acceptation de la réalité *telle qu'elle est* stimule la croissance et l'intellect. Lorsque nous nous réfugions dans le passé en pensant qu'il n'y a pas d'autre façon de vivre, nous restreignons automatiquement notre compréhension du futur – un futur meilleur et plus diversifié.

LANCELOT ET GUENIÈVRE AU XXIᵉ SIÈCLE

Dès l'instant où notre Lancelot invente un nouveau cadre pour illustrer sa mission dans la vie, il lui faut remanier ses personnages. Ceux-ci sont toujours les mêmes, mais leur caractère a changé. Ce nouveau Lance est plus épanoui que son ancien moi de l'époque de Camelot. Il rit, pleure et ressent davantage. Parfois, il s'aperçoit qu'il n'a plus envie d'occire des dragons. (Il en a déjà suffisamment vaincus comme ça.) Lance remanie également les rôles des demoiselles, des rois et des chevaliers envieux. Il s'entoure d'amis véritables au lieu des héros unidimensionnels et des lâches qui peuplaient les contes de fée de son enfance.

En grandissant, nous entendons d'innombrables anecdotes sur la façon de réussir. Une femme, nous déclare-t-on, a davantage d'atouts en main si elle est bien née ou si elle fait un beau mariage. Elle apprend donc à jouer les demoiselles. Quant à l'homme, on lui enseigne que la vie est, au mieux, un combat défensif où il faut essayer de gagner davantage qu'on ne perd. Alors, il apprend à jouer les Lancelot. Toutefois, l'avenir nous réserve bien d'autres choix. Quand nous faisons preuve de tolérance à l'endroit des différences et que nous respectons le droit de choisir chez les autres, notre conscience s'affine et l'harmonie s'installe. Une civilisation qui n'admet qu'un seul mode de vie engendre la répression et un régime autoritariste. Parallèlement, si vous vous imposez *un modèle unique*, vous vous coupez des possibilités auxquelles vous avez droit dans une société libre.

REMANIEZ LES PERSONNAGES
DE VOTRE PROPRE HISTOIRE

Afin de pouvoir remanier votre propre histoire, pensez aux épisodes de votre vie qui se sont terminés sur une « note heureuse ». Cela vous demandera peut-être un minimum d'efforts. La plupart des gens ont beaucoup de mal à se rappeler les moments où tout allait bien. Si vous en doutez, posez ces deux questions à un ami ou à un collègue : (1) qu'est-ce que tu as réussi, cette semaine ? et (2) qu'est-ce que tu as raté, cette semaine ? Son premier réflexe sera de vous répondre : « Réussi ? Qu'entends-tu par réussir ? » Cette malencontreuse tendance à ne voir que le mauvais côté des choses se retrouve à la télévision, dans les journaux, les livres, les revues – la plupart du temps, on accorde la priorité aux catastrophes ou, au mieux, à l'adversité. C'est vrai que les êtres humains sont fascinés par les *conflits*. Les meilleures histoires – les classiques – comportent de nombreux conflits, des antagonistes, des protagonistes et des figurants. Mais, dans les meilleures histoires, on finit toujours par *résoudre* les conflits d'une façon ou d'une autre.

Vous remarquerez que j'ai recours à des histoires pour illustrer les mécanismes de la passion et du pouvoir dans la vie des individus. J'utiliserai cette formule tout au long du livre parce que je veux vous amener à « sentir » votre vie comme s'il s'agissait d'une histoire. Les personnes puissantes que j'ai rencontrées m'ont raconté qu'elles perçoivent leur vie comme un récit passionnant qu'elles seraient en train d'écrire. Quand votre vie vous apparaîtra comme une histoire dont vous êtes l'unique auteur, vous saurez que vous êtes en possession du pouvoir.

Interrompez votre lecture pour dresser la liste des gens puissants que vous connaissez personnellement ou, à défaut, que vous avez rencontrés en personne. Comment gagnent-ils leur vie ? Est-ce que cela engendre chez eux une joie intense ? Quel genre de personnes gravitent autour d'eux ? Pensez-vous qu'ils se connaissent bien ? Si tel est le cas, que savent-ils d'eux-mêmes ? S'acceptent-ils tels qu'ils sont ? N'oubliez pas que le pouvoir est la capacité d'agir. Pensez à leur façon d'agir – avec eux-mêmes, avec les autres. Est-ce que l'histoire de leur vie connaît une « fin heureuse » ?

Étudiez votre liste. Si elle ne comporte que deux ou trois noms, vous aurez besoin d'autres exemples pour mieux comprendre ce qu'est le pouvoir. Ajoutez à cette liste des gens que vous ne connaissez pas personnellement. Mais réfléchissez bien parce que ce qui peut, de loin, avoir l'apparence du pouvoir masque peut-être en réalité une forme d'impuissance. Ne perdez pas de vue la définition du pouvoir.

Quand on s'accepte, c'est parce qu'on a pris le temps de découvrir son moi *tel qu'il est*, et non pas tel qu'on voudrait qu'il soit ou tel qu'il devrait être, compte tenu de ce qu'on nous a enseigné. Pour pouvoir se définir, il faut d'abord évaluer honnêtement le passé, puis le comparer avec le présent. Quand vous ferez les exercices prescrits dans ce livre, évitez de vous comparer à votre idéal. Sinon, vous risqueriez d'entraver votre progression vers le pouvoir personnel, puisque c'est dans votre unicité que réside votre pouvoir.

> **Deuxième secret de la passion : les gens puissants ne souhaitent pas ressembler aux autres.**

Les gens puissants ne renient aucun élément de leur expérience. Je n'insisterai jamais assez sur l'importance de s'accepter. Vous devez avoir une connaissance précise de votre individualité si vous voulez influer sur le cours de votre vie et sur ceux qui vous entourent. Chaque fois que vous serez tenté de comparer votre expérience à celle d'un autre, demandez-vous ceci : existe-t-il une seule expérience qui pourrait amoindrir l'importance de la mienne ? La réponse est non, sauf si vous consentez à ce qu'il en soit ainsi.

La tyrannie mentale est aussi efficace que la tyrannie politique quand il s'agit de limiter les choix et le développement. Si vous pensez que vous êtes pris au piège – qu'il n'y a que les riches, les directeurs d'entreprises et les hommes politiques qui détiennent le pouvoir, qui ont la capacité d'agir –, vous devenez votre propre tyran. *Vous* êtes ce dictateur que vous abhorrez, celui qui ne cesse de vous dicter quoi faire, quoi penser et quoi dire.

Pour qu'une histoire finisse bien, il suffit d'imprimer de subtils changements au mode de pensée, de façon à agir sur l'intellect et à modifier le niveau d'acceptation. Bien des personnes divorcées m'ont dit qu'il faut environ cinq ans pour se libérer des sentiments négatifs engendrés par leur mariage et leur rupture. Mais si elles poursuivent leur croissance affective, elles finissent par discerner tout ce que leur relation leur avait apporté. Leur mode de pensée a changé.

L'HISTOIRE DE JIM

L'un de mes clients était si acharné à prouver qu'il avait « raison » et que son ex-femme avait « tort » qu'il lui envoyait ses chèques de pension alimentaire en retard et qu'il écrivait son nom en lettres microscopiques.

« Vous essayez de l'éliminer, Jim », lui dis-je.

« Vous avez raison. En ce qui me concerne, elle n'existe plus », me répondit-il avec amertume.

Pendant des semaines, nous nous débattîmes contre sa colère, une colère qui transparaissait même pendant des entrevues. Un éventuel employeur me déclara que Jim avait une attitude négative et qu'il hésitait à l'engager en dépit de ses compétences techniques.

« Qu'est-ce qui vous a fait penser qu'il avait une attitude négative ? » lui demandai-je.

« Eh bien, il parlait avec réticence de son emploi précédent. Il était sur la défensive à propos de cette période de sa vie professionnelle. Du coup, je me suis demandé ce qui avait bien pu se passer. J'ai simplement eu l'impression qu'il était irascible et tendu et qu'il aurait des ennuis avec ses collègues. » Il ajouta que Jim n'avait pas encore assez de maturité pour devenir un bon cadre.

Je rapportai ces propos à Jim qui s'en montra surpris.

« Je n'ai pas eu le moindre ennui dans mon dernier emploi. C'était mon divorce qui me mettait hors de moi », m'expliqua-t-il.

« C'est encore le cas et ça se voit, répliquai-je. Quand allez-vous reconnaître votre part de responsabilité dans cette rupture ? Elle date de cinq ans, maintenant. Quand vous écrivez son nom de telle façon que le caissier, à la banque, est incapable de le lire, vous vous imaginez que vous continuez de la dominer, que vous prenez votre revanche et que vous effacez son existence. En fait, elle existe bel et bien, et elle a encore tellement d'emprise sur *vous* que vous ne pouvez même pas obtenir un emploi qui vous intéresse. »

Jim me disait rien. Ce qu'il entendait était loin de lui plaire. Il semblait mal à l'aise. « Comment cesser de me sentir furieux ? » demanda-t-il. Ouf! Il venait enfin de poser la bonne question.

« Tout d'abord, vous devez comprendre que vous êtes le seul à pouvoir contrôler ce que vous ressentez. Donnez libre cours à votre colère, martelez un oreiller, criez, dites tout ce qui vous passe par la tête, dites-le moi, si vous en avez envie. »

C'est effectivement ce qu'il fit. Mais il refoulait sa colère depuis si longtemps que je dus d'abord l'amener à me confier toutes ces choses qui le torturaient avant qu'il puisse les mettre sur papier. Après cette pénible étape, il commença peu à peu à se sentir plus détendu.

« Je me sentais tellement impuissant, chaque mois, quand je préparais son chèque. Je suis encore furieux d'avoir à lui verser une pension. Elle m'a quitté pour un autre et cela m'a blessé. Je pense qu'il me faudra un certain temps pour apprendre à me libérer de ma colère. »

« Le pouvoir, Jim, réside en la capacité d'agir. Vous avez enfin admis que vous aviez été blessé. Cela nous arrive à tous. Mais qu'avez-vous appris sur la tyrannie mentale, sur la façon dont vous vous punissiez en freinant votre croissance affective ? » repris-je.

« C'est comme si je vivais encore dans le passé en traînant un poids mort et en repensant tous les mois à mon mariage et à mon divorce », conclut Jim.

Jim était tellement absorbé par sa colère et son désir de vengeance que cela se répercutait sur sa vie présente. Quel employeur consentirait à prendre un tel risque ? Cela reviendrait à introduire une bombe à retardement dans les bureaux.

Jim parvint à désamorcer sa colère en en admettant l'existence et réussit à l'éliminer en se laissant aller à parler de ses expériences et en les acceptant. Mais c'est lorsqu'il a cessé de se voir comme une victime innocente qu'il s'est libéré du poids de son passé et a pu reprendre le dessus. Grâce à ce changement d'attitude, il est redevenu le seul maître de sa vie. Et il laisse sa colère lui révéler ses faiblesses. *Le fait de se sentir en position de faiblesse ne signifie nullement qu'on est faible.* Vous êtes puissant lorsque vous êtes capable d'exprimer tout ce que vous ressentez et ensuite de tourner la page.

Maintenant, Jim travaille pour une société informatique et s'y sent parfaitement bien. L'autre jour, il m'a déclaré en riant : « Ils disent qu'ils m'ont engagé à cause de mon attitude positive ! »

QU'EST-CE QUI VOUS FAIT PLAISIR ?

Les exercices qui suivent vous aideront à en apprendre davantage sur vous-même et sur vos champs d'intérêt. Prenez quelques minutes pour réfléchir à ce que vous faites quand vous vous amusez, quand personne ne vous a dit quoi faire. Livré à vous-même, vous vous adonnez à des activités de votre choix, vous vous plongez dans un livre, vous rêvez. L'exercice suivant vous révélera ce que vous faites lorsque vous « travaillez » à ce qui vous plaît. (Prévoyez plusieurs feuilles de papier pour cet exercice et ceux qui suivent.)

Vous allez donc maintenant vous concentrer sur le plaisir – c'est-à-dire sur les moments où vous vous amusez le plus. Tout d'abord, nous définirons ce qu'est le « plaisir ». Qu'est-ce que ce mot évoque pour vous ? La plupart d'entre nous voient le travail et le plaisir comme des antonymes et non comme des synonymes. Cet exercice vous amènera à concevoir le travail sous un angle inédit. Vous n'avez jamais pris le temps d'analyser vos moments de bonheur, vous les avez simplement vécus. *Ces instants spontanés, emplis de joie, sont les clés qui permettent de comprendre nos forces naturelles.* À partir de l'analyse de moments agréables, vous découvrirez quels sont vos points forts, quelles sont ces qualités qui vous permettent d'agir naturellement, sans effort. Utilisez, pour décrire vos divers plaisirs, des termes vibrants, forts, positifs. Demandez-vous également *pourquoi* vous vous souvenez de ces moments particuliers. La réponse à ce « pourquoi » vous ouvrira de nouveaux horizons sur votre propre comportement et sur les mécanismes de sélection que vous avez acquis quand vous étiez plus jeune.

1. Les plaisirs à l'école. Quand éprouviez-vous ce sentiment de plénitude qui naît de la certitude d'avoir bien fait ce qu'on aime ? Qu'en était-il des activités parascolaires ? Qu'est-ce qui vous plaisait ? Qui vous fascinait ?

---

2. Les plaisirs reliés aux passe-temps ou à divers champs d'intérêt. Là encore, vous étiez heureux; personne n'a eu besoin de vous pousser dans le dos.

---

3. Le plaisir ressenti en recevant les résultats d'examens scolaires, de tests psychologiques ou autres.

LE PLAISIR DANS LE TRAVAIL

Cette section porte sur la relation plaisir-travail.

1. Pendant les emplois que vous avez occupés ou lorsque vous dirigiez une entreprise, il y a eu des moments où un travail accompli dans un contexte agréable a généré une réduction des coûts et une hausse de revenus. Le fait, par exemple, que vous ayez le *rire* facile aura pu influer sur vos relations avec des clients et les inciter à acheter davantage. Ou encore votre *curiosité* vous aura permis de déceler une erreur coûteuse. Les mots en italique représentent des forces, des qualités qui favorisent un meilleur rendement. Celles-ci sont tellement ancrées en vous que leur importance vous a peut-être échappé. En fait, vos principales forces sont celles dont vous n'avez *pas conscience*; elles correspondent à des domaines où vous excellez tellement que vous n'y pensez même pas. Cet exercice vous obligera à y réfléchir. Au cours des emplois que vous avez occupés, quelles ont été vos réalisations les plus agréables?

2. Quand avez-vous eu l'occasion de résoudre des problèmes en y prenant plaisir ? (Ces problèmes pouvaient porter sur des personnes, des données ou des biens matériels.)

3. Quand avez-vous fait preuve d'une *efficacité* accrue parce que vous étiez détendu et de bonne humeur ? Il peut s'agir de quelque chose de très simple, comme la conception d'un meilleur système de rangement ou une meilleure façon d'accomplir une tâche. Votre initiative a eu pour effet de simplifier votre travail et celui des autres et peut-être de les rendre plus agréables.

4. Décrivez le plaisir que vous avez ressenti en mettant au point de nouveaux mécanismes de vente pour les produits ou services offerts par votre entreprise. Même si vos idées n'ont pas été mises en pratique, énumérez toutes les fois où vous avez conçu des améliorations ingénieuses dont vous étiez certain de l'efficacité. Le terme « vente » peut s'appliquer à un contexte non commercial, comme lorsque vous avez tenté de faire accepter de nouveaux projets, idées ou contacts.

GRILLE D'ÉVALUATION DES APTITUDES SCOLAIRES

(1) Revenez sur l'exercice précédent, portant sur la relation plaisir-travail, et extrayez-en les expressions qui qualifient vos forces naturelles, comme optimisme, sens de l'organisation, aptitude à résoudre des problèmes, facilité de communication, d'écriture, de lecture, d'élocution, persévérance, esprit d'analyse. Elles décrivent vos activités, de même que votre comportement quand vous vous amusez vraiment. Il y aura probablement entre dix et vingt termes qui vous viendront à l'esprit au moment où vous relaterez ces moments agréables de votre vie. Vous les inscrirez au haut de votre grille d'évaluation des aptitudes scolaires, comme dans le modèle ci-après.

(2) Pensez maintenant aux cours qui vous plaisaient le plus à l'école ou à l'université. Vous pouvez les présenter par ordre chronologique, comme dans le modèle, en cochant ceux où vous pouviez exploiter vos points forts. Ou encore vous pourrez revoir votre texte, en extraire vos cours préférés et préciser pourquoi ils vous plaisaient tant. Entre la méthode du paragraphe et celle de la grille, choisissez celle qui vous aidera le mieux à découvrir ce que vous *faites* lorsque quelque chose vous procure beaucoup de plaisir.

Énumérez également toutes les matières ou disciplines étudiées en dehors du programme scolaire – séminaires, stages de perfectionnement, cours à domicile, etc. Vous remarquerez que des mots clés reviennent constamment, soulignant vos points forts.

(3) Demandez-vous si les autres étaient de votre avis. Avez-vous, par exemple, entendu des professeurs ou des camarades de classe affirmer que vous aviez un esprit analytique, original ou inventif, ou que vous travailliez avec assiduité ? (Ici encore, choisissez des termes reflétant vos capacités.)

MODÈLE DE GRILLE D'ÉVALUATION
DES APTITUDES SCOLAIRES

	Esprit d'analyse	Solution de problèmes	Facilité de communication	Sens de l'organisation
1. Chimie	X	X		X
2. Sexologie	X		X	
3. Initiation à la musique	X			X
4. Chant choral	X			
5. Rédaction française	X		X	X
6. Rudiments d'anglais	X	X		
7. Conversation anglaise	X	X		
8. Psychologie	X	X	X	X
9. Lab. de langues	X			X
10. Art oratoire	X		X	X
11. Algèbre	X	X		X
12. Éducation physique				
13. Stage I	X	X		X
14. Stage II	X	X		X
15. Géométrie	X	X		X
16. Continuer de la même façon				
Total	14	8	4	10

MODÈLE DE GRILLE D'ÉVALUATION
DES APTITUDES SCOLAIRES

MES POINTS FORTS	VÉRIFICATION
	Qui confirme votre point de vue? Précisez-le en un court paragraphe.
1. ESPRIT D'ANALYSE (exemple)	1. J'avais de bonnes notes et mes professeurs me félicitaient. Les autres élèves me complimentaient pour mes devoirs. C'était surtout à cause de mon esprit d'analyse.
2. FACILITÉ DE COMMUNICA-TION (exemple)	2. Je participais aux interrogations en répondant aux questions. Je me sentais à l'aise. Mes devoirs étaient bien documentés et bien écrits; le professeur en lisait parfois des extraits en classe.
3. Continuer de la même façon	3. Continuer de la même façon
4.	4.
5.	5.
6.	6.

MODÈLE DE GRILLE D'ÉVALUATION
DES APTITUDES PROFESSIONNELLES

Tout comme lors de l'exercice précédent, concentrez-vous sur celles de vos forces qui vous procurent du plaisir. Elles sont infiniment plus importantes que votre titre ou que vos fonctions! Dressez la liste de vos emplois en commençant par le plus récent. Procédez selon la méthode de votre choix, celle de la grille ou celle du paragraphe.

Que préfériez-vous dans chacun de vos emplois? Comme vous y preniez plaisir, vous faisiez preuve d'efficacité. Relevez les constantes.

De nouveau, qui était de votre avis, qui se rendait compte de votre satisfaction?

FORCES	Analyse	Communication	Organisation	Etc.
1. Emploi A	X		X	
2. Emploi B	X	X		
3. Emploi C	X		X	
4. Continuer de la même façon				
Total	3	1	2	

GRILLE D'ÉVALUATION
DES APTITUDES PROFESSIONNELLES – FORCES

Classez vos forces selon votre habileté et la fréquence d'utilisation. Vous reprendrez les cinq premières à la fin du chapitre.

MES POINTS FORTS	VÉRIFICATION
1. ESPRIT D'ANALYSE (exemple)	1. Les vendeurs se fiaient à moi pour l'obtention de données et m'ont dit que mon travail contribuait à leur réussite.
2. Continuer de la même façon	2.
3.	3.
4.	4.
5.	5.
6.	6.
7.	7.
8.	8.
9.	9.
Etc.	Etc.

IDENTIFIEZ VOS ATOUTS

Vos atouts constituent vos ressources naturelles – ce seront des attributs innés comme votre taille, votre poids, votre apparence, votre sourire, votre posture, votre ossature, vos dispositions intellectuelles et affectives, etc..

Réfléchissez soigneusement avant de dresser la liste détaillée de vos atouts personnels. Ne les confondez pas avec vos forces (nous les avons déjà vues) ! Celles-ci résultent de l'effort et des intérêts individuels.

Votre liste

1. _____

2. _____

3. _____

4. _____

5. _____

6. _____

7. _____

8. _____

9. _____

10. _____

11. _____

12. _____

Etc. (tant qu'il y en aura !)

Demandez ensuite à quelqu'un qui vous connaît bien d'établir une liste semblable. Présentez-lui la chose en ces termes : d'après toi, quels sont mes atouts ? Mieux encore, adressez-vous à plusieurs amis. Ils seront enchantés de le faire et vous aideront ainsi à mieux vous connaître !

La liste de votre ami

On vous a demandé de collaborer à un exercice de perception. La connaissance qu'on a de soi repose en grande partie sur la façon dont les autres nous perçoivent. Réfléchissez soigneusement aux caractéristiques de la personne concernée.

On pourrait définir les *atouts* comme des ressources naturelles, des attributs reçus à la naissance. La taille, le poids, l'apparence, le sourire, la posture, l'ossature, les dispositions intellectuelles et affectives, par exemple, constituent des atouts. Inscrivez les atouts de la personne en cause dans la première colonne.

Les *forces* résultent de l'effort et des intérêts individuels. Il ne faut pas les confondre avec les atouts. Ce sont des facultés mesurables comme l'acuité de la perception, le sens de l'organisation, de la gestion, de la communication, l'esprit d'analyse, le style, les qualités de pédagogue, etc. Tout le monde possède plusieurs forces. Inscrivez celles que vous avez remarquées dans la seconde colonne.

Atouts

1. _____

2. _____

3. _____

4. _____

5. _____

6. _____

7. _____

8. _____

9. _____

Etc. (tant qu'il y en aura !)

Forces

1. _____

2. _____

3. _____

4. _____

5. _____

6. _____

7. _____

8. _____

9. _____

Etc. (tant qu'il y en aura !)

LES VALEURS

De toutes les activités auxquelles se livrent les êtres humains, c'est le travail qui est le plus susceptible de satisfaire nos besoins fondamentaux. Il s'ensuit qu'une solide connaissance de soi doit précéder le choix d'un emploi ; en fait, elle le détermine. Quand vous vous connaîtrez bien, vous pourrez choisir un poste qui vous permettra de vous épanouir totalement.

Il est parfois difficile de distinguer les besoins des valeurs. Un besoin est une force puissante, un désir affectif. Une valeur est un besoin devenu concept, selon lequel vous interprétez votre univers et qui guide votre vie. Il s'agit de découvrir dans quelle mesure vos valeurs personnelles concordent entre elles.

L'observation attentive de votre comportement vous permettra d'identifier, d'analyser et de vérifier vos valeurs. Certaines relèvent de la conscience et sont facilement identifiables ; d'autres sont enfouies dans l'inconscient et exigent un certain effort pour en émerger. Dans le prochain exercice, nous verrons quinze valeurs que vous tenez peut-être pour essentielles dans un contexte professionnel[5].

Vous donnerez, pour chacune, le maximum de détails possible, compte tenu de l'espace disponible, en mettant l'accent sur l'importance qu'elles revêtent pour vous dans un tel contexte.

1. SÉCURITÉ. Tranquillité d'esprit, sécurité, certitude et similitude entre les prévisions et la réalité.

_____

_____

2. STATUT. L'état ou la condition d'une personne, selon la perception des autres.

_____

_____

3. COMPENSATION. Avantage accordé en contrepartie de services rendus. Salaire ou rémunération.

_____

_____

4. RÉALISATION. Réalisation d'un objectif souhaité; activité menée à terme. Maîtrise d'une tâche, d'un projet ou d'un but.

_____

_____

5. ÉVOLUTION. Amélioration, progrès.

_____

_____

6. AFFILIATION. Collègues ou associés, désir de faire équipe avec des homologues.

_____

_____

7. RECONNAISSANCE. Attention particulière portée aux efforts individuels ou en équipe.

_____

_____

8. AUTORITÉ. Pouvoir ou droit de commander, diriger et administrer.

_____

_____

9. INDÉPENDANCE. Autonomie d'action face à d'autres.

_____

_____

10. ALTRUISME. Souci du bien-être des autres.

_____

_____

11. CRÉATIVITÉ. Faculté de concevoir des méthodes plus efficaces. Désir impérieux d'innover et d'inventer de nouvelles combinaisons.

_____

12. HARMONIE MORALE. Importance d'accorder plus de poids aux valeurs morales, aux préoccupations environnementales et autres en milieu de travail.

13. STIMULATION INTELLECTUELLE. Électricité mentale, mise à contribution d'habiletés particulières, eu égard au contexte, susceptibles de stimuler, soutenir et favoriser la réflexion.

14. DIVERSITÉ. Diversité au plan des activités, des tâches et des individus. Vaste choix pour les trois.

15. ESTHÉTIQUE. Désir que le lieu de travail et ses alentours immédiats soient agréablement aménagés.

Choisissez vos cinq valeurs prioritaires, c'est-à-dire celles qui vous importent le plus. Maintenant que vous les connaissez, de même que vos cinq grandes forces, vous êtes sur le point de pouvoir déterminer le milieu de travail qui y correspondra le mieux. C'est *ça* que vous avez à vendre : vos forces, et *non* un titre.

Vos cinq valeurs prioritaires

1. _____

_____

2. _____

_____

3. _____

_____

4. _____

_____

5. _____

_____

Vos cinq grandes forces

1. _____

_____

2. _____

_____

3. _____

_____

4. _____

_____

5. _____

_____

Vous savez maintenant quel est le genre de travail qui vous ira comme un gant : un poste ou une entreprise où vous pourrez exploiter adéquatement vos forces et vous identifier à vos valeurs, naturellement et aisément.

RÉSUMÉ

> **Deuxième secret de la passion : les gens puissants ne souhaitent pas ressembler aux autres.**

1. Si vous voulez découvrir votre passion et libérer votre pouvoir, vous devez vous accepter tel que vous *êtes* et reconnaître la valeur de votre expérience dans sa globalité.

2. Réfléchissez sur vous-même et sur votre époque afin de déterminer dans quel sens vous voulez changer – afin de concevoir et de poursuivre l'histoire de votre vie conformément à vos aspirations. (Rappelez-vous ce que disait Socrate : « Une vie que l'on n'a pas observée ne vaut pas la peine d'être vécue. »)

3. L'imagination est le pont qui relie la conscience et l'inconscient. Apprenez à vous *représenter* ce que vous voulez.

4. Pour aborder le prochain siècle sans encombre, nous devons rejeter le mode de pensée hiérarchique et autoritariste qui freine l'évolution tant de l'individu que de la société.

5. Si vous êtes un homme, vous efforcez-vous de vous comporter en sauveteur comme Lance ? Êtes-vous conscient de la femme qui vous habite ? Vous entendez-vous bien avec elle ? Éprouvez-vous de l'admiration pour sa sensibilité et sa compassion ? Pouvez-vous vraiment voir les femmes d'abord et avant tout comme des personnes ? Considérez-vous votre mère comme une personne ?

Si vous êtes une femme, jouez-vous le rôle de la « pucelle », de celle qui attend ? Capitulez-vous devant les figures d'autorité masculines? Connaissez-vous bien l'homme qui habite en vous? Aimez-vous sa passion et son dynamisme? Considérez-vous votre père comme une personne ou le voyez-vous toujours comme quelqu'un d'autoritaire et d'inquiétant à qui vous devez plaire? Pourriez-vous lui dire, *sans* avoir peur, combien vous êtes en colère contre lui? Ou vous sentez-vous supérieure à lui? Si c'est le cas, vous êtes encore coincée dans l'étau hiérarchique. Si, en tant que femme, vous voulez être réellement indépendante, il vous faut d'abord devenir vos propres père et mère.

6. Les stéréotypes masculins et féminins (les chevaliers agressifs et les demoiselles passives) sont dépassés. Nous sommes en train d'adopter de nouvelles définitions de l'homme et de la femme, fondées pour l'un et l'autre sexes sur le plein épanouissement du mode de pensée intuitif de l'«hémisphère droit» et du mode de pensée logique de l'«hémisphère gauche». Les hommes et les femmes jouiront d'un même statut et deviendront d'authentiques partenaires, unis dans la poursuite d'un objectif commun.

7. Dressez la liste des gens puissants que vous connaissez personnellement. Qui sont-ils? Que font-ils? Sont-ils habités par la passion?

8. Débarrassez-vous des vieilles colères et rancunes qui vous empêchent de développer tout votre potentiel.

9. L'exercice de la section «Qu'est-ce qui vous fait plaisir?» traite des périodes de votre vie où vous vous êtes amusé. Le «plaisir» est la clé de votre passion.

10. L'exercice intitulé «Le plaisir dans le travail» vous aidera à vous remémorer les moments les plus agréables de votre vie professionnelle et à découvrir celles de vos forces et de vos qualités qui ont contribué à votre épanouissement.

11. La Grille d'évaluation des aptitudes scolaires vous permettra de déceler vos habiletés naturelles. Revoyez ce que vous avez écrit dans vos exercices sur le plaisir et relevez les termes qui décrivent vos forces naturelles, puis inscrivez-les au haut de la grille.

12. Écrivez dans la grille les cours qui vous plaisaient le plus à l'école, à l'université (ou ailleurs). Vous pouvez aussi employer la

méthode par paragraphe. Dans un cas comme dans l'autre, le procédé vous aidera à découvrir les moments qui ont été pour vous une source de profonde satisfaction.

13. Énumérez vos forces par ordre d'importance. Précisez également qui, de vos professeurs ou autres, étaient d'accord avec vous sur ce point.

14. Énumérez les forces que vous avez pu exploiter dans le cadre de vos emplois les plus récents. Qui partageait votre avis à cet égard?

15. Déterminez vos atouts, ces ressources naturelles innées.

16. Demandez à un ami de dresser la liste de vos atouts et de vos forces.

17. L'exercice sur les « valeurs » vous révélera quelles sont celles qui comptent le plus pour vous dans un contexte professionnel.

18. Déterminez vos cinq grandes forces et vos cinq valeurs prioritaires et faites-en une liste. Gardez celle-ci à portée de la main parce que vous aurez à la consulter dans le cadre des prochains chapitres.

3

COMMENT DÉTERMINER DES OBJECTIFS CONFORMES À VOTRE PASSION

La troisième étape sur la voie de la passion consiste à apprendre à se fixer des objectifs réalisables. Quand vous franchissez l'un après l'autre les obstacles qui se dressent à court terme en travers de votre réussite, vous acquérez progressivement l'endurance nécessaire pour surmonter ceux qui, à plus long terme, nuisent à la poursuite de vos objectifs. Fixez-vous des buts pour une période maximale de six mois. On est beaucoup plus *excité* par un événement s'il est plus ou moins imminent. (*Indice-passion!*)

Au plan de la personnalité, on pourrait comparer les gens puissants à une masse d'eau torrentueuse. Ils foncent à contre-courant, refluent vers la berge, franchissent des rochers, se changent en rapides tourbillonnants, traversent de paisibles étangs et peuvent même se précipiter du haut de centaines de pieds pour confluer avec d'autres cours d'eau. Ils vont sans cesse de l'avant, en quête de nouveauté, progressant vers leur éventuelle destinée – une étendue d'eau encore plus vaste (et au débit plus calme). Le rythme de leur vie épouse celui de leurs passions.

> **Troisième secret de la passion : les gens puissants savent que c'est dans la progression que réside tout le plaisir.**

Les personnes qui ont développé leur pouvoir personnel savent utiliser leur imagination et voient dans leur vécu quotidien l'occasion de poursuivre leur route. Tout comme un fleuve, vous pouvez dessiner et creuser votre propre lit. Tout dépend de votre imagination. Il est possible que la vôtre vous ait gratifié d'une existence qui n'a absolument rien d'agréable. Êtes-vous régulièrement à court d'argent ? Peu ou pas satisfait de votre travail ? En proie à des conflits que vous ne pouvez résoudre ? Avez-vous peu d'amis ? Votre vie se déroule-t-elle sans un amour épanoui ? Si cela peut vous consoler, la plupart des gens emploient leur imagination pour aboutir au même point : pas de plaisir, pas d'argent, pas de joie. Pouah ! Vous traînez votre vie comme un boulet – et vous devenez *indifférent*.

Il vous faudra peut-être un certain temps avant de concevoir votre vie comme un processus – un voyage. Soyez toujours très patient avec vous-même quand vous êtes en période d'apprentissage. Certaines des idées énoncées ici ne vous sont pas inconnues. En fait, il y en a peu que vous ne connaissiez pas déjà intuitivement. Mais ce que vous *apprendrez* avec ce livre, c'est à faire un usage efficace de vos connaissances, en les faisant émerger de votre inconscient.

Pour la plupart des gens, l'indépendance économique représente le but ultime. Être libre d'aller où l'on veut, de faire ce qu'on veut quand on le veut, et de n'avoir de comptes à rendre à personne. Ils sont peu nombreux à y parvenir parce qu'ils ne savent pas comment s'y prendre. Vous faites aussi bien de vous y mettre tout de suite. Les années continueront de filer, de toute façon !

Ce que vous ne devez pas perdre de vue, c'est que la poursuite d'un but, quel qu'il soit, est aussi importante que le but lui-même. Ce n'est pas le trophée qui compte, mais la course ; non pas le gibier, mais la chasse. Si vous n'*apprenez* pas en cours de route, si vous n'êtes pas *curieux* de l'étape suivante, si vous ne *comprenez* pas le processus et si vous n'avez pas la *patience* de laisser le temps devenir votre allié plutôt que votre ennemi, cela veut dire que vous ne vous acceptez pas encore tel que vous êtes ! L'indépendance économique survient au terme d'efforts acharnés, de beaucoup de patience et lorsqu'on fait ce qu'on aime. La première « loi » de la réussite financière, c'est de *faire ce qu'on aime*.

L'HISTOIRE DE JOANNA

J'aimerais vous parler d'une de mes clientes qui a vécu ce processus d'apprentissage. Elle s'appelle Joanna et elle détient deux diplômes d'études supérieures en gestion des services de santé publique. Son père était médecin et ses parents l'avaient tous deux encouragée à embrasser une carrière dans le domaine de la santé, allant même jusqu'à lui payer ses études.

Joanna avait assumé des postes importants dans sa branche et, de toute évidence, elle avait réussi sur toute la ligne. Mais, au fond d'elle-même, elle se sentait insatisfaite et son travail n'était plus qu'une source de conflits perpétuels. Elle n'arrivait pas à se faire aux méthodes bureaucratiques : les décisions se prenaient lentement et ses programmes étaient tellement édulcorés quand elle pouvait finalement les mettre en œuvre qu'elle sombrait dans le découragement plus souvent qu'à son tour. Désireuse de changer d'emploi, Joanna était donc venue me voir et avait insisté sur son intention d'abandonner complètement le domaine médical où elle n'avait nullement l'impression de s'épanouir. Manifestement, elle avait suivi la passion de quelqu'un d'autre – celle de ses parents !

« Je suis tellement frustrée que je n'arrive même plus à agir en gestionnaire compétente, me confia-t-elle. L'agence où je travaille est un vrai panier de crabes. L'ambiance y est impossible et personne ne se soucie des résultats. Je n'en peux plus de tous ces délais et de ces réunions interminables. En fait, je ne m'y suis jamais habituée, mais maintenant la coupe est pleine. L'ennui, c'est que je n'arrive pas à voir ce que je pourrais faire d'autre. J'aimerais changer, mais comment faire ? Je voudrais m'orienter vers autre chose, mais vers quoi ? »

Joanna était effrayée à l'idée d'avoir à renoncer, à 40 ans, à une carrière stable pour affronter l'inconnu. Je lui affirmai que c'était tout à fait faisable, mais que cela prendrait certainement du temps. Toutefois, avant de quitter son emploi, elle devrait voir à modifier son attitude face au contexte ambiant.

« Commençons par le commencement, lui expliquai-je. Vous prendrez un moment pour faire quelques exercices que j'ai mis au point. Vos réponses m'aideront à me faire une idée du genre de décisions que vous prenez facilement et du type de relations qui vous satisfont dans votre travail. Après quoi, j'aurai des points précis à discuter avec vous. »

La série d'exercices m'en apprit beaucoup sur Joanna. Elle avait tendance à tout décider par elle-même, elle avait l'esprit ouvert, était audacieuse, obstinée et sûre d'elle. Extrêmement intelligente, elle avait aussi une imagination très vive. Son profil correspondait à celui des personnes qui possèdent leur propre entreprise ou encore qui prennent quotidiennement des décisions importantes. Il était clair que son poste ne cadrait pas avec sa personnalité.

« Comme la profession de médecin s'apparente à celle de chef d'entreprise et qu'il avait décelé ces qualités en vous, il est possible que votre père ait cru que vous vous plairiez dans cette branche. Il arrive fréquemment que des parents orientent leurs enfants vers ce qui, selon eux, devrait assurer leur sécurité. Son travail lui permet une totale indépendance au plan des décisions, mais votre emploi actuel ne vous accorde pas la même latitude. Vous êtes le genre de personne qui peut fonctionner dans un milieu de travail très peu structuré. Vous aimez prendre des risques et assumer des responsabilités, c'est pourquoi il était inévitable que vous éprouviez le besoin de changer. Les personnes qui ont l'esprit d'entreprise ont toujours du mal à accepter qu'on leur dise quoi faire. »

« Pendant toutes ces années, j'ai cru que quelque chose n'allait pas chez moi. Tous les autres semblent capables de jouer le jeu, mais moi, je dis toujours ce que je pense, ce qui me vaut régulièrement d'avoir des ennuis. Ce que vous me dites me soulage grandement. Je devrais peut-être me diriger vers le secteur privé, ne croyez-vous pas ? » me demanda-t-elle.

« Il semble en effet que c'est dans ce milieu que vous pourrez trouver les gratifications que vous recherchez. Le secteur privé est tout indiqué pour ceux qui aiment prendre leurs propres décisions. Ce qui compte, c'est qu'il y ait correspondance entre votre emploi et votre personnalité. Vous êtes intéressée à offrir des services, mais peut-être devriez-vous envisager de le faire autrement», lui répondis-je.

La première chose à faire était de trouver, dans un domaine qui s'apparenterait au secteur public, un emploi transitoire pour Joanna qui n'était pas encore prête à faire le grand saut. (Rappelez-vous ce troisième «secret de la passion»: c'est dans la progression que réside tout le plaisir.) Elle dénicha une agence subventionnée par des fonds à la fois publics et privés, qui dispensait des services de soins à domicile à des familles à faible revenu. Joanna fut chargée d'administrer le programme et de ramasser des fonds. Ce second volet de sa tâche l'amena à rencontrer des gens d'affaires pendant un an et elle acquit ainsi une solide expérience dans la vente, en même temps qu'elle se familiarisait avec ses fonctions de directrice commerciale de l'agence. Joanna se percevait maintenant comme un agent générateur de revenus, un tout nouveau rôle pour elle.

«Le financement se fait presque tout seul et je n'ai aucun mal à promouvoir notre programme parce qu'il rend service à énormément de gens. Cette dernière année a vu se confirmer tout ce que vous m'aviez annoncé. J'aime la diversité et les défis inhérents à ce travail de relations publiques. Malgré ça, j'ai encore des problèmes avec ma supérieure. Je dois constamment me battre pour faire accepter mes idées. Elle est très versatile et le personnel ne sait jamais sur quel pied danser. Moi, tout ce qui m'intéresse, c'est de faire mon travail, mais avec elle je n'y prends plus aucun plaisir.»

Tandis que nous parlions, je constatai qu'elle était prête à passer à l'étape suivante. «Joanna, que faites-vous pendant vos loisirs? Qu'est-ce qui vous *fascine*?» (*Indice-passion*!)

«Oh, c'est simple. Les week-ends, je me lève à 4 heures 30 et je sors fendre du bois. Ensuite, je mets de l'ordre dans la maison, le garage et dans mon jardin. Je m'en sors si bien que je le fais même pour mes amis. Ils me demandent toujours de leur donner un coup de main pour arranger leur maison», répondit-elle avec enthousiasme.

«Que diriez-vous d'en faire votre gagne-pain?»

«Quoi? s'étonna-t-elle, quelque peu scandalisée. Me suggérez-vous de faire du ménage chez les autres?»

« Pas seulement chez les gens. Il y a aussi les bureaux, les commerces, les banques, les terrains de stationnement, tous ces endroits qui doivent rester propres », lui expliquai-je.

Muette, Joanna réfléchissait. Son cerveau fonctionnait à toute vitesse. « Vous croyez que je pourrais avoir ma propre entreprise de nettoyage. Je n'y avais jamais pensé, mais cela me paraît très logique. Dans tous les emplois que j'ai eus, j'ai toujours insisté sur la gestion du temps et du travail, sur l'efficacité. Mais faire du ménage ! Mon père en piquerait une crise ! » s'exclama-t-elle.

« Nous pouvons au moins étudier la question. J'ai l'impression que vous n'avez pas encore trouvé ce qu'il vous faudrait. Ne rejetez pas cette hypothèse avant d'y avoir réfléchi plus à fond, lui conseillai-je. Prenez d'abord contact avec quelques entreprises. »

Joanna sélectionna 10 services de nettoyage de diverse importance. Certains étaient de grosses entreprises qui détenaient les contrats de tours à bureaux. D'autres, moins imposantes, avaient une clientèle diversifiée. Elle rencontra également des entrepreneurs de son quartier ; l'un d'eux était un homme âgé dont la compagnie jouissait d'une excellente réputation. Après seulement trois entrevues, Joanna revint me voir ; elle était tout excitée et avait accumulé une montagne de renseignements.

« Le secteur du nettoyage est en plein essor ! Tous les gens avec qui j'ai discuté parlent avec enthousiasme de la nécessité de fournir un service de qualité. La plus grosse entreprise de la ville m'a même offert un poste. Ils disent qu'ils se chargeront de m'initier à la gestion ! »

Je lui conseillai de retourner voir ceux qui étaient installés dans son quartier avant de prendre une décision. « C'est souvent dans son propre jardin que poussent les plus beaux fruits. Il serait bon de connaître l'opinion de ce vieil entrepreneur de votre quartier. »

Cette nouvelle rencontre modifia la vie de Joanna du tout au tout. Elle fut l'amorce d'une carrière passionnante et florissante. John, le propriétaire, avait été très impressionné par les antécédents de Joanna et par l'intérêt dont elle faisait preuve. Il lui avait confié qu'il avait longtemps cherché un assistant, mais n'avait trouvé personne qui fût prêt à travailler dur et à persévérer. Il avait ajouté qu'il aimerait bien prendre sa retraite ou encore ne travailler qu'à mi-temps. À cause de l'excellence de ses méthodes, sa clientèle dépassait ses capacités. John dit à Joanna qu'il voulait la revoir et lui conseilla de lire divers articles d'ici là.

Incontestablement, Joanna avait découvert sa passion et savait clairement ce qu'elle voulait faire. « Si je veux lancer ma propre entreprise de nettoyage, je dois d'abord avoir une formation adéquate. John m'a dit que ce qui compte le plus dans ce métier, c'est de savoir utiliser son temps avec un maximum d'efficacité. Celui qui ne sait pas comment s'y prendre pour nettoyer rapidement est condamné à la faillite. J'ai l'intention de rester à l'agence à temps partiel et de travailler avec John le reste du temps. Comme le ménage se fait la nuit, je pourrais arriver à mon bureau sur le coup de midi. Je ramasserais des fonds pendant l'après-midi et je nettoierais les banques pendant la nuit ! » ajouta-t-elle dans un éclat de rire.

C'est exactement ce qu'elle fit. Au bout d'un an, elle démissionna de l'agence et racheta l'entreprise de John qui resta à ses côtés comme conseiller pendant la période de transition. Six mois plus tard, elle avait acquis deux autres compagnies et, au terme de sa seconde année, elle avait personnellement empoché 40 000 $! Mais ce qui importait plus que l'argent, c'était le fait qu'elle était enfin *maîtresse* de sa vie ; elle prenait toutes les décisions. Elle avait appris à surmonter les aléas inhérents au métier de chef d'entreprise et connu la peur et l'inquiétude qui sont le lot habituel de ceux qui prennent des risques. Certains jours, rompue de fatigue au point d'en avoir mal partout, Joanna cédait au découragement. Elle m'appelait alors pour se vider le cœur. Chaque fois, je lui demandai : « Voulez-vous tout laisser tomber et reprendre votre ancien emploi ? »

« Il n'en est pas question ! J'avais seulement besoin de me défouler. Il faut que vous soyez patiente avec moi », répliquait-elle.

Quant à son père, il piqua effectivement une crise ! « Nous ne t'avons pas élevée et envoyée à l'université pour que tu fasses du ménage ! Comment peux-tu tirer un trait sur tout ça ! Toutes ces années gaspillées en vain ! » (Remarquez la réprobation, qui est trop souvent monnaie courante parmi nos proches et nos intimes.)

« Joanna, envoyez-lui des photocopies de vos bordereaux de dépôt à la banque. Il changera d'avis quand il verra que vous avez réussi et combien vous êtes heureuse », lui conseillai-je. De fait, son père revint sur son opinion et, maintenant, c'est avec fierté qu'il parle à ses amis de « ma fille, la femme d'affaires ».

L'avenir de Joanna ne connaît pas de limites. Elle a l'intention d'avoir 250 employés vêtus d'uniformes noir et blanc et un parc de camions. Elle a acheté des aspirateurs, des nettoyeurs à vapeur pour tapis et d'autres appareils qui font économiser du temps. Enfin, sa clientèle ne cesse de grandir.

« Le nom de mon entreprise est maintenant synonyme de qualité, tout comme du temps de John. Il m'a bien formée et je lui en serai toujours reconnaissante. Je veux transmettre mes connaissances et permettre à des jeunes d'apprendre chez moi un métier intéressant. Il se cache beaucoup d'argent et de satisfaction derrière la saleté, les inondations et les rebuts ! » conclut-elle en riant. Elle avait trouvé sa passion.

Nous venons de voir comment Joanna a mis à profit son intérêt naturel et ses capacités – ce qu'elle faisait bien et facilement – pour acquérir son indépendance économique et affective. Le voyage lui a beaucoup plu, elle a *appris* en cours de route, s'est montrée *curieuse* de l'étape suivante, a *compris* le processus et a eu la *patience* de laisser le temps devenir son allié.

COMMENT S'ENRICHIR

L'histoire de Joanna nous révèle le secret de l'enrichissement personnel : il faut faire ce qu'on aime.

Pour accéder à la fortune, Joanna a suivi un processus en deux étapes, hautement éprouvé. La satisfaction qu'on ressent en faisant ce qu'on aime, la façon dont on s'y engage à fond constituent la première étape. La seconde débute lorsqu'on récolte les fruits de sa passion : la réussite financière. Cette formule est peu connue, si ce n'est des riches qui ont amassé une fortune.

Dans sa chronique où elle traite de planification financière personnelle, « How Did The Rich Get That Way ? », Gaylon Greer analyse la formule qui mène à la fortune. Ce faisant, elle reprend à son compte les conclusions de l'ouvrage de Srully Blotnick, *Getting Rich Your Own Way*[1], basé sur une étude qui s'est poursuivie pendant 20 ans et qui portait sur un vaste échantillon de travailleurs issus de la classe moyenne.

M. Blotnick a constaté que les personnes couvertes par son étude et qui étaient devenues très riches y étaient parvenues en deux étapes distinctes. Pendant la première étape, ces futurs millionnaires ne s'étaient pas comportés en investisseurs au sens habituel du terme. Pendant cette phase, ils avaient surtout investi en eux-mêmes. Cela leur avait été tellement profitable qu'ils étaient devenus de véritables investisseurs par la force des choses. À ce moment-là, ils avaient acquis une telle fortune qu'il ne leur servait plus à rien d'investir en eux-mêmes et ils s'étaient alors tournés vers des débouchés plus conventionnels.

Durant cette première étape, comme l'a relevé M. Blotnick, ces personnes qui allaient devenir riches étaient si profondément absorbées par leur travail qu'elles persévéraient et finissaient par y exceller. Pourtant, peu d'entre elles sont restées dans la branche qui avait servi de cadre à leurs premières tentatives de se bâtir une carrière. Elles étaient disposées à explorer de nouvelles avenues, à changer mentalement de cap et à suivre leurs inclinations au plan professionnel. (…) Elles ont ainsi accumulé énormément de connaissances et d'expérience, ce qui leur a finalement rapporté d'incroyables dividendes. Selon les propres termes de M. Blotnick, « c'est par hasard qu'elles ont investi en elles-mêmes ». Durant toute cette longue période, elles ont été complètement absorbées par leur travail. Elles n'avaient guère le temps ou l'envie de s'occuper de placements. (…) Au bout de plusieurs années pendant lesquelles leurs revenus étaient restés relativement modestes, elles ont presque toutes franchi un pas décisif en se lançant dans une nouvelle entreprise. (…) Autrement dit, une carrière soigneusement planifiée (…) avait finalement permis de passer de la première à la seconde étape.

Quant à ceux qui ont échoué dans leur quête de la fortune (92 pour cent des participants), ils poursuivaient tous un même but : réussir à gagner un jour suffisamment d'argent pour quitter leur emploi et faire « ce que j'ai vraiment envie de faire ». Dans leurs efforts pour atteindre ce but, ils collectionnaient les recettes du genre « comment devenir riche du jour au lendemain », dans l'espoir que cela les arracherait à ce qu'ils considéraient comme une servitude professionnelle. En fait, ils s'efforçaient de mener d'abord à bien la seconde étape en faisant fructifier leur portefeuille pour financer la recherche d'activités qui les auraient profondément absorbés, ce qui, en réalité, relève de la première étape[2].

Greer et Blotnick adhèrent tous deux à cette première loi de l'argent : faites ce que vous aimez faire ; si vous suivez les élans de votre cœur, l'argent suivra à son tour. J'ajouterai que, à l'exemple de Joanna, il faut s'y consacrer *suffisamment longtemps*.

DÉTERMINEZ VOS OBJECTIFS

Voyons maintenant comment déterminer des objectifs réalisables – des objectifs qui cadreront avec vos passions actuelles. En guise de préliminaire, livrez-vous à ce petit exercice : pensez à votre vie comme si elle était arrivée à son terme, comme si vous pouviez la revivre sur-le-champ en sens inverse. Asseyez-vous dans un endroit où vous serez seul, à l'abri des distractions. Réfléchissez à votre épitaphe ou rédigez-la. Qu'aimeriez-vous laisser comme souvenir ? À qui ? Voici quelques exemples d'épitaphe :

« Jack a toujours suivi la règle qu'il s'était fixée : « Aller le plus loin possible, obtenir tout ce qu'on désire. Ne jamais écraser personne pour y arriver. » Il a ainsi connu une vie enrichissante, passionnante et gratifiante. »

« _____ a été un mari aimant, un bon père (une femme aimante, une bonne mère), perspicace, prévenant et dont les entreprises ont été couronnées de succès. _____ était le meilleur ami qui soit, on pouvait toujours compter sur lui. _____ a su donner et recevoir également. »

« Rappelez-vous comme j'ai dansé et trébuché, lutté et réussi, aimé et partagé, comme je m'emportais et comme je m'extasiais. Je vous lègue mon sourire, mon énergie, mes photos et mon altruisme. »

Une épitaphe écrite trois ans à l'avance vous aidera à devenir ce que vous souhaitez être. Rédigez la vôtre comme si vous deviez mourir dans trois ans.

Exercice n° 1 : rédigez votre épitaphe

Faites-le immédiatement. Résumez rapidement en quatre ou cinq phrases bien choisies la vie que vous auriez aimé vivre. Utilisez l'espace ci-dessous pour un premier jet :

_____

_____

_____

_____

_____

DÉFINISSEZ VOS OBJECTIFS PAR ÉCRIT

Si vous (1) n'êtes pas arrivé au point que vous vous étiez fixé dans la vie, (2) ne faites pas ce que vous voulez faire et (3) n'exploitez pas tout votre potentiel, vous avez probablement besoin de réexaminer la façon dont vous avez déterminé vos objectifs personnels et profession-nels. Ce que vous visez va peut-être à l'encontre de vos intérêts du moment. Personne n'a su exprimer cette réalité mieux que Shakespeare :

> « Mais nous, dans l'ignorance de nous-mêmes, nous demandons souvent ce qui nous nuit, et que pour notre bien la sagesse des dieux nous refuse. Ainsi nous profitons à ne pas être exaucés[3]. »

> *Antoine et Cléopâtre* (II.i.5-8)

La définition de nos objectifs est un élément essentiel de leur réa-lisation. L'un de mes clients souhaitait désespérément changer d'emploi, mais il était incapable de préciser ou de définir ce qu'il vou-lait. Il travaillait au service de la trésorerie d'une importante société informatique. Lorsque nous avons commencé à travailler ensemble, tout ce qu'il pouvait exprimer, c'était son mécontentement :

« Chaque jour, je dois faire un effort surhumain pour aller travail-ler. Je déteste ce que je fais ; c'est tellement fastidieux. » Paul savait qu'il voulait gagner davantage et jouir d'une plus grande considération. Je découvris qu'il était très doué pour les communications, une habi-leté qui ne lui servait à rien dans son emploi actuel. Tant pendant ses études que professionnellement, c'était lorsqu'il avait utilisé ses talents de rédacteur et d'orateur, lors de la présentation d'exposés, qu'il avait éprouvé les satisfactions les plus vives.

« Paul, c'est de vos capacités et de vos talents naturels que vous viendront vos plus grandes récompenses sur le plan financier. Pourquoi ne pas les inclure dans vos objectifs comme une caractéristique essentielle de votre nouvel emploi? Vous semblez croire, comme beaucoup, que le travail est fatalement un combat. Ne pouvez-vous penser à un emploi qui serait agréable, qui ne vous coûterait pas trop d'efforts et qui vous rapporterait autant d'argent que vous en souhaitez? »

« J'ai toujours su que j'étais un bon communicateur, mais à l'université je me suis spécialisé dans les questions financières. Je pense que je n'ai pas tenu compte de mes capacités naturelles parce qu'il me semblait impensable d'être payé pour les exploiter », me répondit-il. Il n'avait pas la moindre notion du rapport passion/travail, justement parce qu'il lui était si facile de bien communiquer.

Une fois rédigé, l'objectif fondamental de Paul s'avéra d'une très grande précision en même temps qu'il répondait aux trois critères essentiels de la réussite : il était *mesurable*, correspondait à une *motivation interne* et Paul était seul *responsable* de sa réalisation. Il se lisait comme suit : « Moi, Paul, je mérite de jouir d'une solide indépendance financière. J'ai un nouvel emploi qui me passionne et me permet d'exploiter mes capacités de rédacteur, d'orateur et de financier. Je travaille dans la ville de mon choix, je gagne 65 000$ par année et j'offre mes services aussi bien à des particuliers qu'à des entreprises. Une fois par mois, j'organise et j'anime des séminaires sur la planification financière. Ceux-ci fournissent des informations utiles tout en servant de support publicitaire pour mes services. J'ai des partenaires compétents qui collaborent pleinement avec moi. Je suis créatif, dynamique et d'une grande vivacité d'esprit. Mon affaire marche bien parce qu'elle fournit d'authentiques services et qu'elle est en harmonie avec mes besoins et mes valeurs. C'est ma passion! »

Une mise au point comme celle de Paul s'appelle une *affirmation*. Elle est rédigée au *présent*. On n'y retrouve aucun «je devrais», «je pourrais» ou «peut-être». Écrire vos objectifs dans un style affirmatif est une technique puissante qui porte des fruits lorsque ceux-ci correspondent véritablement à vos aspirations, surtout si vous prenez les dispositions voulues pour les réaliser dans un délai de six à huit mois. Cela vous oblige à vous concentrer sur vos prévisions du moment présent. De toute façon, s'ils étaient à trop long terme, vos objectifs risqueraient fort d'être contraires à vos désirs.

Six mois plus tard, après bien des entrevues – mais jamais pour postuler un emploi – avec des spécialistes de la planification financière, Paul avait accepté un poste au sein d'une entreprise chevronnée. Grâce à ce nouvel emploi, il est en train d'acquérir une formation essentielle à la réalisation de son principal projet et de se familiariser avec un nouveau domaine ; en échange de quoi, l'entreprise profite de ses talents de communicateur.

« Ils m'ont dit qu'ils ont décidé de m'engager à cause de mon habileté à faire des exposés. Il va de soi qu'ils ont aussi tenu compte de mon expérience sur le plan financier, mais ils voulaient quelqu'un qui puisse organiser et diriger des séminaires. Et ça, pour moi, c'est l'enfance de l'art ! » s'esclaffa-t-il.

Les objectifs sont la base même du succès et le succès se définit comme étant la réalisation de tout objectif valable. Si vous avez du mal à définir vos buts, c'est peut-être parce que vous ne savez pas ce que vous voulez vraiment. Cette étape est un processus en soi qui s'appuie sur une introspection honnête et une clarification sérieuse. Une fois que vous savez ce que vous voulez, vous devez énoncer ces aspirations d'une façon très particulière : clairement, distinctement, en en donnant une définition précise répondant aux trois critères de la détermination d'objectifs, soit *l'évaluation*, la *motivation* et la *responsabilité*.

Les entreprises les plus prospères savent se fixer des objectifs réalistes et mesurables. Elles savent ce qu'elles visent et pourquoi. Parallèlement, elles sont souples et ouvertes au changement. Leurs produits sont bien connus, leurs marchés sont circonscrits et une équipe est responsable de la stratégie de mise en marché et du suivi. Rares sont les gens d'affaires qui tenteraient de vendre un produit sans avoir d'abord évalué le marché, la concurrence et leur équipe de vendeurs. La réussite personnelle peut dépendre d'évaluations tout aussi précises. Vous devez vous fixer des objectifs qui soient *mesurables*.

ÉVALUEZ VOS OBJECTIFS

Supposons que vous vouliez, entre autres buts, gagner davantage d'argent. Comment évaluer ce qu'est « davantage d'argent » ? À quoi cela correspond-il précisément ? Quand voulez-vous l'obtenir ? Votre contexte vous permet-il d'atteindre votre but ? Quel service êtes-vous prêt à fournir en échange ? Il vous faudra accroître votre rendement. Comment pensez-vous vous y prendre ? Pour qui et dans quelles circonstances ? Cet objectif financier fait-il partie de ceux qui vous permettront de « faire ce que vous voulez vraiment faire » ? Si tel est le cas, rappelez-vous la formule qui est à la base de la réussite financière : faites *d'abord* ce que vous aimez.

À partir d'informations précises, il vous sera possible d'envisager des résultats plausibles. Vous êtes maintenant prêt à formuler par écrit un objectif mesurable, selon la méthode affirmative. Par exemple : « Ma rémunération annuelle globale s'élève à 35 000$, ce qui inclut mon salaire, mes primes et d'autres à-côtés. En contrepartie, je fournis les services suivants... » Rédigez un plan détaillé où vous préciserez ce que vous comptez offrir en temps, en efforts et en services, en échange de l'argent que vous voulez toucher. Évaluez votre objectif ; définissez-le. Décrivez-le dans le moindre détail, de telle sorte que vous puissiez le sentir, le voir et le goûter. Votre imagination est un fantastique don mental dont vous avez été abondamment gratifié. Si vous l'utilisez pour accroître votre *valeur*, l'argent ou les gratifications que vous recherchez suivront à coup sûr.

LA MOTIVATION INTERNE

Il n'y a pas grande différence entre la gestion de sa propre vie et celle d'une entreprise. Dans un cas comme dans l'autre, il faut respecter certains principes de base. Une fois que vous aurez déterminé et évalué vos intentions ou vos objectifs, il vous faudra voir si ceux-ci obéissent à une *motivation interne*. Pas plus que Joanna qui ne retirait aucune satisfaction de son ancien emploi, vous n'arriverez à vous convaincre de travailler pour des gratifications qui ne seraient pas authentiques. Les progrès accomplis dans la connaissance de la motivation humaine, au cours des 25 dernières années, ont révélé que l'émergence d'un sentiment de satisfaction intime – l'« actualisation de soi », selon l'expression d'Abraham Maslow – repose sur l'authenticité. L'entraîneur d'une équipe championne de basketball estime que chaque joueur se trouve sur le terrain parce qu'il veut bien y être. Les concurrents et les administrateurs expérimentés n'ignorent rien des motivations internes et c'est pourquoi ils appliquent le principe de l'autocorrection. Si une action donnée débouche systématiquement sur les mêmes résultats négatifs, ils modifient leur façon d'agir! La motivation interne est fonction de l'*intensité* de vos sentiments face à la poursuite d'un objectif. Vous devez donc vous fixer des buts réalistes. Choisissez-en quelques-uns sans grande portée en soi, mais qui vous passionneront, afin de vous faire la main en prévision d'autres objectifs plus importants. Si, par exemple, vous envisagez comme objectif à long terme de visiter la Grèce, fréquentez les restaurants grecs, rencontrez des immigrants, apprenez la langue, inscrivez-vous à un cours sur la mythologie ou l'architecture grecque. Il est fort possible que vous découvriez «par hasard» votre passion!

La connaissance de ce qui vous pousse à agir est reliée à la découverte de vos intérêts naturels, de vos passions. Vous vous sentirez attiré vers eux parce qu'ils sont fonction de vos désirs, de vos aspirations, de vos envies. Tous les besoins individuels prennent leur source dans le désir. Que souhaitez-vous obtenir par-dessus tout? Un poste important, la réalisation d'un rêve, du prestige, la fortune, le pouvoir, de la considération? Tous ces besoins et valeurs sont quelques-uns des facteurs intrinsèques que vous pouvez satisfaire de diverses façons. Reportez-vous à l'Exercice sur les valeurs, au chapitre 2, et revoyez les vôtres. Les gens qui aiment leur travail considèrent qu'il est vivifiant, naturel et agréable. Le travail devrait vous sembler aussi naturel que le jeu.

Si vous vous rendez compte que toute votre vie consiste à vous plier aux attentes des autres – la famille, les amis, le patron –, demandez-vous si le fait de poursuivre leurs objectifs ne se traduit pas pour vous par un perpétuel sentiment de vide, d'inanité. C'est parce que vous vous laissez guider par leur passion et non par la vôtre! La passion est quelque chose d'intensément personnel.

LA RESPONSABILITÉ INDIVIDUELLE

Quand vous vous serez fixé des objectifs mesurables, précis et répondant à une authentique motivation, vous serez prêt à évaluer le dernier critère, la responsabilité. Vous, et vous seul, devez être *responsable* de la réalisation de vos objectifs. Si, pour ce faire, vous devez compter sur les actions des autres, vos chances de réussite en seront réduites d'autant. Vous n'avez aucune emprise sur le comportement d'autrui ; déterminez vos objectifs en vous concentrant sur la façon de les atteindre grâce à vos propres efforts.

Le simple fait de dire « je veux avoir une promotion d'ici six mois » peut s'avérer une sérieuse source d'ennuis. C'est parce que vous misez alors sur le comportement de tout un groupe d'individus qui doivent au préalable vous manifester leur approbation. Si, au bout de six mois, vous n'avez pas obtenu de promotion, vous perdez l'envie de vous fixer d'autres buts et vous cédez au découragement. Le même objectif (formulé au présent) pourrait se lire ainsi : « Je vois à améliorer mes méthodes de travail en prévision d'une promotion. Simultanément, j'étudie d'autres possibilités sur le marché du travail et je me renseigne sur d'autres entreprises susceptibles d'être intéressées par mes progrès. » De cette façon, que vous décrochiez ou non une promotion, vous aurez quand même atteint votre but et vous ne serez pas frustré de la satisfaction et de la stimulation qui s'ensuivent. La réalisation de nos objectifs nous encourage à en poursuivre d'autres, de plus en plus importants.

La clarté joue un rôle primordial dans le choix et la définition de vos objectifs ; faute de quoi, votre esprit ne saura ni sur quoi se concentrer ni comment faire abstraction des données superflues qui pourraient lui masquer la cible. L'esprit est semblable à de la bonne terre qui fait fidèlement germer tout ce qu'on y sème. Le fermier sait qu'il récoltera du maïs si c'est ce qu'il a planté et si la température reste clémente. Votre esprit recréera lui aussi tout ce qui vous vient à l'idée, et ce, sans omettre le moindre détail. Quelle merveilleuse ressource !

Pensez un moment à tout ça. Vous êtes unique. Contrairement à une entreprise qui est forcée de se spécialiser, vous disposez à profusion d'une vaste gamme de produits avec vos habiletés et vos capacités – qui, toutes, sont éminemment exploitables. Vous êtes à l'abri des pénuries, de l'inflation ou de l'épuisement des marchés – vous êtes le rêve de toute entreprise ! Vos forces vous permettront d'atteindre vos buts si vous savez les mettre en valeur. Je vous expliquerai comment y parvenir dans les prochains chapitres.

MODÈLE DE PLANIFICATION COMMERCIALE - COMMENT FORMULER VOS OBJECTIFS

Quand on se lance en affaires, la planification précède toutes les autres étapes, y compris la détermination des objectifs. Sinon, votre entreprise – c'est-à-dire vous-même – se développera au hasard, sans véritable stratégie commerciale. Laissez primer vos intérêts. Si vous disposiez de tout l'argent dont vous avez besoin, que feriez-vous? Avec qui voudriez-vous passer votre temps? Où voudriez-vous vivre?

Répartissez vos souhaits en catégories – finances, personnel, professionnel, famille, etc. Concentrez-vous sur les prochains six ou huit mois. Réfléchissez soigneusement à la façon dont vous allez formuler vos objectifs. Mes clients font généralement fausse route à ce stade. Ainsi, un objectif axé sur l'obtention d'un nouvel emploi pourra se lire comme suit : «Je veux gagner davantage, avoir un nouvel emploi et jouir d'une plus grande estime dans ma branche.» Mais s'il était rédigé avec précision, cela donnerait : «Je, _____, mérite de réussir autant que je le souhaite. Je gagne _____ $ par année, ce qui inclut une assurance médicale de _____ $, une assurance générale de _____ $, des primes de _____ $ et des vacances de _____ semaines. En échange, je fournis des services qui consistent à _____, à _____ et à _____, et pour lesquels je suis rémunéré. Je résous des problèmes pour les autres. En premier lieu, je procède à une analyse approfondie de ce que je fais le mieux, facilement et naturellement, afin de bien connaître ma propre valeur. Je lis, j'assiste à des séminaires et j'élargis le cercle de mes relations. Je me renseigne au cas où certains problèmes au sein de ma compagnie pourraient m'intéresser. Je prends également contact avec d'autres entreprises dont les produits ou services m'intéressent. De cette façon, les autres me connaissent et savent ce que je peux faire pour eux. J'ai droit à leur considération parce que je suis moi-même conscient de ma valeur et de mes compétences. Je suis responsable de faire valoir mes talents spécifiques.» *Note* : tout est rédigé au présent, conformément à la méthode *affirmative* dont nous avons parlé plus tôt.

Établissez maintenant une liste de « souhaits » pour les six mois à venir. Pensez à tout ce que vous aimeriez obtenir au cours de cette période.

Exercice n° 2 : rédigez une liste de souhaits pour les six prochains mois

Il vous faut une tablette de papier, un stylo et un *esprit totalement ouvert*. Inscrivez tout ce qui vous vient à l'idée, depuis une nouvelle brosse à dents jusqu'à un nouvel emploi, en passant par la sérénité. Écrivez rapidement, sans arrière-pensées ; poussez votre réflexion au maximum. Puis déposez votre liste et faites quelques pas. Préparez-vous un casse-croûte, laissez votre esprit vagabonder, oubliez vos limites. Pensez aux prochains six mois.

Revenez ensuite à votre liste et ajoutez-y tout ce que vous souhaitez d'autre. La plupart des gens ont de 20 à 30 souhaits. Mais, évidemment, vous n'avez pas à vous en tenir là !

Exercice n° 3 : dressez la liste de vos « dix souhaits les plus convoités »

Extrayez maintenant de votre liste les dix souhaits qui vous tiennent le plus à cœur. Évitez de les combiner. Si vous voulez une voiture neuve et avez envie de parcourir les États-Unis, ne les réunissez pas. Une auto et un voyage sont deux choses différentes. Inscrivez votre principale priorité en tête de liste, puis la deuxième et ainsi de suite.

Relisez attentivement vos dix principaux souhaits et apportez les corrections nécessaires. Puis rédigez pour chacun un paragraphe complet comme s'il était déjà *exaucé*. Dans le cas, par exemple, d'une nouvelle garde-robe, on pourra lire : « Moi, *(votre nom)*, j'ai une nouvelle garde-robe. Je suis satisfait de mon apparence comme de mon corps et j'ai toujours exactement l'allure que je souhaite avoir. J'ai trois costumes, un gris, un bleu et un autre en tweed. J'ai des chemises assorties et des cravates (ou des foulards) ainsi que trois paires de souliers habillés. J'ai deux paires de jeans haute couture, trois chemises sport, deux chandails et trois paires de souliers sports. J'ai aussi un imperméable beige et un blouson pour les randonnées, la plage, etc. Je suis toujours bien mis. »

La technique du *faire comme si* est efficace. La « loi de l'intérêt » s'applique maintenant parce que vous vous concentrez sur ce qui vous intéresse en restreignant le champ de vos pensées. Vous vous exprimez uniquement au présent. Vos paragraphes sont exempts de « je devrais», «je pourrais», «je vais» ou de «peut-être». Si vous employez ces termes, cela veut dire que vous ne croyez pas mériter tout ce que vous souhaitez. Conclusion? Vous ne l'obtiendrez pas! N'oubliez pas que votre esprit est semblable à la terre; il fait germer ce qu'on y sème.

Une fois que vous aurez rédigé pour chacun de vos souhaits un paragraphe selon les normes déjà spécifiées et avec un maximum de détails, relisez le tout à voix haute. Qu'en concluez-vous? Cela semble-t-il sincère, voulez-vous vraiment ce que vous entendez? C'est au ton de votre voix, pendant votre lecture, que vous saurez la réponse. Si vous manquez d'assurance ou si vous hésitez, réexaminez vos souhaits. Vous ne devez éprouver aucun doute en faisant cet exercice. Mais avez-vous senti l'*enthousiasme* vous gagner pendant que vous écriviez ou que vous lisiez? (*Indice-passion!*)

C'est à dessein que j'ai employé le mot «souhait» dans cette section, parce que je me suis aperçue que les gens s'abandonnent davantage à leur imagination lorsqu'ils pensent à un souhait plutôt qu'à un objectif. Mais il est clair que vos dix principaux «souhaits» représentent bel et bien vos «objectifs».

La prochaine étape consiste à lire votre liste à un ami en qui vous avez toute confiance. Sa réaction, pendant que vous lisez, a moins d'importance que la vôtre. Êtes-vous nerveux, peu sûr de vous? Vous serez peut-être surpris par vos assertions. Tant mieux! Vous venez de parcourir la moitié du chemin. Maintenant, *enregistrez* cette liste de souhaits soigneusement formulés. (Si vous n'avez pas de magnétophone, procurez-vous-en un. Il en existe à des prix très abordables.) Écoutez la cassette matin et soir pendant 21 jours. Il faut environ trois semaines pour que le subconscient assimile de nouvelles croyances. Ne vous préoccupez pas de la façon dont ces souhaits se manifesteront par la suite. Pour le moment, vous devez vous concentrer uniquement sur ce processus mental. Dans peu de temps, vous vous rendrez compte que des informations, des événements et des individus contribuent à matérialiser tous vos souhaits. Vous serez alors en train d'appliquer la «loi de l'intérêt» dont nous parlerons dans la prochaine section.

N'hésitez pas à récrire et à repenser vos priorités. Vous pouvez les modifier jusqu'à ce qu'elles soient parfaitement exactes. Vous ne tarderez pas à remarquer un effet de convergence dans votre vie. Après avoir récrit vos objectifs, lisez-les de nouveau à quelqu'un en qui vous avez confiance et qui pourra vous écouter d'une oreille impartiale et objective – un spécialiste compétent, par exemple. Celui-ci devrait s'intéresser au succès de votre recherche. L'expérience acquise auprès de mes clients m'a démontré que le meilleur service que je peux leur rendre, c'est de faire preuve à la fois d'objectivité et d'engagement professionnel. Une pensée claire précède une action fondée et fournit un contexte on ne peut plus stimulant.

LA « LOI DE L'INTÉRÊT »

Avec la formulation de vos objectifs, vous commencez à appliquer la « loi de l'intérêt », une loi qui vous transmet des informations venues apparemment de nulle part. Son efficacité tient au fait que vous vous montrez ouvert, sincère avec vous-même, réceptif et stimulé. Ces informations qui vous parviennent ont toujours été là, mais vous n'en aviez pas conscience parce que la « loi de l'intérêt » n'était pas encore appliquée. Subitement, vous remarquez des articles et des ouvrages ayant trait à vos objectifs, vous entendez des conversations qui s'y rapportent et vous découvrez même de nouvelles façons d'exercer une même activité. Avez-vous déjà remarqué, par exemple, qu'après avoir appris un nouveau mot vous semblez le retrouver partout ? Quand vous vous concentrez sur un sujet, toute votre attention est aiguisée de telle sorte que vous devenez entièrement réceptif aux informations susceptibles de vous intéresser.

LA TÉNACITÉ DÉBOUCHE SUR LE SUCCÈS

La réalisation de vos objectifs et la matérialisation de vos souhaits dépendent de votre intention de persister dans vos efforts. Malheureusement, bien des gens restent figés dans la vie, par peur de l'inconnu. Si l'on en croit les psychologues, la plupart des individus préfèrent ce qu'ils connaissent, même s'il s'agit d'une situation extrêmement stressante – mieux vaut un démon familier qu'un autre dont on ignore tout. C'est parce que le changement exige de nouveaux modes de pensée et de comportements qui peuvent s'avérer menaçants non seulement pour la personne concernée, mais également pour son entourage.

Je vous conseille de faire quotidiennement des exercices vigoureux qui vous doteront de la ténacité nécessaire pour aller jusqu'au
bout, dans l'éventualité où, sous l'effet du découragement, vous envi-
sageriez de renoncer à vos objectifs.

Si vous voulez obtenir ce qui vous tient à cœur, dites-vous bien
que vous êtes véritablement à l'origine du processus : il faut que vous
vouliez procéder à des changements. Ceux-ci se concrétisent dans
l'*action* que vous entreprenez, dans une progression régulière vers la
réalisation de vos objectifs. Vous pouvez dominer vos pensées.
Orientez-les, évaluez vos objectifs, assurez-vous qu'ils sont bien les
vôtres et non ceux d'une autre personne et rappelez-vous que leur
matérialisation relève de votre seule responsabilité.

Si vous savez gérer adroitement vos actifs, votre entreprise sera
florissante. Et au bout de la ligne, vous connaîtrez la satisfaction intérieure qui est la plus tangible des récompenses – une récompense qui
ne s'évalue pas seulement en argent, mais également au plan de la
créativité, du rendement et de meilleures relations.

EXERCICE DE COLLAGE

Rendez-vous dans une boutique de matériel d'artiste et achetez
une grande feuille de carton mat de la couleur de votre choix et un
bâton de colle. Découpez ensuite dans des revues, des journaux et
autres des photos qui correspondent à votre personnalité et à vos
goûts. Ce pourra être de magnifiques paysages, des vêtements élé-
gants, des enfants en train de jouer, des plats alléchants, enfin tout ce
qui *vous* séduit.

Disposez les photos sur le carton et laissez le tout tel quel pour
la nuit. Le lendemain, voyez si leur disposition vous convient toujours,
sinon modifiez-la. Encollez ensuite le dos des photos et fixez-les en
place.

Chacun de mes clients a ressenti une grand émotion en faisant cet
exercice. Celui-ci est amusant, révélateur et vous en apprend davantage sur votre passion parce qu'il fait intervenir votre créativité. Votre
passion se reflétera dans votre collage, de façon symbolique peut-être,
mais elle sera évidente. Au bout de six mois, examinez votre collage

avec un regard neuf. Vous serez étonné par la prescience de votre sub-conscient.

RÉSUMÉ

> **Troisième secret de la passion : les gens puissants savent que c'est dans la progression que réside tout le plaisir.**

1. *Apprenez en cours de route.*

2. Soyez *curieux* de l'étape suivante.

3. *Comprenez* le processus.

4. Ayez la *patience* de laisser le temps devenir votre allié, plutôt que votre ennemi.

Exercices

5. Rédigez votre épitaphe dans un style chaleureux. Quelle influence a eu cette personne sur les autres ? Qu'avez-vous *fait* de votre vivant ?

6. Rédigez la liste de vos souhaits pour les six prochains mois.

7. Dressez la liste de vos « dix souhaits les plus convoités ». Rédigez un paragraphe pour chacun (selon la méthode affirmative). Enregistrez cette liste.

8. Vérifiez si votre liste respecte les trois critères de la détermination d'objectifs : l'évaluation, la motivation et la responsabilité.

9. Récrivez et enregistrez de nouveau votre liste au besoin.

10. Prenez entre 5 et 10 minutes par jour (pendant 21 jours) pour écouter votre cassette, lire et réfléchir à vos souhaits. Ne tolérez aucune distraction pendant cet exercice. Assurez-vous que votre voix, sur l'enregistrement, exprime bien votre émotion, votre excitation et votre enthousiasme. Représentez-vous vos souhaits pendant que vous l'écoutez. Vous aimerez le son de votre propre voix !

11. Prenez soin de rester physiquement en forme. Des exercices vigoureux vous aideront à acquérir la ténacité nécessaire pour parvenir à une réussite inéluctable.

12. Réalisez un collage.

4

LES CONTACTS : COMMENT RECONNAÎTRE CEUX DONT LES PASSIONS CONCORDENT AVEC LES VÔTRES

Respirez profondément et pensez à tout ce que vous avez accompli jusqu'à présent. En principe, vous devriez maintenant avoir envie de parler aux autres, d'affronter « le monde ». Vous avez raison. Le moment est venu de passer à la quatrième étape : découvrir ceux qui pourront vous aider à atteindre vos buts – des gens qui seront emballés par votre passion. Quels que soient vos objectifs, vous ne pourrez les réaliser sans la collaboration des autres et vous devez donc apprendre à choisir vos relations avec discernement.

> **Quatrième secret de la passion : les gens puissants s'appuient toujours sur d'autres personnes, également puissantes, pour atteindre leurs buts.**

Comment y parvenir – et pourquoi ?

Étudiez tout d'abord la liste de vos objectifs. En quoi leur réalisation pourra-t-elle aider les autres ? Qui d'autre que vous-même pourra en profiter ? Supposons que vous vouliez, entre autres choses, toucher un meilleur salaire, 10 000$ de plus par année, par exemple. Comment votre hausse de rendement pourra-t-elle avoir des répercussions positives sur le revenu de vos collègues, sur leur productivité ou sur leur estime de soi?

Commencez-vous à comprendre que vous ne serez pas seul à profiter de ce que vous aurez acquis? Voyez-vous le lien entre ce que vous voulez et ce que veulent les autres? Les individus collaborent entre eux afin de bénéficier d'avantages communs dans un contexte de réciprocité. Dans le monde des affaires, cela s'appelle une transaction coûts-avantages. Ce qu'il m'en coûte pour vous aider doit en valoir la peine, qu'il s'agisse de mon temps, de mon argent ou de mes efforts.

Lorsque vous rencontrerez d'autres personnes afin de réaliser quelque chose qui vous tient à cœur, vous serez plus sûr de vous si vous vous rappelez que vous disposez de trois atouts, soit:

(1) Vos *capacités* et vos *habiletés*. Les exercices effectués dans les cadre du chapitre 2 vous ont permis de définir clairement vos cinq grandes forces.

(2) Vos *valeurs*. Le fait de connaître votre valeur et de savoir ce que vous voulez obtenir vous servira d'étalon. Y a-t-il correspondance entre leurs valeurs et les vôtres? (Vous en avez dressé la liste au chapitre 2.)

(3) Votre *personnalité*. Nous possédons tous des qualités, des traits qui nous sont propres, de même qu'un magnétisme dont nous pouvons tirer parti parce que la combinaison de nos caractéristiques individuelles est absolument unique. Si les vedettes de cinéma et les artistes de variétés touchent des cachets impressionnants, c'est parce qu'ils savent projeter leur personnalité d'une façon qui tient presque de la magie. Vous avez sûrement entendu parler de personnes qui « valent » des millions de dollars. Chanteurs, danseurs, acteurs et comédiens savent tous mettre à profit une personnalité agréable pour distraire et inspirer les autres. Plus votre personnalité est harmonieuse (sans être servile), plus vous pouvez accomplir de choses – et, ce qui est encore mieux, *plus vous pouvez amener les autres à accomplir ce que vous souhaitez.* (En revanche, on ne parvient jamais à la réussite en se comportant négativement avec ses semblables.)

LES QUALITÉS D'UN CHEF –
COMMENT CHOISIR VOTRE GUIDE

Il n'y a absolument aucune différence entre le fait de diriger les autres et celui de se diriger soi-même – ce qui consiste à savoir ce qu'on veut et à prendre les mesures nécessaires pour l'obtenir. Dans *Réfléchissez et devenez riche*[1], Napoleon Hill relève 11 composantes essentielles du leadership. Il est important que vous en teniez compte, non seulement dans votre propre intérêt, mais parce qu'elles vous aideront à mieux évaluer les gens que vous aurez à rencontrer afin d'atteindre vos objectifs.

Étudiez très attentivement les caractéristiques commentées ci-après. Elles décrivent les qualités des gens avec qui vous devriez vous lier pour qu'ils puissent vous guider dans la recherche de votre passion. Les personnes qui possèdent ces 11 qualités seront pour vous des modèles dont vous ne devrez pas hésiter à vous inspirer. Et lors de vos futures réunions, vous saurez très vite si votre interlocuteur répond ou non à ces critères du leadership.

1. *Un courage inébranlable*, fondé sur la connaissance de soi et de ses fonctions. Aucun subordonné ne souhaite être dominé par un dirigeant qui manque de courage et de confiance en lui-même. Et, s'il est intelligent, il ne tolérera pas cette situation très longtemps.

2. *Du sang-froid*. Celui qui ne sait pas se dominer est incapable de diriger les autres. En revanche, celui qui est maître de ses réactions donne l'exemple à ses subordonnés, ce qui incite les plus intelligents d'entre eux à l'imiter.

3. *Un sens aigu de la justice*. Sans un sens de l'équité et de la justice, aucun dirigeant ne peut commander aux autres ni se gagner leur respect.

4. *L'esprit de décision*. Celui qui revient constamment sur ses décisions révèle son manque d'assurance et ne peut diriger les autres efficacement.

5. *Le sens de la planification*. Le dirigeant efficace doit planifier son travail et *s'en tenir à son plan*. Celui qui progresse à tâtons, sans une stratégie concrète et bien conçue, se comporte comme un bateau sans gouvernail. Tôt ou tard, il échouera sur un récif.

6. *L'habitude d'en faire plus que ce pour quoi l'on est payé.* L'un des inconvénients inhérents au statut de dirigeant, c'est que celui-ci doit accepter d'en faire plus que ce qu'il demande à ses subordonnés.

7. *Une personnalité agréable.* Nul ne peut espérer devenir un dirigeant efficace s'il fait preuve de laisser-aller et affiche une allure négligée. Être un dirigeant, c'est imposer le respect. Les subordonnés ne peuvent avoir de l'estime pour un dirigeant dont l'un ou l'autre aspect de la personnalité laisserait à désirer.

8. *De la sympathie et de la compréhension.* Un dirigeant efficace doit être solidaire de ses subordonnés. Qui plus est, il doit les comprendre et être sensible à leurs problèmes.

9. *La maîtrise des détails.* Être un dirigeant efficace, c'est aussi savoir maîtriser tous les aspects de son rôle.

10. *Accepter ses responsabilités.* Le dirigeant efficace doit accepter d'être tenu responsable des erreurs et des lacunes de ses subordonnés. S'il tente de s'y dérober, il perdra son statut de leader. Quand l'un de ses subordonnés commet une erreur et s'avère incompétent, le dirigeant doit y voir *son* propre échec.

11. *La collaboration.* Le dirigeant efficace doit comprendre et *appliquer* le principe de l'effort collectif et être capable d'inciter ses subordonnés à y adhérer. Il n'y a pas de direction fructueuse sans pouvoir et il n'y a pas de pouvoir sans collaboration.

Recopiez cette liste et conservez-la avec vous. Rares sont les femmes et les hommes qui en ont maîtrisé les 11 composantes. Ne perdez pas votre temps à fréquenter des guides qui ne posséderaient pas la plupart de ces caractéristiques. On retrouve des personnes puissantes et passionnées dans tous les domaines imaginables. Votre progression vous mènera à elles. En cours de route, vous en rencontrerez d'autres qui ne seront pas à la hauteur, mais ne vous laissez pas décourager par les médiocres. Vous disposez maintenant d'un étalon pour juger de la valeur de vos interlocuteurs.

CONCENTREZ-VOUS SUR L'AVENTURE QUI VOUS ATTEND

Afin de bien vous préparer pour la prochaine étape, vous pourriez envisager l'avenir en vous concentrant sur les points suivants :

1. À quoi souhaitez-vous vraiment consacrer votre temps.

2. Quels sont les buts précis que vous voulez atteindre.

3. Dans quel genre d'entreprise et avec quel type de personnes souhaitez-vous travailler.

Tout le travail accompli jusqu'ici, dans le cadre des précédents chapitres, a été de nature « interne », puisque vous vous concentriez essentiellement sur vous-même. Et comme le moment est venu de vous aventurer dans le vaste monde, voici un « cours » avancé sur la façon d'obtenir des résultats par l'intermédiaire des autres ; lorsque vous aurez répondu aux trois questions précédentes, l'appui que vous recevrez semblera venir de nulle part. *Pensez* à ce que vous voulez, croyez-y fermement et le tout *se réalisera*.

Maintenant que vous commencez à prendre conscience de votre pouvoir, vous devez vous montrer patient. Apprendre et comprendre ces concepts et ces méthodes ressemble à l'apprentissage d'une nouvelle danse. Au début, vous ne travaillez que les pas. Vous hésitez, vous vous trompez et vous pouvez même en arriver à la conclusion que vous n'avez pas vraiment envie de danser. Ainsi que je l'ai mentionné dans un précédent chapitre, le fait de se préparer au changement est en soi un processus angoissant. C'est un peu comme lorsqu'on visite un pays étranger. Tant que vous restez dans votre chambre d'hôtel, dans un endroit qui vous est familier, vous vous sentez en sécurité. Mais dès que vous vous risquez à l'extérieur – dans des lieux inconnus, où l'on parle une langue que vous ne comprenez pas –, la nervosité vous gagne. C'est parce que vous ignorez tout du protocole, des symboles culturels et du « modus vivendi ». Il n'est donc pas étonnant que les voyages nous mettent parfois les nerfs à rude épreuve.

Votre croissance personnelle constitue une expérience qui vous transporte dans un univers inconnu. Tout y est nouveau, inhabituel (vous vous attaquez à un gros morceau !) et vous êtes constamment sur vos gardes. La plupart des gens préfèrent rester où ils sont – affectivement et géographiquement – plutôt que de modifier quoi que ce soit à leur façon de vivre. Habituellement, le changement nous est *imposé* et notre premier réflexe est de le refuser. C'est l'une des raisons qui m'ont poussée à écrire ce livre, parce que je voulais que tout le monde sache que le changement peut s'avérer un phénomène excitant et enrichissant. Mes clients ne cessaient de me répéter : « Nancy, si seulement j'avais su tout ça plus tôt ! Pourquoi ne feriez-vous pas savoir aux autres qu'il est possible d'obtenir ce qu'on souhaite ? » J'espère donc que vous trouverez dans cet ouvrage l'inspiration qui vous guidera vers votre véritable destinée, professionnellement parlant. Je crois du fond du cœur que lorsqu'on travaille avec amour, *toute* notre vie commence à trouver son équilibre. C'est là un noble but qui mérite que nous y consacrions tous nos efforts.

L'HISTOIRE DE JANE

Je n'oublierai jamais cette cliente qui venait de terminer son travail « interne ». Elle connaissait ses forces, mais fut incapable d'agir quand vint le temps de « s'aventurer dans le monde ». Invoquant aussi bien un malaise qu'un surcroît de travail, tous les prétextes lui étaient bons pour remettre les inévitables rencontres avec les autres. Elle parvenait si bien à freiner sa progression vers le pouvoir que son apprentissage en fut retardé de quatre mois. Finalement, Jane se retrouva à court d'excuses.

« J'ai fini par me dire que si je continuais de rouspéter et de me lamenter, je n'arriverais jamais à rien, me dit-elle. Si je ne me décide pas à rencontrer des gens, je vais faire exactement comme mon père, abandonner ! (Elle avait découvert ce trait de caractère en rédigeant son autobiographie.)

À l'époque, Jane cherchait un emploi qui lui aurait permis d'exploiter ses talents de négociatrice. Elle voulait aussi une ambiance plus stimulante sur le plan intellectuel. « Je suis très bonne dans l'art de résoudre des conflits. Quand il y a des frictions entre deux groupes dans ma société, on me demande toujours d'agir comme médiatrice », m'avait-elle confié au cours d'un de nos entretiens.

Cette faculté avait permis à Jane de résoudre certains problèmes entre son énergique directeur venu de la côte Est, qui menait ses affaires tambour battant, et les représentants du siège social établi dans le Midwest. Jane, qui était née et avait grandi dans le Midwest, connaissait les méthodes de travail des deux régions, de même que le rythme relativement décontracté des Californiens. Elle a également contribué à instaurer une ambiance plus agréable dans sa firme.

« Notre directeur s'y prend toujours très mal avec les gens, me raconta-t-elle. Il se comporte comme s'il était encore à New York, il ne peut pas donner un ordre sans crier et, avec lui, il faut tout le temps mettre les bouchées doubles et travailler pendant des heures longues et pénibles. Pour lui, tous les employés de la filiale du Midwest sont des rustres. Notre rendement n'est pas ce qu'il devrait être et il affirme que c'est parce que nous ne savons pas travailler. Pourtant, croyez-le ou non, c'est un bon directeur, mais il n'a pas renoncé à son rythme et à sa mentalité de New-Yorkais.

« Heureusement, poursuivit Jane, j'ai pu résoudre quelques conflits lorsqu'on m'a envoyé suivre un stage au siège social du Midwest, en prévision d'une promotion. Pendant mon séjour, j'ai expliqué avec tact toute la situation au directeur régional qui a su comprendre ces conflits de personnalité. Il s'est envolé pour la Californie afin de connaître un peu mieux mon patron. Les deux hommes ont profité de leurs discussions pour régler divers problèmes internes et ont décidé que mon patron se rendrait bientôt dans le Midwest pour y rencontrer le personnel. Pendant la visite du directeur régional en Californie, j'ai proposé que tout le monde se réunisse chez moi un dimanche après-midi, pour un barbecue. Mon patron a pu se détendre et apprendre à nous voir vraiment comme des personnes. Plusieurs employés lui ont dit, ce jour-là, qu'ils étaient contents d'avoir enfin l'occasion de le rencontrer. Depuis, l'atmosphère du bureau a changé du tout au tout. J'aimerais pouvoir exploiter mes talents de négociatrice sur une base permanente. Cela me plaît d'agir comme arbitre, surtout quand des *personnes* sont en cause », conclut-elle. Elle avait découvert sa passion.

Nous préparâmes une liste de plusieurs entreprises susceptibles d'intéresser Jane, puis nous en retînmes quelques-unes – petites, moyennes et grandes. Nous leur demandâmes par téléphone de nous envoyer leurs rapports annuels, brochures et articles – enfin, tout ce qu'elles avaient comme documentation destinée au grand public. Ensuite, nous lûmes des revues commerciales afin d'en savoir plus long sur certaines industries, leurs compagnies, leurs produits et les personnes clés. Nous fîmes également une liste des relations que Jane possédait déjà.

Pour la majorité des gens, les relations sont «quelque chose que tout le monde a, sauf moi». Lorsque j'en arrive à cette étape avec mes clients, je prends le temps de bien définir ce concept et les aide à découvrir toutes les relations qu'ils ont déjà. La plupart des gens puissants puisent sans ambages dans les ressources considérables que leur offrent leurs amis et leurs associés. Et ils n'hésitent pas à leur servir de personne-ressource à leur tour.

Une relation, c'est toute personne avec qui vous avez des intérêts communs. Il faut du temps pour se lier avec quelqu'un, mais, dans le cas de vos nouvelles relations, vous pourrez accélérer le processus si vous tenez compte du principe de la *réciprocité*. La réciprocité se fonde sur la *similitude des intérêts*, des passions. Lorsque vous découvrez quel est votre désir le plus cher, vous pouvez être sûr que d'autres le partagent également.

Le fameux «réseau de l'alma mater» n'est rien d'autre que la réciprocité en pleine action. Vous pouvez d'ailleurs bâtir votre propre réseau, même si vous venez d'emménager dans une nouvelle ville. Cela ne se fera pas du jour au lendemain, mais puisque les mois et les années vont continuer de passer de toute façon, aussi bien en profiter pour nouer des relations! Si vous savez vous montrer réceptif, toutes les personnes que vous rencontrerez vous ouvriront de nouveaux horizons.

Jane avait dressé la liste de ses relations personnelles, c'est-à-dire de tous ceux avec qui elle avait des intérêts communs. Elle fut étonnée de constater que cela faisait plus d'une quarantaine de noms. «Même mon thérapeute connaît des gens qui œuvrent dans des domaines qui m'intéressent», remarqua-t-elle.

Jane commença par rassembler 26 noms choisis à la fois dans sa liste personnelle et parmi les compagnies qu'elle avait sélectionnées. Elle entreprit ensuite d'obtenir, pour ces dernières, les noms des responsables des services qui l'intéressaient: l'arbitrage et les relations humaines.

Quand Jane téléphona à l'une de ces compagnies et demanda à parler au directeur des relations humaines, on lui passa la secrétaire du vice-président du personnel. Jane lui posa quelques questions au sujet des négociations et des relations professionnelles et la trouva extrêmement serviable et très bien informée. Elle s'aperçut qu'à force de téléphoner aux entreprises elle prenait de l'assurance et s'habituait à formuler clairement ses demandes. Plus elle multipliait ces contacts et mieux elle se débrouillait au téléphone, sans se laisser désarçonner par quelques rares réactions négatives.

« C'est exactement comme dans la vente. Il m'arrive bien d'essuyer un refus de temps en temps, mais j'ai quand même accumulé une moyenne de .800 jusqu'à maintenant ! Les gens sont fantastiques quand on se montre honnête et ouvert. J'ai eu des conversations intéressantes avec plusieurs personnes et j'ai hâte de les rencontrer en chair et en os », me dit-elle.

L'étape suivante consista à rédiger un brouillon de ce que j'appelle une lettre d'introduction. (J'en parle plus abondamment au chapitre 7.) Bien rédigée, une lettre personnelle exposant les intérêts que vous avez en commun avec son destinataire peut constituer un puissant argument de vente. N'oubliez pas que vous avez amorcé la phase de mise en marché – vous êtes en train d'appliquer votre plan par l'intermédiaire d'autres personnes. La mise en marché consiste tout simplement à réussir une vente, c'est-à-dire à échanger ceci contre cela : c'est ça, la réciprocité. Et, en ce moment, c'est vous-même que vous mettez en vente.

Rappelez-vous que vous apprenez en ce moment à exercer votre pouvoir (que vous possédez depuis toujours). Toutes vos peurs, comme la peur d'échouer ou d'être critiqué, suivront le rythme de vos premiers apprentissages. Mais le fait de rencontrer des gens avec qui vous avez des intérêts communs vous aidera à vous en débarrasser plus ou moins complètement. Ce sera d'ailleurs l'occasion de vous remémorer des situations que vous appréhendiez, mais qui ont finalement tourné à votre avantage. (Vous vous souvenez de cette soirée où vous ne connaissiez strictement personne – et où, au bout du compte, vous vous êtes follement amusé !)

La confiance et la peur sont les deux formes de réaction face à une situation donnée. Quand on vit pleinement, on doit parfois affronter des moments pénibles. Mais si on a le courage d'agir malgré ses craintes, non seulement on s'en trouve enrichi, mais cela *élève* notre vie et fait que l'on devient de la trempe des héros. Nous sommes tous capables d'atteindre des sommets. En général, c'est à l'occasion d'une situation de crise que nous puisons dans nos réserves. Et, à ce stade précis, si vous manquez de courage, tournez-vous vers vous-même. C'est auprès de votre moi intime que vous pourrez trouver conseil. Étudiez la vie des gens qui ont eu du succès ; lisez leur biographie, en particulier celle des créateurs. Ils vous inspireront.

Le fait de savoir que vous avez le droit d'être heureux et de réussir vous aidera à demander toute l'aide dont vous aurez besoin pour la mise en œuvre de vos plans et la réalisation de vos objectifs. Car vous savez que les autres profiteront eux aussi de votre réussite.

LES CONSULTATIONS

La prochaine étape dans la poursuite de vos objectifs sera la « consultation ». Ce processus fait l'objet du chapitre 8, mais je vais quand même vous expliquer comment Jane s'y est prise afin que vous puissiez juger tout de suite des résultats – du but visé par la consultation.

Une consultation est une rencontre que vous organisez avec une personne dont le travail vous intéresse. Au préalable, cependant, vous devrez avoir terminé votre recherche sur ce secteur et, tout comme Jane, avoir obtenu les noms de plusieurs personnes avec qui vous pourrez prendre contact. La stratégie de mise en marché de Jane reposait essentiellement sur son habileté à résoudre des problèmes – de même que la vôtre sera conçue à partir de *votre* habileté à en faire autant. Que la cause en soit des produits, des données ou des individus, aucune entreprise n'est à l'abri des problèmes. On pourrait même dire qu'un emploi représente un moyen de régler des difficultés d'ordre professionnel.

Que l'un des objectifs de votre stratégie de mise en marché soit la recherche d'un nouvel emploi ou l'amélioration de celui que vous occupez déjà, la consultation est une méthode extrêmement fructueuse. En discutant avec les autres de leurs difficultés professionnelles, vous vous apercevrez que le monde a grandement besoin de gens capables d'apporter des solutions à des problèmes de toute nature. Peut-être vous demandez-vous comment vous pourriez résoudre les ennuis d'un étranger. Pourtant, la consultation a parfois comme conséquence que les étrangers deviennent des amis et des associés. (D'ailleurs, vous procédez constamment à des consultations. Simplement, ce n'est pas là le nom que vous donnez à ce type de conversation.)

Jane écrivit plusieurs lettres sur le modèle de la « lettre d'introduction » (expliquée au chapitre 7). Elle enchaîna avec des coups de téléphone et prit plusieurs rendez-vous. Je lui conseillai de les espacer :

« Au début, deux réunions par semaine, à raison d'une par jour, c'est amplement suffisant. Vous aurez besoin de temps entre deux consultations pour assimiler tout ce que vous aurez appris. N'oubliez pas de revenir me voir après chacune pour que nous puissions en discuter et analyser votre technique. D'une fois à l'autre, vous en saurez davantage sur le champ de vos investigations. Et, comme vous pourrez puiser dans ce bagage de connaissances lors des réunions subséquentes, vous ne vous retrouverez pas constamment à la case départ. Ainsi, une fois que vous aurez rencontré vos deux premiers spécialistes des relations humaines, vous vous sentirez en pays connu en présence du troisième et vous vous rendrez compte que vous en savez déjà long. Du coup, tant vos questions que la teneur des débats deviendront plus précises et mieux étayées. Vous donnerez l'impression de discuter d'égal à égal. »

Jane se familiarisa rapidement avec les mécanismes de la réciprocité d'intérêts. Ses rencontres se déroulèrent dans les meilleures conditions et elle finit par jeter son dévolu sur une compagnie d'assurances spécialisée dans le transport maritime – ces énormes navires marchands qui conservent toute sa vigueur au commerce international. Dans sa recherche, Jane avait cité la navigation maritime parmi ses champs d'intérêt.

« J'ai toujours été *fascinée* (*vous remarquez l'indice-passion et l'intérêt ?*) par le commerce et la navigation transocéaniques, m'expliqua-t-elle. Cela doit avoir quelque chose à voir avec l'eau et les bateaux. Même quand j'étais toute petite, mes livres préférés étaient ceux qui parlaient de navires et de voyages au long cours. »

Voici un exemple d'un intérêt précoce ou, si vous voulez, d'un vif désir d'en apprendre plus long sur un sujet. Nous voyons rarement le lien qu'il peut y avoir entre de tels intérêts et notre carrière et, effectivement, il n'y en a pas toujours. Dans ce cas, ces intérêts se transforment en passe-temps, en une fascination qui remplit nos loisirs. Jane, pourtant, réussit (grâce à ces mêmes exercices que vous êtes en train de faire avec ce livre) à *intégrer* un intérêt à ses compétences et à son expérience. Même si le commerce international est un domaine traditionnellement masculin, nous avons vu qu'elle s'entendait très bien avec les hommes aussi bien dans un contexte de négociations que dans le secteur plus technique de l'assurance.

Jane était fermement convaincue de pouvoir réussir à la fois dans le transport maritime et dans les assurances. Cette certitude lui était venue alors que sa confiance et son imagination étaient fortement stimulées. Grâce aux informations et aux précisions recueillies pendant ses consultations, elle se voyait en train d'exercer un emploi *avant* même de l'avoir obtenu.

L'importante compagnie d'assurances que Jane avait choisie possédait un programme de formation très complet. Le vice-président responsable du secteur maritime rencontra Jane pendant plus d'une heure et répondit à toutes ses questions. Il lui parla ensuite de ce programme et lui demanda si elle était intéressée à le suivre.

«Je pense qu'au bout de six mois d'un entraînement théorique et pratique vous saurez à quoi vous en tenir sur la profession. Vous serez évidemment rémunérée pendant ce temps, mais, compte tenu de ce que vous m'avez dit, ce ne sera qu'un point de départ. Nous avons vraiment besoin de gens avec votre expérience», lui dit-il. Il avait pu apprécier ses forces et son esprit d'initiative grâce à la minutie de sa prise de contact.

Avant de prendre sa décision, Jane rencontra deux employés, dont l'un suivait le programme de formation et l'autre avait déjà fait ses premières armes. Elle tint le vice-président au courant de ces entretiens, écrivit à tous une lettre de remerciements, puis fit part au premier de ses impressions dans un court rapport. Celui-ci l'engagea au terme d'une dernière rencontre et elle commença son stage, y voyant un tremplin pour sa nouvelle carrière.

«J'ai décidé de devenir la femme la plus compétente de toute la côte Ouest dans le domaine de l'assurance maritime. Je me suis inscrite à temps partiel en droit pour la session d'automne et j'ai l'intention de me spécialiser en droit maritime. Je suis au comble de l'excitation. Je sais enfin *exactement* comment exploiter mes capacités», me confia-t-elle.

Il ne fait aucun doute que Jane met tout en œuvre pour bâtir son avenir. Elle a finalement découvert sa passion – sa fascination pour les bateaux – et a su l'allier à ses talents naturels. Elle a libéré le pouvoir qu'elle possédait déjà. Son rendement et sa créativité se sont intensifiés et tout le monde en profite, en particulier la personne qui l'a engagée.

L'HISTOIRE DE SUSAN

Comme nous le verrons avec le cas suivant, il arrive souvent qu'on résolve son propre problème en voulant régler celui d'un autre.

Détentrice d'un doctorat en orientation, Susan était une thérapeute qui s'était passablement distinguée dans sa branche en remportant tous les honneurs d'abord à l'université, puis dans sa carrière. En plus de s'occuper de sa clientèle privée où abondaient les problèmes familiaux, elle avait assumé la direction de Goodwill Industries et travaillé pour d'autres organismes à but non lucratif. Susan était une spécialiste des processus d'interaction au niveau de l'administration (interaction de groupe) et du personnel (interaction en face à face). Elle passait ses journées à résoudre des problèmes épineux. Quand elle commença à travailler avec moi, c'était parce qu'elle voulait gagner davantage et changer de milieu.

« Cela fait longtemps que je consacre toutes mes énergies à travailler avec des gens extrêmement démunis. Je souffre du syndrome de la travailleuse sociale. Il vaut donc mieux que j'abandonne pendant que je suis encore efficace. Tout le monde sait que le métier de « secoureur » conduit tout droit à l'épuisement professionnel et on en vient à mépriser ces clients qui ne cessent d'avoir des problèmes affectifs. Je recherche d'autres formes de gratification, maintenant – de l'argent et du prestige. »

La plupart d'entre nous auraient du mal à présenter un projet où il serait à la fois question d'argent et de prestige. Il est gênant de reconnaître ouvertement qu'on *aime* ce qu'on nous a habitués à tenir pour « peu recommandable ». Pourtant, ces questions que nous hésitons à aborder peuvent s'avérer particulièrement révélatrices lorsqu'on les examine de près. Car, ce sentiment de malaise peut dissimuler une passion. Un jour, je demandai à Susan de me dire quelles étaient ses cinq grandes forces (pendant les séances avec mes clients, j'insiste sur l'importance de verbaliser ses forces, ses valeurs et ses objectifs).

« Eh bien, je suis une bonne communicatrice, tant verbalement que par écrit. Je suis une excellente organisatrice... » À ce moment-là, Susan s'interrompit et jeta un coup d'œil vers la porte de mon bureau.

« Qu'est-ce qui ne va pas ? » lui demandai-je.

« Ah ! Nancy ! C'est comme si ma mère était là, dans l'embrasure, et me disait : « Allons, Susan, deux, c'est assez. Ne te vante pas comme ça ! »

Nous éclatâmes de rire et, moi aussi, je pouvais voir cette mère qui s'érigeait en juge et menaçait du doigt son enfant qui tentait de s'affirmer. « La timidité est la conséquence des critiques dont les adultes nous bombardent très tôt chaque fois qu'ils nous trouvent un peu trop prétentieux, qu'on a « la grosse tête », comme on dit », lui expliquai-je.

Les parents peuvent inconsciemment imposer à la créativité des limites qui, dans certains cas, ne disparaîtront jamais. Et c'est comme ça qu'à 40 ans Susan se souvenait encore d'une phrase prononcée à un moment crucial. Ni son éducation ni sa formation n'avaient pu effacer les réprimandes subies par l'enfant qu'elle avait été. Nous rîmes un bon coup et revînmes à l'exercice.

« Bon. À dire vrai, reprit-elle, je suis passée maître dans l'art de la communication. Je parle distinctement, j'écoute tout ce qui se dit et je sais deviner les véritables sentiments, même quand ils sont exprimés à mots couverts ; je n'ai aucun mal à organiser efficacement mon temps et mon travail ; j'analyse facilement les problèmes en en séparant les éléments selon les règles de la logique ; je peux synthétiser des données pour en tirer des concepts généraux, et, inversement, repérer les points marquants afin de décider rapidement de l'action à prendre ; j'ai un bon jugement et je me fie à mon instinct face aux gens et aux situations. » Elle se tenait bien droite. Elle était calme et parlait d'un ton à la fois réfléchi et positif.

« Ce sont là des forces remarquables et éminemment exploitables, Susan. Elles représentent ce que vous pouvez accomplir sans effort. Les employeurs recherchent désespérément des employés comme vous. »

Susan devait maintenant décider d'un champ d'investigation et elle opta pour le recrutement de cadres, un domaine aussi rémunérateur que prestigieux. Elle apprit qu'un bon recruteur doit avoir des talents de communicateur et surtout qu'il doit être un auditeur attentif, sachant enregistrer toutes les informations dont un employeur aura besoin pour résoudre ses problèmes. Il doit savoir s'organiser et être un expert dans l'art d'analyser et de synthétiser d'énormes quantités de données. Enfin, le recrutement de cadres exige qu'on ait un bon jugement, qu'on sache « déchiffrer » les gens et qu'on puisse prendre à leur endroit des décisions pertinentes.

C'était là le profil idéal pour Susan. Après plusieurs rencontres, celle-ci se vit offrir l'emploi qu'elle souhaitait ou, plus exactement, *elle le créa*. Elle convainquit l'agence de recrutement de cadres qu'elle représentait un atout, d'autant plus qu'elle avait déjà été responsable de l'embauchage dans certains de ses anciens postes. Néanmoins, pendant ses consultations, elle mit davantage l'accent sur ses forces que sur ses emplois antérieurs. Son employeur estima qu'elle avait les compétences requises parce qu'il possédait lui aussi les mêmes forces, si capitales pour qui veut réussir dans ce domaine. Leurs réunions étaient fondées sur l'égalité, ils discutaient d'égal à égal.

Aujourd'hui, Susan est l'une des mieux notées de son agence et voit en outre à la formation des nouveaux employés. Son revenu dépasse 50 000$ par année et grimpe rapidement. Elle a l'intention d'ouvrir sa propre agence de recrutement d'ici un an.

« Pas mal, pour quelqu'un que sa mère incitait à faire preuve de modestie », lui dis-je en riant.

« Nancy, j'adore ce que je fais. J'aide tellement de gens : les candidats, leurs familles et les employeurs ! À leurs yeux, je représente la solution à tous leurs problèmes. Il y a même un patron à qui j'ai donné ma recette de soupe au poulet quand il m'a téléphoné l'autre jour pour se plaindre d'un mauvais rhume ! » répondit-elle en riant. (Et elle a également signé un contrat avec lui !)

LES BONS EMPLOIS SE TROUVENT RAREMENT DANS LES PETITES ANNONCES

La plupart des emplois qui exigent du jugement (et qu'on appelle parfois des postes de direction) ne sont jamais annoncés publiquement, pas plus dans les petites annonces qu'ailleurs. En fait, 85 pour cent de tous les postes intéressants ne sont *jamais* annoncés. Où sont-ils alors ? Comme je l'ai dit plus tôt, ils sont là où sont les problèmes, c'est-à-dire dans la tête du chef d'entreprise, du directeur ou du cadre – du décideur aux prises avec des difficultés qu'il voudrait bien résoudre.

La consultation vous permet d'abréger votre recherche d'emploi, puisque vous prenez personnellement contact avec des individus clés en poste dans des entreprises dynamiques et en plein essor. Vous précisez vos forces, posez des questions et, à la fin de la réunion, obtenez les noms d'autres personnes œuvrant dans le domaine qui vous intéresse. C'est comme ça que Susan a rencontré celui qui allait devenir son employeur. Au cours d'une de ses consultations, elle avait demandé des précisions sur sa compagnie et son interlocuteur du moment lui avait proposé de les présenter l'un à l'autre. Susan et son futur patron se rencontrèrent à plusieurs reprises et elle en profita pour découvrir quels étaient ses objectifs et ses valeurs *à lui*. Ceux-ci correspondaient aux siens. Depuis qu'il l'a engagée, son employeur a vu ses profits augmenter et, en outre, il peut compter sur un excellent agent de formation.

Le problème auquel se heurte un employeur peut être (1) un poste vacant qu'il lui faut combler, (2) un phénomène qu'il peut circonscrire ou (3) la vague impression que « les choses » ne vont pas très bien. Lorsque vous établirez des contacts d'abord avec la lettre d'introduction, puis au cours de l'entretien qui suivra, il est possible que vous rencontriez une personne dont les problèmes *vous* intéresseront – et celle-ci pourra à son tour découvrir que vous représentez la solution à ses problèmes !

EXERCICES SUR LA RECHERCHE D'EMPLOIS*

Si vous savez vous y prendre, votre recherche risque fort bien de déboucher sur le genre d'emploi qui vous attire *vraiment*. Une fois

---

* Pour des raisons évidentes, la fin de ce chapitre constitue une adaptation du texte original.

que vous aurez déterminé vos intérêts, vous serez prêt à nouer des contacts. Nous allons prendre exemple sur Jane. Tandis que vous examinerez les diverses catégories d'emplois, laissez-vous guider par la curiosité. Le terme catégorie est pris au sens large et désigne des domaines comme l'art, la finance, la musique, l'immobilier ou l'édition.

Il existe plusieurs documents que vous pourriez consulter, mais nous utiliserons ici la *Classification canadienne descriptive des professions* (CCDP) et les Pages jaunes de l'annuaire téléphonique. Publiée par la Direction générale des informations sur les professions et les carrières, qui relève d'Emploi et Immigration Canada, la CCDP est en vente dans toutes les librairies dépositaires des publications du gouvernement fédéral. Elle se compose de six livrets réunissant 23 Grands Groupes et d'un Guide mis à jour annuellement et que nous avons choisi comme ouvrage de référence parce qu'il contient le seul index complet des 30 000 titres de profession de la CCDP, de même que ses nouvelles descriptions. S'il vous est impossible de vous procurer ce Guide ou l'un ou l'autre des livrets, vous pourrez les consulter dans les bibliothèques publiques.

La CCDP fait complètement abstraction des entreprises et se concentre exclusivement sur les professions. Chacune d'elles fait l'objet d'une description détaillée (conseiller en planification financière, par exemple). Il vous suffira de feuilleter le Guide pour vous rendre compte de l'extrême diversité du marché du travail et pour découvrir des postes dont vous ignoriez peut-être même l'existence.

Évitez de penser à ce que vous pourriez faire dans tel ou tel domaine. Cet exercice n'a aucune portée analytique, mais vise plutôt à vous faire prendre conscience de l'éventail des choix possibles. Si Susan avait commencé sa recherche en se cantonnant à l'intérieur de ses limites (son titre était celui de conseillère), comment aurait-elle pu s'imaginer en train de recruter des cadres ? Elle occuperait toujours son ancien emploi et continuerait de s'y morfondre !

La CCDP comprend 23 grands groupes subdivisés en 81 sous-groupes, eux-mêmes divisés en 499 groupes de base à l'intérieur desquels on retrouve les emplois et professions proprement dits. Leur classification commence par le code 11 pour les directeurs, administrateurs et personnel assimilé et va jusqu'à 99 pour les travailleurs non classés ailleurs. Le numéro de code complet à sept chiffres (8739-170, par exemple) indique la position exacte de la profession dans la classification.

Pour retrouver un sous-groupe ou une profession dans la CCDP, vous pourrez utiliser soit l'index alphabétique à la fin du Guide, soit les numéros de code et les définitions des grands groupes, des sous-groupes et des groupes de base. Ces deux méthodes de consultation sont clairement expliquées dans le Guide et dans chacun des livrets. Lorsqu'un sous-groupe ou une profession *éveille votre intérêt, pour quelque raison que ce soit* (il n'est toujours pas question de procéder à une analyse à ce stade-ci), prenez note du titre ainsi que du code de la CCDP. Notez tout ce qui vous attire, sans la moindre restriction. Par la suite, vous ramènerez votre liste initiale à 14 catégories, puis à six grands secteurs d'intérêt.

Pour la seconde partie de votre recherche, vous utiliserez l'*index* des Pages jaunes. Procurez-vous l'annuaire téléphonique du secteur géographique où vous souhaitez travailler – sinon, consultez-le dans une bibliothèque. Les Pages jaunes, qui font l'objet d'une mise à jour annuelle et sont habituellement très exactes, constituent un excellent ouvrage de référence. Les produits et services – ce qui sous-entend les professions – sont énumérés dans l'index. Préparez une liste semblable à celle de la CCDP en notant les pages des domaines qui vous intéressent.

Je vous ai préparé des fiches en blanc, de même que des modèles déjà remplis. Lorsque vous aurez terminé votre recherche, repassez-en les résultats dans votre tête. Vous rendez-vous compte que vous avez fait un tour d'horizon complet du monde du travail! Félicitez-vous pour cette bonne journée de travail.

EXERCICES SUR LA GESTION DU TEMPS

Avant de vous attaquer aux exercices sur la recherche d'emplois, vous auriez tout intérêt à étudier la façon dont vous répartissez votre temps. Je ne doute pas un instant que la plupart d'entre vous disposent de plus de temps qu'ils ne le croient pour se livrer à cet exercice. Avec la méthode du diagramme circulaire – découpé en «pointes de tartes» –, vous verrez aussitôt comment trouver suffisamment de temps pour donner libre cours à votre créativité. Si, après ces exercices, vous constatez que vous avez encore du mal à gérer votre temps, empruntez à votre bibliothèque des ouvrages traitant de cette question.

Commencez par dessiner deux tartes. Le partage de la première correspondra à la répartition actuelle de votre temps. Combien y a-t-il d'heures dont vous ne pouvez justifier l'emploi ? Où et à quoi passez-vous la majeure partie de votre temps ?

Mais voyons tout d'abord l'emploi du temps d'un client imaginaire :

Exemple : emploi du temps pour 24 heures

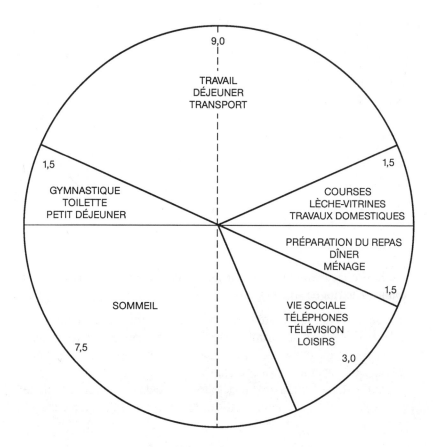

Répartissez à votre tour une journée normale.

Mon emploi du temps actuel pour 24 heures

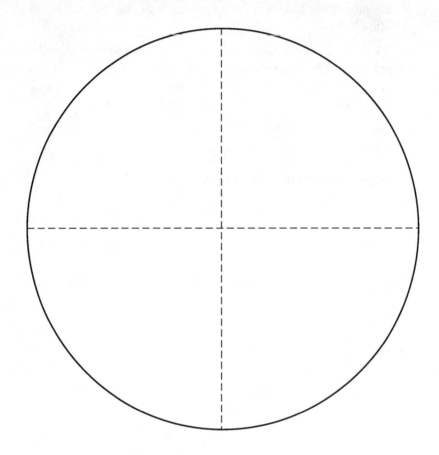

Reprenez cet exercice en imaginant comment, idéalement, vous voudriez partager votre temps.

Quelles sont les heures que vous aimeriez modifier ? Pourquoi ? Que voudriez-vous supprimer ? Combien d'heures consacrez-vous à votre croissance personnelle ? Peut-être remarquerez-vous que vous passez de longs moments avec les autres. Vous devriez vous isoler davantage. La réflexion est un facteur essentiel pour l'assimilation de vos expériences quotidiennes et devient vitale eu égard aux changements que vous voulez accomplir.

Outre ces deux « pointes » (l'une représentant une journée de travail réelle et l'autre une journée idéale), il est indispensable que vous en prépariez deux autres pour les week-ends. Comment les passez-vous ? Pourriez-vous passer plus de temps en tête à tête avec vous-même ? Consacrez-vous beaucoup de temps à une même activité ? Si le jardinage, la lecture ou les sports, par exemple, vous absorbe pendant de nombreuses heures, il faut peut-être y voir l'indice d'une passion qui mériterait d'être examinée plus à fond. Souvenez-vous de Joanna, au chapitre 3, qui aimait nettoyer et ranger sa maison pendant les week-ends.

Mon emploi du temps idéal pour 24 heures

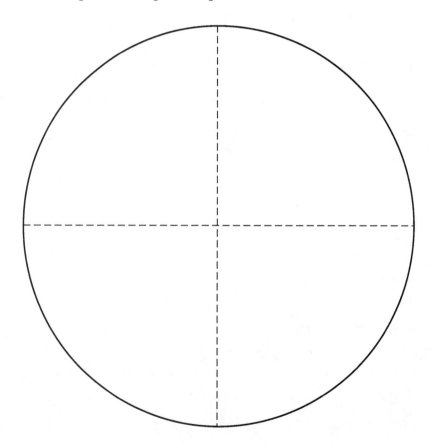

Vous pouvez maintenant passer à vos exercices sur la recherche d'emplois. Commencez par la CCDP et notez sur la fiche suivante tous les sous-groupes ou professions qui éveillent votre intérêt.

N'oubliez pas d'apporter ces fiches avec vous
si vous consultez la CCDP à la bibliothèque

FICHE D'EXERCICE POUR LA CCDP

PRODUIT OU SERVICE	# CCDP	PRODUIT OU SERVICE	# CCDP

Notez maintenant les 14 sous-groupes les plus attirants, puis déterminez les six qui vous intéressent plus que tout.

FICHE D'EXERCICE POUR LA CCDP

Première sélection – 14 sous-groupes

PRODUIT OU SERVICE	# CCDP	PRODUIT OU SERVICE	# CCDP
1.		8.	
2.		9	
3.		10.	
4.		11.	
5.		12.	
6.		13.	
7.		14.	

Sélection définitive – 6 sous-groupes

PRODUIT OU SERVICE	# CCDP	PRODUIT OU SERVICE	# CCDP
1.		4.	
2.		5.	
3.		6.	

Remarque : Ne vous préoccupez absolument pas du genre de travail que vous pourriez effectuer. Nous verrons cela plus tard. Le seul critère qui compte ici est l'*intérêt*, et non la formation, l'expérience ou l'éducation.

Procédez à la même recherche en utilisant les Pages jaunes.

FICHE D'EXERCICE POUR LES PAGES JAUNES

PRODUIT OU SERVICE	PAGE #	PRODUIT OU SERVICE	PAGE #

FICHE D'EXERCICE POUR LES PAGES JAUNES

Première sélection – 14 sous-groupes

PRODUIT OU SERVICE	PAGE #	PRODUIT OU SERVICE	PAGE #
1.		8.	
2.		9.	
3.		10.	
4.		11.	
5.		12.	
6.		13.	
7.		14.	

Sélection définitive – 6 sous-groupes

PRODUIT OU SERVICE	PAGE #	PRODUIT OU SERVICE	PAGE #
1.		4.	
2.		5.	
3.		6.	

Remarque : Assurez-vous de remplir toutes les lignes de toutes les fiches.

Remarque : Cet échantillon met en lumière l'extrême diversité du monde du travail.

MODÈLE D'EXERCICE AVEC LA CCDP

PRODUIT OU SERVICE	PAGE #	PRODUIT OU SERVICE	PAGE #
Administr. gouvernementaux	1113	Annonceurs radio-télé	3337
Organisation & méthodes	1173	Recherchistes	3353-128
Cadres administratifs	1179	Interprètes	3355
Anim. séminaires / gestion	1179-174	Aérostiers	3719-116
Organis. de conférences	1179-192	Hôtesses d'accueil	4171
Graphoanalystes	1179-205	Estimateurs d'assurances	4192
Météorologistes	2114	Agents de voyage	4193
Sciences physiques	2117	Courtiers maritimes	5170-117
Techniciens en holographie	2117-232	Agents de publicité	5174
Économistes	2311	Antiquaires	5199-112
Psychologues	2315	Conseillère de la mariée	5199-128
Gens de loi	2349	Trappeurs	7315
Bibliothécaires, etc.	2351	Modeleurs sur bois	8351
Éduc. personnes inadaptées	2795	Ébénistes	8541
Cours dynamique de la vie	2799-115	Fourreurs	8555
Diagnostic et traitement		Tapissiers-garnisseurs	8562
des maladies	3119	Diamantaires, orfèvres...	8591
Modélistes, stylistes, etc.	3313	Personnel navigant,	
Vidéotex, concepteurs	3314-135	transports aériens	9111

Remarque : Voici à quoi votre exercice pourrait ressembler après une première, puis une seconde élimination.

MODÈLE D'EXERCICE AVEC LA CCDP

Première sélection – 14 sous-groupes

PRODUIT OU SERVICE	# CCDP	PRODUIT OU SERVICE	# CCDP
1. Anim. séminaires gestion	1179-174	8. Hôtesses d'accueil	4171
2. Organis. de conférences	1179-192	9. Agents de voyage	4193
3. Technic. en holographie	2117-232	10. Agents de publicité	5174
4. Économistes	2311	11. Antiquaires	5199-112
5. Cours dynamique de vie	2799-115	12. Ébénistes	8541
6. Modélistes, stylistes...	3313	13. Tapissiers...	8562
7. Interprètes	3355	14. Personnel navigant	9111

Sélection définitive – 6 sous-groupes

PRODUIT OU SERVICE	# CCDP	PRODUIT OU SERVICE	# CCDP
1. Organis. conférences	1179-192	4. Antiquaires	5199-112
2. Économistes	2311	5. Ébénistes	8541
3. Interprètes	3355	6. Personnel navigant	9111

MODÈLE D'EXERCICE AVEC LES PAGES JAUNES**

PRODUIT OU SERVICE	PAGE #	PRODUIT OU SERVICE	PAGE #
Administration – conseillers	9	Marchandises – courtiers	351
Amaigrissement & surv. poids	41	Marchés – étude & analyse	727
Antiquaires	48	Mariages – services, etc.	728
Ballons dir. & montgolfières	171	Météorologie (pages bleues)	2
Défilés de mannequins, organ.	377	Musées	776
Dessinateurs	420	Orientation – conseillers	823
Diamantaires	421	Personnes disparues	858
Environnement – conseillers	504	Placement de personnel	480
Esthéticiennes	510	Production – conseillers	939
Excursions touristiques	528	Radio – stations & diffus.	963
Galeries d'art	69	Raisons sociales, rech.	968
Gemmologistes	604	Réceptions – accessoires	969
Gestion – entrepr. & assoc.	9	Relations humaines	978
Graphistes	611	Rentes – conseillers	993
Graphologues	612	Sourds – services	1079
Hologrammes	617	Télé – stations & diffus.	1140
Hôte & hôtesse	331	Verre – souffleurs	1194
Mannequins – agences	724	Vidéotex – services	1211

** Montréal, juillet 1990 – juillet 1991

MODÈLE D'EXERCICE AVEC LES PAGES JAUNES

Première sélection – 14 principaux sous-groupes

PRODUIT OU SERVICE	PAGE #	PRODUIT OU SERVICE	PAGE #
1. Amaigris. & surv. poids	41	8. Marchandises – courtiers	351
2. Antiquaires	48	9. Librairies	681
3. Défilés de mannequins	377	10. Mariages – services	728
4. Diamantaires	421	11. Placement de personnel	480
5. Excursions touristiques	528	12. Réception – access.	969
6. Gemmologistes	604	13. Relations humaines	978
7. Hôte & hôtesse	331	14. Voyages – agences	19

Sélection définitive – 6 principaux sous-groupes

PRODUIT OU SERVICE	PAGE #	PRODUIT OU SERVICE	PAGE #
1. Amaigris. & surv. poids	41	4. Excursions touristiques	528
2. Défilés de mannequins	377	5. Hôte & hôtesse	331
3. Diamantaires	421	6. Réception – access.	969

Ces derniers exemples s'inspirent des choix établis par une de mes clientes. Voyez-vous le profil qui s'est dessiné à partir de ses passions ? Elle a peu à peu réduit les « disparités » entre ses champs d'intérêt pour ne conserver que quelques-uns. Après s'être attachée à les faire converger, elle a été prête à passer à l'étape suivante : trouver sa voie.

Cette cliente organise maintenant des visites guidées de sa ville à l'intention des touristes et des congressistes. Elle adore son nouveau métier. Elle aime le côté « spectacle » qui s'en dégage quand elle a le micro en main pendant les excursions en autocar. Enfin, elle a entrepris une recherche dans le but de monter une agence de rencontres pour célibataires.

LES GROUPES D'ENTRAIDE PROFESSIONNELS

Le moment est tout indiqué pour rencontrer d'autres gens qui font exactement ce que vous êtes en train de faire. Il existe des groupes constitués de personnes en quête de la position qui leur ira comme un gant et qui pourront vous apporter une aide judicieuse. Vous pouvez même former votre propre groupe avec des amis qui se réuniront sur une base régulière. Sinon, consultez les annonces communautaires dans votre journal local. Il est toujours plus stimulant de se sentir soutenu, mais sachez choisir vos compagnons d'armes; ce n'est pas tout le monde qui sera capable de partager votre « renardière ».

RÉSUMÉ

> **Quatrième secret de la passion : les gens puissants s'appuient toujours sur d'autres personnes, également puissantes, pour atteindre leurs buts.**

1. À quoi souhaitez-vous vraiment consacrer votre temps ?

2. Quels sont les buts précis que vous voulez atteindre ?

3. Dans quel type d'entreprise et avec quel genre de personnes aimeriez-vous travailler ?

4. Soyez *patient* tandis que vous vous familiarisez avec votre passion.

5. Au début, le changement est angoissant.

6. Respectez les étapes dans la mise en œuvre de votre plan.

7. Étudiez vos catégories d'*intérêt*; laissez-vous guider par « l'enfant sans entraves » qui demeure en vous.

8. Traitez vos relations d'affaires avec le même soin que vos relations personnelles.

9. La *réciprocité* gouverne le monde.

10. Ne perdez pas vos peurs de vue pour éviter qu'elles n'entravent votre progression.

11. Convainquez-vous de votre valeur.

12. Pouvoir régler des problèmes constitue la pierre angulaire de votre stratégie de mise en marché.

13. Les meilleurs emplois ne sont jamais annoncés ; ils se trouvent dans la tête de la personne qui se heurte à un problème.

14. L'enthousiasme stimule la curiosité.

15. Étudiez attentivement le monde du travail.

16. Pendant que vous ferez les exercices prescrits à la fin de ce chapitre, laissez jouer vos intérêts spontanés. Ne craignez pas de mêler le familier et l'insolite. Servez-vous de la Classification canadienne descriptive des professions (CCDP) et des Pages jaunes. Ces exercices vous permettront d'approfondir votre connaissance du monde du travail.

17. Faites une liste de toutes les personnes que vous connaissez et qui partagent votre « passion ». Qui pourrait vous en faire rencontrer d'autres ?

18. Liez-vous avec des gens qui font ce que vous êtes en train de faire, au sein d'un « groupe d'entraide professionnel ».

5

QUEL EST VOTRE CRÉNEAU?

Vous connaissez maintenant vos forces, vos valeurs et vos intérêts. Vous pouvez donc aborder la cinquième étape de cette quête de
votre passion: découvrir le milieu de travail et l'entreprise qui vous
conviendront le mieux, la seconde de par sa taille et son organisation.

> **Cinquième secret de la passion: les gens puissants
> savent comment trouver leur créneau. Ils suivent leur
> passion.**

Examinons tout d'abord les trois types de relations qu'on retrouve
dans n'importe quel milieu de travail: en association, en équipe et en
solitaire. Chacun d'entre nous a une façon de travailler qui lui est propre. Semblables en cela aux fleurs qui préfèrent un milieu spécifique,
les gens ont besoin pour s'épanouir d'un environnement adéquat. Les
rouquins à la peau claire, par exemple, se sentent généralement plus
à l'aise sous un climat frais et humide. Bien sûr, ils pourront survivre
en Afrique, mais ils seront probablement davantage dans leur élément
à Londres ou à San Francisco. Une fleur en bouton, qui a été semée
et soignée selon les règles, *travaille avec passion*. Tâchons de voir
dans quel milieu – et dans quel type de relations – vous vous épanoui-
rez le mieux.

L'ASSOCIATION

Que pensez-vous de l'association ? Seriez-vous heureux dans un tel contexte ? Pour travailler en tandem dans une relation faite de concessions mutuelles, il faut deux personnes dotées d'une grande sensibilité et d'un bon équilibre. En outre, l'association ne peut fonctionner que si elles sont toutes deux matures, ont confiance en elles-mêmes et se réjouissent de la réussite de l'autre. La personnalité de l'associé type présente ces caractéristiques :

1. Il recherche et aime cet esprit de concession autant dans les échanges verbaux que lors de la prise de décision. (« Qu'en penses-tu ? »)

2. Il noue des liens d'amitié solides et durables avec quelques personnes soigneusement choisies. Il aime également la solitude et la compagnie des autres.

3. Il estime qu'une relation fondée sur la confiance *stimule la créativité*.

4. Il est indépendant (cela semble paradoxal, mais c'est un fait).

5. Il sait très bien écouter. Il *aime* entendre son associé exposer des idées et des concepts.

6. Il favorise la mise en commun des ressources : argent, idées, biens, savoir ; il se sent plus puissant quand il y a partage des richesses.

7. Il conçoit la relation comme un état d'indépendance vécu par deux personnes dans un esprit d'égalité. Il est mal à l'aise dans une relation fondée sur l'autorité.

8. Il fait grand cas des encouragements de son associé (mais pas forcément d'autres personnes).

9. Il aime prendre des risques avec son associé.

Si cette description cadre avec votre personnalité et si votre emploi actuel vous impose de travailler seul ou en équipe, cela signifie que vous n'avez pas encore trouvé le genre de relation qui vous convient vraiment. D'autres indices vous apprendront si vous avez le tempérament d'un « associé » : vous vous êtes marié très jeune ; vous avez toujours eu un ami intime, même quand vous étiez enfant ; vous échangez facilement lorsque vous vous sentez en confiance avec votre interlocuteur. Dans une idylle, les sports ou pour un repas, vous privilégiez les tête à tête. Vous êtes également fasciné par les duos de toute nature, en amour, au travail ou dans les loisirs. Les tandems célèbres, composés d'un homme et d'une femme, éveillent votre intérêt et vous aimeriez bien en former un, vous aussi. (N'oubliez pas qu'il s'agit ici uniquement d'indices et non de règles strictes.)

Une association fructueuse s'appuie non seulement sur la bonne volonté, mais également sur le profond désir d'inclure son partenaire. En fait, c'est lorsque vous participez à une création commune que votre rendement est le meilleur. Si vous êtes un associé type et si vous réussissez à trouver le bon partenaire, vous deviendrez alors une fleur rare et magnifique.

L'ÉQUIPE

Celui qui s'épanouit lorsqu'il évolue en équipe est un expert dans tout ce qu'il entreprend. Cet individualiste aime l'esprit de camaraderie qui prévaut dans le groupe et apprécie le fait que tout le monde puisse prendre part aux décisions. Les nombreuses discussions, les accords découlant d'un consensus et l'intérêt du groupe revêtent tous une grande importance pour l'équipier type. L'équipe travaille pour chaque membre qui accepte de jouer son rôle et de le jouer bien. L'équipier aime bien qu'il y ait une certaine émulation entre les autres départements et entreprises, ce qui permet à son équipe de fonctionner dans un cadre plus large. Sa personnalité affiche les caractéristiques suivantes :

1. Il voit dans la concurrence et la rivalité un facteur de motivation.

2. Il se lie facilement d'amitié. Il est d'un tempérament agréable et ouvert.

3. Il réagit bien face à un bon dirigeant. Il est à l'aise avec les figures d'autorité qui sont compétentes.

4. Il estime que les compliments fréquents émanant de ses coéquipiers et de son directeur *stimulent la créativité*.

5. Il conçoit les relations comme des unités de collaboration intégrées à une structure plus vaste.

6.   Il est consciencieux et loyal.

7.   Il est sociable, aime faire partie de clubs, de groupes et d'organisations.

8.   Il ne s'isole que pendant environ 20 pour cent de son temps. En règle générale, il préfère être en bonne compagnie.

9.   Il aime partager des risques avec son équipe et son directeur.

Comme vous êtes un équipier type, vous supportez mal de ne pas pouvoir partager avec des camarades vos défaites et vos victoires. Par ailleurs, il n'y a rien que vous craigniez autant que la solitude. Enfin, vous êtes tout à fait dans votre élément lorsque votre carrière satisfait votre besoin de stimulation et d'exaltation. Autres indices du tempérament de l'équipier : quand vous étiez petit, vous étiez entouré d'une bande d'amis ; vous venez d'une grande famille ou vous avez vécu très tôt des expériences positives avec des familles nombreuses ; vous pouvez mener de front plusieurs relations : amants, amis, etc. Vous êtes séduit par les efforts collectifs, comme les réussites sportives ou celles des grandes sociétés. Vous préférez mettre vos talents au service d'une équipe pour l'aider à remporter la victoire.

L'équipier s'épanouit dans un milieu stimulant, compétitif et solidaire. Si vous trouvez la bonne équipe, vous deviendrez une fleur rayonnante, vivace et robuste.

LE SOLITAIRE

Êtes-vous surtout heureux lorsque vous êtes le seul maître à bord ? Aimez-vous prendre toutes les décisions ? Le solitaire tient à pouvoir dire « *J'ai* fait ça », le « ça » représentant l'entreprise qu'il a édifiée, la vente qu'il vient de faire ou le livre qu'il a écrit. Sa personnalité tout entière tourne autour de son désir d'assumer tous les rôles. Le solitaire résiste avec force aux influences extérieures et se sent mal à l'aise au sein d'une équipe ou d'une association, sauf s'il peut y conserver son autonomie. Et comme il a peu besoin des rétroactions d'un groupe, il a tendance à faire cavalier seul. La personnalité du solitaire présente les qualités suivantes :

1.   Le solitaire est plein de ressources et indépendant. Il préfère prendre toutes les décisions et aime la solitude.

2. Il est extrêmement créatif et estime que la solitude *stimule la créativité*! Inventif, imaginatif, artiste, il est également rationnel et méditatif.

3. Il est farouchement indépendant. C'est un audacieux.

4. Il choisit soigneusement ses amis et préfère avoir d'autres personnes indépendantes comme amis et associés.

5. Il se dresse énergiquement contre toute forme d'autorité. Plus il est libre et mieux c'est.

6. Il aime travailler seul ; réfléchir, avoir des idées et disposer de tout le temps voulu pour ce faire sont pour lui des outils indispensables.

7. Il conçoit toutes les relations comme des face à face uniques en leur genre.

8. Il estime que rien ne stimule davantage la créativité que le fait même de créer. Il accepte volontiers les compliments. Contrairement à ce qu'on pourrait croire, le solitaire vraiment doué manifeste sa gratitude et n'est pas arrogant.

9. Il se marie avec une personne au tempérament indépendant – une autre solitaire.

D'après cette description, vous pouvez juger de la tragédie que vit le solitaire qui travaille pour une entreprise ou une organisation importante et fortement structurée (à moins qu'il n'en soit le président!). Si vous êtes un solitaire, vous aimez fixer les règles à votre guise. Autres indices : quand vous étiez petit, vous aviez une imagination extrêmement fertile et vous passiez énormément de temps à rêvasser ; vous vous inventiez des camarades ou des animaux de compagnie ; vous aviez une très grande force de concentration ; vous aimez la nature – une promenade tout seul en forêt correspond à l'idée que vous vous faites du paradis ; s'il vous est arrivé de monter sur les planches, c'était pour donner des spectacles solos ; vous êtes attiré par les sports individuels ; l'individu unique, celui qui se démarque, la vedette, vous fascine ; vous avez fait très tôt vos premières armes comme entrepreneur et vous avez également touché votre premier salaire à un âge précoce. Vous êtes une fleur dont les racines pivotantes s'enfoncent loin dans le sol et qui, quand elle s'épanouit, fait profiter la société de sa beauté et de son influence durables et sans cesse renouvelées.

Ces trois profils relationnels – l'associé, l'équipier et le solitaire – ne s'excluent *pas* l'un l'autre. Le solitaire, par exemple, pourra s'associer avec quelqu'un qui est également ennemi des conventions et avide de liberté. Les membres d'un pareil tandem ne risquent guère de se montrer autoritaires ou d'exercer des contraintes. Notre exemple s'applique aussi à l'équipier, à cette différence près que le solitaire se démarquera probablement comme un leader naturel.

Il n'est pas rare de retrouver des traits propres à ces trois profils chez une même personne. Mais si vous savez quel est *celui qui domine en vous*, il vous sera plus facile de déterminer exactement vos buts et votre passion. Il est à la fois utile et gratifiant de savoir à quel type on appartient ; c'est là quelque chose que vous aimerez connaître, tout comme les autres, d'ailleurs. Et c'est essentiel pour vous aider à trouver votre « créneau ».

DÉCIDER DES OPTIONS

Supposons que vous occupiez un poste dans une compagnie, mais que vous ne soyez pas totalement satisfait de vos conditions de travail. Trois choix s'offrent alors à vous : (1) rester où vous êtes, soit au même poste, soit à un autre ; (2) travailler pour une autre compagnie ; (3) lancer votre propre entreprise seul ou avec un associé. Les idées et méthodes que nous avons vues jusqu'ici, de même que celles dont nous discuterons plus loin, vous permettront de réussir, quelle que soit l'option que vous aurez choisie – du moment que vous l'aurez fait avec passion !

J'ai observé, au cours des dernières années, un fort courant en faveur de l'entrepreneuriat. Les femmes, surtout, s'efforcent de voler de leurs propres ailes. Pour bien des gens, pourtant, posséder son entreprise représente un rêve impossible. (Pas tant que ça !) Tous les clients avec qui j'ai travaillé ont révélé un certain côté *aventureux*, lors des tests portant sur le profil psychologique. Ils n'hésitent pas à prendre des risques. Et c'est aussi votre cas, sinon vous ne seriez pas en train de lire ce livre.

Si vous travaillez pour une entreprise – peu importe qu'elle soit grande ou petite et que votre carrière soit en pleine ascension ou que vous soyez un entrepreneur débutant –, rappelez-vous qu'il y a des leçons à tirer de la structure d'une compagnie florissante. C'est elle qui vous permettra de découvrir ce qui fonctionne : et ce qui « fonctionne », dans le monde des affaires, c'est l'accumulation des bénéfices. Ceux-ci font le bonheur des actionnaires et, judicieusement investis, ils favorisent l'essor de l'entreprise et sont créateurs d'emplois. Voici donc votre première leçon dans le cadre de la recherche de votre créneau : choisissez une entreprise qui marche et tenez-vous loin de celles qui périclitent.

En lisant les hebdomadaires spécialisés du monde des affaires, vous découvrirez quelles sont les sociétés et industries qui prospèrent, celles qui sont solidement implantées et celles qui sont en chute libre. Ces dernières sont constamment touchées par des grèves, sont mal organisées et appliquent des méthodes de commercialisation complètement dépassées. Je vous recommande fortement de lire l'ouvrage de Peters et Waterman, *Le Prix de l'excellence*[1], qui décrit le mode de croissance des sociétés bien administrées. Vous trouverez sûrement dans votre propre ville de petites entreprises que leurs propriétaires dirigent avec passion ! Informez-vous auprès de votre Chambre de commerce et d'organismes similaires.

Une entreprise bien gérée vous en apprendra beaucoup sur le pragmatisme – un synonyme élégant de l'expression « qui fonctionne ». Vous découvrirez également ce qu'est la mise en marché : la vente d'un produit ou service est la pierre angulaire de l'entreprise – rien ne peut fonctionner tant qu'il n'y a pas eu de vente. En outre, vous vous familiariserez avec le sens de l'à-propos (en affaires, l'impatience est le principal problème, m'a déjà confié un cadre), les finances, la politique et les relations. Vous apprendrez les mêmes choses dans une entreprise mal gérée, mais plus rapidement. Vous vous apercevrez que vous n'avez pas besoin d'y rester bien longtemps pour comprendre tout ça !

LA PRODUCTIVITÉ

Sans productivité, une entreprise est condamnée à la faillite. Sans productivité, le mécontentement s'empare de l'employé ou du propriétaire. La productivité est le fruit d'un intérêt authentique. Certaines personnes sont productives, quel que soit leur milieu de travail, parce qu'elles sont intéressées à mener à bien ce qu'elles ont entrepris. Elles sont personnellement motivées et, pour elles, toute tâche est signifiante en soi. Dans la totalité des cas, pourtant, cette volonté de finir ce qu'on a commencé ne va pas plus loin. Tous, nous recherchons en plus d'autres gratifications, comme une compensation financière ou de la considération.

Vous serez productif si vous *aimez* ce que vous faites. Si, par exemple, vous travaillez pour une compagnie qui fabrique un produit qui vous plaît particulièrement, vous communiquerez votre passion au patron, à vos collègues et aux clients. Vous prendrez tous plaisir à fabriquer ce produit que vous aimez personnellement. Et cela vaut pour n'importe quel produit ou service. (Vous êtes-vous jamais demandé pourquoi les personnes qui sont financièrement indépendantes continuent de travailler, alors que rien ne les y oblige ? C'est parce que cela les amuse.) (*Indice-passion* : demandez-vous, parmi tous les services ou produits que vous vous procurez, quels sont ceux que vous *préférez*.)

Vous saurez si votre rendement est bon ou mauvais à la façon dont vous utilisez votre temps au travail ou à la fréquence de vos absences ou de vos retards. Bien des gens qui n'aiment pas ce qu'ils font s'efforcent d'accélérer la fuite du temps en prolongeant à l'extrême les réunions, les pauses café et les déjeuners, et en rêvant tout éveillés. Tout le monde sait que l'industrie américaine est en retard sur celles d'autres pays et qu'elle produit moins en regard du nombre d'heures travaillées.

RESTEZ DANS LE DOMAINE QUE VOUS AIMEZ

Il arrive qu'un employé voit son rendement *diminuer* à la suite d'une promotion. L'exemple classique est celui de la personne qui s'acquitte parfaitement bien d'une tâche donnée et qui, de ce fait, reçoit une promotion afin de surveiller et de motiver ceux qui, désormais, accompliront ce qu'elle faisait jusque-là. Or, gérer la productivité des autres exige des compétences complètement différentes et que ne possède pas forcément cet employé modèle. Supposons que ce soit vous qui prépariez les meilleurs hamburgers dans votre restaurant et qu'à cause de votre habileté on vous charge de surveiller les autres cuisiniers. Vous ne pouvez plus faire ce qui vous plaît vraiment et la frustration vous gagne de voir les autres multiplier les erreurs pendant leur apprentissage. Cette analogie schématise le processus d'attribution des promotions dans la plupart des entreprises. On a donné au résultat final le nom de « Principe de Peter », qui décrit ce qui se passe quand quelqu'un reçoit une promotion et ne peut donc plus accomplir ce qu'il préfère et en quoi il excelle.

On nous a dit à tous qu'il fallait toujours viser plus haut : « Vise la première place, sois un gagnant, mets les bouchées doubles. » Les grandes sociétés ont constamment besoin d'administrateurs et, habituellement, elles commencent par scruter leurs propres rangs avant d'aller voir ailleurs. Bien entendu, la plupart des gens sont attirés à la fois par le prestige d'un nouveau titre et par la possibilité d'être mieux rémunérés. Mais les individus qui seront sélectionnés se demandent rarement si leur nouvel emploi répond à leurs besoins essentiels et à leurs valeurs, valeurs qui peuvent évoluer avec l'âge.

Nous devons prendre conscience de la multitude d'occasions qui s'offrent à nous. Il est possible que vous trouviez ce qui vous convient dans votre propre entreprise. Ou peut-être devrez-vous prendre le temps d'étudier d'autres possibilités, tout en continuant d'occuper votre poste à plein temps. Vous devez comprendre que ce n'est pas en gravissant les échelons au sein de votre compagnie que vous ferez évoluer votre carrière – mais bien plutôt en faisant preuve d'efficacité dans la façon dont vous *supprimerez les limites* qui vous empêchent de découvrir votre « créneau ».

L'HISTOIRE DE JIM

Nous allons maintenant aborder le cas de quelques personnes qui ont su supprimer leurs limites, et voir comment elles s'y sont prises. Le premier exemple est celui d'un directeur des ventes extrêmement compétent, que j'appellerai Jim. Celui-ci avait eu des démêlés avec un équipier difficile et comploteur et ce fut là, me conta-t-il, l'expérience la plus précieuse qu'il ait jamais vécue.

« J'étais incapable de le « déchiffrer ». Il se montrait amical, me répétait que je faisais un travail fantastique (ce que je savais) et semblait très heureux avec moi. Mais j'ai surpris des conversations téléphoniques où il me démolissait et me tenait responsable de tout ce qui marchait mal dans notre territoire.» Jim en attrapa un ulcère qui empira tellement qu'il commença à chercher un emploi ailleurs.

«N'importe quoi, du moment que je n'aurais plus affaire à lui. Puis j'ai découvert qu'il était impliqué dans des transactions malhonnêtes et qu'il avait entrepris de me faire porter le chapeau. C'est à ce moment-là que j'ai compris son jeu. Les types comme lui sont extrêmement manipulateurs et vous amènent à douter de vous-même. C'est intolérable.»

Après avoir pu «déchiffrer» les manœuvres du directeur malfaisant, Jim fut donc en mesure de le prendre de vitesse. «J'étais enchanté de pouvoir renverser la situation – non pas parce que je voulais le «coincer», mais parce qu'après avoir repris confiance en moi j'ai constaté que j'avais une bonne longueur d'avance sur lui. Je pouvais prévoir tout ce qu'il allait faire. C'était fantastique!»

Finalement, le vent tourna en faveur de Jim. Après une magouille de trop, le directeur malhonnête fut renvoyé. (Ne comptez pas sur ce genre d'incident pour être plus heureux – rappelez-vous que Jim avait modifié son mode de pensée *avant* le renvoi.) Et Jim décida de s'associer avec un ami de longue date, qui travaillait dans la même compagnie, pour fonder leur propre entreprise. Ils sont maintenant à la tête d'une entreprise de fret aérien très prospère. Comme vous pouvez le voir, les difficultés de Jim découlaient en partie du fait qu'il était un associé type qui s'était fourvoyé en acceptant de faire équipe avec quelqu'un. En réalité, Jim réunit les caractéristiques du solitaire et de l'associé. Quand il s'est lancé en affaires, il pouvait s'appuyer sur 20 ans d'expérience dans le domaine du marketing et sur une solide connaissance du monde des affaires.

«Lorsque je repense à cette expérience, je me dis qu'elle valait bien un ulcère. Ce directeur m'en a appris davantage sur moi-même que dix ateliers de croissance personnelle!» conclut-il. Cette étude de cas illustre bien comment on peut profiter d'un problème pour mettre la chance de son côté.

Vous trouverez peut-être votre créneau dans une entreprise plus petite. C'est très important de savoir quelle est la taille qui correspond le mieux à votre tempérament. Pour Jim, le fait d'avoir un associé avec qui partager le plaisir de lancer une nouvelle affaire semblait être le meilleur des choix. Quand ils travaillaient encore pour leur ancienne société, ils avaient affronté de nombreuses difficultés ensemble et ils avaient acquis une solide confiance mutuelle. Jim a appris à choisir un « compagnon de renardière » ou, pour reprendre l'expression de Napoleon Hill, quelqu'un avec qui il avait une communion de pensées basée sur la confiance. Ainsi que je l'ai mentionné plus tôt, le changement est un processus angoissant et même les champions comme Jim ont parfois besoin d'un abri. Il me l'a d'ailleurs confirmé : « Finalement, on se retrouve tout seul dans son terrier ; on y survit, puis on apprend à choisir un autre survivant avec qui on partagera sa renardière. »

LES VALEURS INDIVIDUELLES ET
LA RÉUSSITE EN AFFAIRES

Dans *The Entrepreneurs' Manual*[2], Richard White affirme que la personne qui réussit en affaires doit faire preuve d'honnêteté intellectuelle – elle doit être capable de voir les choses telles qu'elles sont et non telles qu'elle les voudrait. De plus, toujours selon White, il doit y avoir correspondance entre ses *valeurs* et ce qu'elle entreprend, sinon son projet sera voué à l'échec, peu importe la qualité du produit ou du service offert. Si le directeur d'une galerie d'art n'est pas convaincu que la valeur esthétique d'une peinture, d'une sculpture ou d'une céramique ajoute à la qualité de la vie, il est peu probable que sa galerie connaisse du succès.

White agit comme conseiller auprès d'investisseurs, hommes et femmes, qui représentent des sociétés intéressées à financer par voie de capital de risque des entreprises qui en sont encore à leurs débuts. Et comme une bonne gestion est essentielle à la croissance de ces jeunes entreprises, les investisseurs, qui veulent obtenir un bon rendement de leurs placements, se renseignent soigneusement sur les administrateurs. Avant d'ouvrir leur bourse, ces bailleurs de fonds évaluent leurs valeurs personnelles et leur maturité – et s'ils estiment que ceux-ci ne font pas l'affaire, ils aideront les propriétaires de l'entreprise à les remplacer ou à leur adjoindre des personnes compétentes. Les investisseurs de capital-risque sont d'excellents agents de recrutement. Ils savent très bien discerner si les valeurs d'une personne sont incompatibles avec son travail, un facteur qui augmente les risques de faillite de l'entreprise.

Le monde du travail est tellement vaste que les personnes douées ont parfois du mal à choisir, justement parce qu'elles sont compétentes dans de nombreux domaines. C'est pourquoi vous devez revoir continuellement l'exercice sur vos besoins et vos valeurs (au chapitre 2). Dès le moment où vous commencez à chercher votre créneau, les possibilités se multiplient, ce qui devrait vous rassurer si leur éventuelle rareté vous inquiétait. Il y a deux façons de considérer la planète Terre : (1) elle se contracte et rétrécit – donc, mes chances sont minces. Ou, dans un langage plus familier : « Il n'y en a pas assez pour tout le monde, alors je dois me servir sans attendre ! » (2) Elle se développe et fourmille de possibilités – mes chances augmentent d'autant. « Le choix ne manque pas et le temps et mon allié. » Laissez à ce processus de « recherche de votre créneau » le temps d'acquérir sa propre dynamique. Il existe quantité d'occasions pour tout le monde.

Il y a beaucoup de similitudes entre la recherche d'un emploi adéquat et celle du parfait amour. Vous devrez peut-être vous y reprendre à quelques reprises avant de tomber juste. *Les gens puissants prennent le temps de soupeser leurs choix.* Et lorsqu'un changement s'impose, ils suivent leur instinct.

L'HISTOIRE D'ED

« Et puis, il y a eu un moment où je me suis dit : ça suffit comme ça », se souvient Ed, un ancien directeur du personnel dans une grande banque. À 40 ans, il s'était rendu compte qu'il ne s'amusait plus du tout – qu'il n'éprouvait plus aucune excitation.

« Au début, on s'imagine que c'est la faute de la banque, de l'institution. Mais, maintenant, je vois clair. Je sais que c'était de la mienne. J'ai découvert que je devais simplement prendre ma destinée en main. »

Ed vient de fêter les trois ans d'existence de son agence de consultants et affirme qu'il ne travaillera plus jamais pour une grosse entreprise. La transition ne s'est pas fait sans mal parce qu'il a dû renoncer à la sécurité d'un chèque de paie et à la compagnie de ses collègues.

« Pendant plus d'un an, j'ai réfléchi à ce projet de me mettre à mon compte. J'ai presque toujours travaillé au service du personnel en passant le plus clair de mon temps à sélectionner et à orienter des gens. Je savais que j'avais les compétences voulues pour faire tout ce qui me tenterait, mais il me fallait d'abord régler la question financière. Abandonner un revenu stable quand on n'a rien devant soi n'est pas une décision qu'on prend à la légère », souligne-t-il. Et les premiers mois ont été pénibles et solitaires.

« Le plus dur, au début, m'a-t-il confié, c'est l'absence d'une équipe. Quand on est à son compte, on est *sa* seule ressource. » (*Vous voyez comment le besoin d'être seul l'emporte sur celui de l'équipe ?*)

Découvrir ses motifs s'est avéré l'étape la plus passionnante du processus. Ed estime que son travail de conseiller en gestion lui donne l'occasion de régler des problèmes d'innombrables façons. Et c'est fondamentalement cette diversité qui l'enchante.

« Le simple fait de ne pas pouvoir être sûr de l'issue d'une réunion avec une équipe de direction a quelque chose d'excitant. Quelquefois, les problèmes sont si nombreux qu'on ne sait pas par quel bout commencer. Je me souviens d'un projet où je devais recruter du personnel et où j'ai fini par restructurer les plans de carrière des administrateurs et voir à leur application : synchronisation, revenu, formation, enfin tout. »

Ed admet volontiers qu'il est resté trop longtemps dans la mauvaise branche : « La banque, c'est parfait pour ceux qui recherchent la structure, la sécurité, l'appui de l'administration. Ce n'est définitivement pas pour moi. »

À en croire Ed, son prochain problème sera probablement de trouver comment accepter plus d'affaires qu'il ne peut en traiter ! Son besoin de devenir son propre patron illustre le cycle de sa croissance personnelle, un cycle que nous vivons tous.

VOS BESOINS PEUVENT CHANGER

Revenons à Richard White, ce conseiller et auteur que j'ai cité plus tôt. Selon lui : « Un travailleur imaginatif se sent perturbé lorsque son entreprise ne tient plus compte de son esprit novateur. La maximalisation des bénéfices est primordiale pour les actionnaires, mais elle peut avoir un effet contraignant sur les individus créatifs et qui préfèrent agir à leur façon. Ceux-ci deviennent nerveux, commencent à envisager de changer d'emploi et finissent généralement par démissionner quand ils ne se font mettre à la porte avec perte et fracas. » White soutient que l'adéquation d'un emploi se concrétise lorsque celui-ci satisfait les besoins intimes de l'individu. Un besoin est une force, une envie, un désir, conscient ou inconscient. Une personne qui vient d'entrer sur le marché du travail pourra se soucier davantage des aspects tangibles, prestigieux. Mais elle finira, avec le temps, par souhaiter qu'on reconnaisse l'importance de son travail, tant pour elle que pour son entreprise.

« Le salaire que l'on gagne n'entre pas non plus en ligne de compte, précise White. Si le travail ne comble pas nos besoins, on cherchera à les satisfaire autrement et pas toujours de façon constructive. » Ulcères, cardiopathies, alcoolisme – c'est vraiment tragique de voir tout ce qui menace ceux qui n'aiment pas leur travail. Les problèmes affectifs conservent des proportions raisonnables quand on aime ce qu'on fait. Il est d'ailleurs surprenant de constater le nombre de problèmes qui disparaissent, une fois que mes clients ont trouvé leur créneau !

Tant Ed que Richard White conseillent de garder son emploi le plus longtemps possible, pendant qu'on étudie de nouvelles possibilités, qu'on assimile de nouvelles idées et qu'on se fixe de nouveaux objectifs.

« On apprend la patience quand on travaille pour une entreprise, remarque White. Les affaires sont un jeu qui, après tout, n'est pas si mal si on le compare à d'autres. Projets et décisions peuvent prendre des mois et même des années à se décanter. Mais quand vous vous sentez prêt à prendre vos propres décisions, vous pouvez enfin vous aventurer dans l'inconnu. »

L'HISTOIRE DE KEVIN

Qui sait si ce n'est pas justement *là où vous êtes actuellement* que réside votre véritable créneau. La première chose à faire, cependant, c'est de déterminer la cause de votre malaise. Peut-être s'agit-il d'un conflit personnel ou social, plutôt que de votre emploi comme tel. On en a un bon exemple avec le cas de Kevin, un jeune homme qui n'arrivait pas à démêler ses besoins. Âgé de 27 ans, il réussissait très bien dans son domaine, la vente d'équipement haut de gamme pour les sports de plein air.

Je l'interrogeai sur la nature de son problème, parce que j'avais l'impression que sa carrière se déroulait normalement.

« Le temps me file entre les doigts. J'éprouve, il me semble, le besoin de penser davantage à l'avenir et je me suis aperçu que mon travail ne me plaît plus du tout. »

Je demandai à Kevin de faire quelques-uns des exercices prescrits dans ce livre, afin de pouvoir mieux cerner sa situation. Leur analyse révéla énormément de colère et de ressentiment. Ce besoin de changer de créneau était inhabituel parce que Kevin *réussissait* dans un domaine qui lui plaisait. Mais nous finîmes par découvrir que sa colère et sa rancune prenaient leur source dans une enfance dépendante. Kevin me raconta qu'il n'avait pas pu choisir son université et qu'il avait rarement la possibilité de faire des choix importants. Pourtant, les tests nous avaient appris qu'il était un décideur sûr de lui. Il était autonome et n'avait pas besoin de s'appuyer sur un groupe ; il était audacieux et nullement timide. Mais, quand il était petit, ses parents, qui vivaient dans une confortable aisance, avaient décidé qu'il avait besoin d'être protégé et prenaient presque toutes les décisions à sa place. Kevin s'était plié à leur volonté, convaincu qu'ils avaient raison.

Il arrive que des parents fortunés éliminent certains des champs d'expérience qui façonnent les jeunes caractères. Les adultes qui font leur chemin se sont souvent familiarisés très tôt avec le processus décisionnel. Ils apprennent d'abord qu'ils *peuvent* prendre une décision. Ils apprennent ensuite à ne pas *craindre de trancher*. Et, en troisième lieu, ils apprennent que, quelle que soit leur décision, il en résultera *plus de bien que de mal*. Fondamentalement, vous apprenez à avoir confiance en vous et en la qualité de votre expérience, indépendamment de son issue.

Kevin avait également tendance à se montrer méfiant, exigeant et impatient. Il avait l'impression que les gens guettaient toujours le moment de l'exploiter. L'inquiétude qu'il exprimait face au « temps qui file » était un bon indice de la façon dont il se percevait : il était incapable de « s'en sortir » tout seul. Et sa réussite n'atténuait en rien cette conviction. Il s'attendait à l'échec, le programmait même en fait et, à cause de sa colère et de sa méfiance grandissantes, il était évidemment sur le point de perdre ce qu'il possédait déjà. Sa situation illustre une fois de plus comment la peur peut dominer notre esprit.

Kevin commença à entrevoir la solution à son problème en devenant davantage conscient de lui-même. Les résultats des exercices lui apprirent qu'il était très autonome et qu'il n'avait besoin de personne pour décider à sa place. Il *aimait* s'en charger lui-même. Ces résultats nous apprirent aussi comment il se percevait par rapport aux autres. Il découlait de l'analyse objective à laquelle il s'était soumis qu'il avait une personnalité hors du commun et était très doué. Finalement, comme sa *véritable* image lui plaisait, son enthousiasme, son intérêt et sa confiance augmentèrent.

Kevin se rendit compte qu'il en voulait à ses parents (et à toutes les figures d'autorité) parce que, à son avis, ils ne le laisseraient jamais faire ses propres choix. Mais, sachant désormais qu'il pouvait prendre des décisions judicieuses, il en vint à ne plus avoir peur d'échouer. Au fond de lui-même, il avait craint de ne pas réussir à s'en sortir tout seul. Et s'il en était demeuré convaincu alors que tout, dans son poste actuel, lui prouvait le contraire, c'était parce qu'en vertu d'une croyance héritée de l'enfance il se croyait condamné à l'échec au-delà de certaines limites.

Kevin n'avait pas besoin de chercher un autre créneau et il a donc conservé son emploi. Maintenant qu'il sait que celui-ci n'avait rien à voir avec son problème, il est enchanté de son sort. Bien des gens sont convaincus qu'un changement radical est la seule solution à leur insatisfaction du moment. Cela revient à jeter le bébé avec l'eau du bain. Avant de démissionner, analysez vos relations avec les autres et interrogez-vous sur la nature de votre « profil ». La solution se trouve peut-être là où vous êtes ! La gestion du travail, tout comme celle de la vie, est un processus sans fin. Nous devons tous continuer à nous perfectionner, à passer des tests et à chercher les bonnes réponses.

L'HISTOIRE DE JO

L'une de mes clientes a découvert que son poste cadrait parfaitement avec son profil relationnel. Il s'agit de Jo, qui est la seule femme à avoir accédé au poste de vice-présidente dans une importante compagnie de téléphone. Le monde des affaires, admet-elle, répond à ses besoins intérieurs. Jo aime son travail – qui consiste à diriger 18 000 téléphonistes –, parce qu'il lui permet à la fois de prendre des risques et de travailler en équipe.

« Si je pouvais revenir en arrière, je prendrais beaucoup plus de risques et beaucoup plus tôt. Il m'a fallu trop de temps pour découvrir combien je suis compétente », constate-t-elle en riant. Jo dit qu'elle doit cette découverte à un patron qui l'a constamment épaulée. C'est pour cette raison, et bien d'autres, que sa compagnie lui convient.

« J'ai aidé beaucoup de jeunes loups à gravir les échelons de la compagnie. Et quand mon patron m'a demandé si je voulais aider une autre femme à obtenir un poste supérieur au mien, j'ai réagi en décidant qu'il était grand temps de me « propulser » moi-même. Subitement, tout a changé de perspective. J'ai compris à quel point j'avais l'esprit de compétition et que ce n'était pas la compagnie, mais seulement moi, qui freinait ma progression. » Après cette conversation avec son patron, Jo a visé un poste de haute direction.

Jo conseille de procéder à une auto-analyse rigoureuse, surtout dans le cas des femmes qui sont en pleine ascension. Celles-ci, à son avis, devraient comprendre qu'il faut longtemps avant de devenir une gestionnaire efficace.

« Je donne énormément de mon temps à ma compagnie – dîners, réunions, conférences. Cela me convient, mais il en est pour qui cela ne vaudra pas la peine de faire tant d'efforts. Il faut constamment se poser des questions essentielles », souligne-t-elle. (Son esprit d'équipe, la possibilité de se faire valoir dans un cadre plus vaste, tout cela explique pourquoi elle accepte volontiers de faire les compromis nécessaires. Mais le solitaire et l'associé seront moins portés à en faire autant.)

Ces questions « essentielles » dont nous parlait Jo sont les suivantes :

1. Combien de temps suis-je prêt à consacrer à mon travail ?

2. Qu'est-ce que je ressens quand il y a conflit entre mes obligations professionnelles et des projets personnels qui me tiennent à cœur ?

3. Est-ce bien là le genre de travail que je veux *vraiment* continuer de faire?

4. Est-ce que les responsabilités sont compensées par les avantages?

5. Est-ce que je me sens à ma place dans cette entreprise?

6. Est-ce que j'aime ce produit ou ce service?

7. Est-ce que je donne mon maximum en exploitant tout mon potentiel?

Une bonne partie du travail de Jo consiste à concevoir un milieu de travail qui réponde aux besoins des stagiaires. Le défi est grand, dit-elle, mais on est largement récompensé pour sa peine. Et comme l'un des principaux objectifs de sa compagnie est de favoriser les communications entre les individus, il y a donc concordance entre ses valeurs et celles de l'entreprise. Enfin, les chances de promotion et de prestige, deux de ses besoins primordiaux, sont nombreuses.

« Chacun d'entre nous a la possibilité de provoquer le changement, du moment qu'il le souhaite et est capable de l'amorcer en lui-même. Lorsque j'ai compris que je restais sur la touche pour donner leur chance aux hommes, j'ai découvert d'innombrables occasions de progresser. Il y a toujours des problèmes à résoudre », affirme-t-elle.

Jo aime encourager les femmes à prendre plus de risques, à apprendre comment devenir puissantes et à aller droit au but. « Mais, surtout, les femmes qui évoluent dans le monde des affaires ont besoin de savoir que c'est tout à fait normal de rire. Je pense parfois que la femme de carrière moderne prend la vie trop au sérieux. Si on ne sait pas rire de soi-même et des événements, le jeu n'en vaut pas la chandelle. »

Jo commence à songer à autre chose pour l'avenir. Quand son rôle au sein de la compagnie aura pris fin, elle aimerait bien se lancer en affaires. « Je serais un fantastique entrepreneur. J'aurais un plaisir fou à prendre tous ces risques. »

La plupart des gens veulent avoir la chance de faire leur marque dans leur entreprise, mais certains n'ont tout simplement pas su choisir la bonne.

Finalement, pour trouver votre créneau, la bonne question est peut-être moins « quoi » que « où ». Jo soutient que, quand on ne supporte plus ce qu'on fait, il faut avoir le courage de démissionner et de chercher autre chose. Elle ajoute que bien des gens qui seraient beaucoup mieux ailleurs restent à la compagnie de téléphone pour une question de sécurité. Quant à elle, son premier choix, fait il y a plus de 30 ans, s'est avéré le bon.

Le changement est angoissant. Et les pressions internes et externes en faveur du statu quo sont énormes. Mais la sécurité et la certitude ne sont rien à côté de tout ce que vous gagnerez en faisant ce qui vous plaît vraiment. Selon ceux qui ont fait le saut et procédé à des changements, on bénéficie de toute la sécurité voulue quand on atterrit au bon endroit, après avoir écouté ses passions.

ET LE SECTEUR PUBLIC ?

Bien des gens trouvent très enrichissant de travailler pour le gouvernement ou pour un organisme à but non lucratif. Contrairement au secteur privé qui génère ses propres revenus grâce à la vente, le secteur public doit compter sur des contributions ou des subventions (privées ou gouvernementales). Des jugements d'ordre politique sur la valeur *sociale* des programmes et la lutte menée par les intéressés pour obtenir une partie des fonds disponibles déterminent les sommes qui seront allouées à un projet donné. Les domaines sont vastes – les soins de santé, les arts, les bibliothèques, les organismes chargés de faire respecter les lois et tous les niveaux de gouvernement : municipal, régional, provincial et fédéral. Des carrières stables, intéressantes, gratifiantes et enrichissantes attendent ceux qui souhaitent se joindre à un organisme public. La fonction publique offre de nombreuses possibilités, même dans une petite ville.

L'HISTOIRE D'ADRIAN

Une administratrice municipale me racontait que son travail était semblable à celui d'un chef d'orchestre. Elle n'avait pas besoin de savoir jouer de tous les instruments, mais plutôt de savoir comment les amener à jouer à l'unisson. Ce rôle la fascinait. Elle s'occupait de politique depuis son adolescence et avait étudié en sciences politiques à l'université. Sa passion concordait avec son emploi.

Au cours de sa dernière année d'université, Adrian avait effectué un stage à l'hôtel de ville et s'était prise de passion pour l'interaction dynamique des divers groupes de pression. Mais ce qui lui avait surtout plu, c'étaient les rapports entre l'administration et le conseil municipal, parce qu'elle se tenait ainsi au courant des préoccupations locales. Elle avait également été séduite par les relations publiques – parler aux représentants de la presse et des autres médias. Et comme ses fonctions la maintenaient en contact avec la base du gouvernement local, elle avait pu se bâtir un solide réseau de relations au sein de sa collectivité.

Par ailleurs, Adrian avait découvert que le véritable rôle d'un administrateur municipal consistait à agir comme conseiller, ce qui cadrait on ne peut mieux avec sa personnalité. Elle qui avait fait de la nature humaine son champ d'intérêt, il lui fallait affronter chaque jour des problèmes qui exigeaient des décisions politiques.

« Après tout, nous sommes tous des êtres humains qui essaient d'obtenir ce qu'ils considèrent comme leur juste part des ressources. Les revenus fiscaux ne sont pas illimités. Je dois constamment faire de l'acrobatie pour voir à ce que ces ressources soient réparties équitablement. Ce qui nous ramène à la question : « Qu'est-ce qui est équitable ? »

« La fonction publique peut s'avérer extrêmement gratifiante. Il y a quelque temps, j'ai participé à des rencontres qui visaient à convaincre des citoyens et le conseil municipal des avantages qu'il y aurait à construire des logements à loyer modique pour les personnes âgées. C'était un projet auquel je tenais beaucoup parce que j'ai vu les effets du coût du logement sur les gens qui ont un revenu fixe. Nous devons localement faire tout ce que nous pouvons pour aider les personnes âgées. Les collectivités doivent prendre des initiatives et assumer leurs responsabilités afin de résoudre leurs propres problèmes », souligne-t-elle avec force.

Comme vous pouvez le constater, Adrian, qui est une « équipière » type, vit en harmonie avec ses valeurs, une certaine pertinence sociale doublée d'altruisme. Elle peut se servir de l'action politique pour obtenir des résultats qui sont importants à ses yeux. Elle a l'intention, parmi ses objectifs à long terme, de se consacrer davantage aux personnes âgées.

« J'estime que nous négligeons l'une de nos ressources les plus importantes, la sagesse des aînés. Cela fait trop d'années que nous vivons dans l'esprit de la « génération Pepsi » ; je veux aider à sensibiliser la collectivité à la valeur des années vécues après 65 ans », précise-t-elle. Les personnes âgées offrent des ressources beaucoup trop grandes pour que nous continuions à les ignorer plus longtemps. Elles aussi sont passionnées – et elles prennent déjà les devants en cherchant comment se rendre utiles à la société. Bon nombre d'entre elles jouent maintenant un rôle actif dans la collectivité, en assumant des tâches tant bénévoles que rémunérées.

Travailler pour le gouvernement ou pour ses organismes exige des qualités de leadership très particulières. Les possibilités sont nombreuses pour ceux qui ont une vision réaliste et la *patience* de progresser parmi le labyrinthe de comités et de fonctionnaires – c'est-à-dire de la bureaucratie. Pourtant, ainsi qu'Adrian pourrait en témoigner, les avantages sont inestimables.

L'HISTOIRE DE JAMES

« Cela en vaut la peine si vous savez garder vos yeux fixés sur les résultats. Ceux-ci ne correspondent pas forcément à ce que vous aviez en tête, mais les choses changent, quoique lentement », remarquait James, qui détient un doctorat en administration publique et est directeur des finances pour un organisme qui s'occupe des sytèmes de santé. Tout comme Adrian, James a commencé à s'intéresser à la fonction publique pendant ses études universitaires. Il se spécialisait alors en gestion budgétaire et s'est aperçu qu'il aimait organiser, prévoir et distribuer les subsides gouvernementaux. Il exerce ses fonctions au niveau du comté et son travail le met en contact avec des organismes étatiques et fédéraux, des sources de financement et des administrateurs d'hôpitaux.

« Le secteur de la santé est en pleine croissance et j'aime aider les pourvoyeurs (hôpitaux, maisons de repos, etc.) à atteindre leurs objectifs. Les problèmes portent sur l'endiguement des coûts, alors je mets à profit mes connaissances en matière de prévisions budgétaires et je leur fournis des informations financières qui sont vitales pour la réussite d'un programme, quel qu'il soit. Je donne également, au niveau de la maîtrise, des cours d'administration publique à des spécialistes des soins de santé. Cela me permet de rester au courant des plus récents progrès. J'aime enseigner et le domaine de la santé déborde de possibilités. On a toujours besoin de sang neuf, si vous me passez l'expression», conclut-il en riant.

Selon James, l'exercice de la médecine s'apparentera de plus en plus à une forme d'entreprise. Et ce, parce que les compagnies d'assurances et les bailleurs de fonds gouvernementaux rechercheront les prix les plus compétitifs pour des services médicaux de toute nature. On est déjà en train d'adopter de nouvelles formules pour faire contrepoids aux coûteux traitements hospitaliers. C'est ainsi qu'on ouvre de petites cliniques externes pour diminuer les hospitalisations et que les fabuleux progrès accomplis dans le domaine de la technologie médicale permettent de réduire les coûts et de couper dans le personnel.

James conseille à tous ceux qui éprouvent une passion pour les soins de santé de se documenter à fond avant de passer des années à acquérir une formation dans une branche qui n'aura peut-être plus sa place dans le futur contexte des soins médicaux : «Discutez avec des administrateurs d'hôpitaux, des médecins, des technologues, des infirmières et d'autres professionnels de la santé de votre région. Il y aura des ouvertures, mais seulement pour ceux qui seront capables de concevoir les soins de santé comme une entreprise. D'ailleurs, même si les changements entraînent un certain bouleversement, ce sera finalement le consommateur qui profitera économiquement d'un système plus efficace et moins porté au gaspillage. »

Adrian et James sont tous deux d'avis que la meilleure façon de savoir si un poste dans la fonction publique vous conviendra consiste à rencontrer d'abord des fonctionnaires, selon le principe de la «consultation».

«Les gens qui travaillent dans la fonction publique sont très accessibles, peut-être même plus que ceux du secteur privé, commente Adrian. J'ai rencontré nombre de maires, d'administrateurs, de conseillers et d'employés municipaux avant de décider que c'était bien le domaine qui me convenait. J'ai débuté comme simple employée et j'en ai fait plus qu'on ne m'en demandait (*l'une des clés du succès*) ; j'ai aussi rencontré le rédacteur en chef du journal local et je lui ai posé un tas de questions sur la municipalité. Tous ont été enchantés de voir que je m'intéressais autant aux mêmes choses qu'eux. La réciprocité d'intérêts est un véritable « sésame, ouvre-toi ». »

« On accède à un poste dans le gouvernement d'une tout autre façon que dans le secteur privé, il faut être inscrit sur des listes d'admissibilité, passer des tests, etc. Cela dit, si vous voulez être engagé dans la branche qui vous intéresse, vous devez quand même vous renseigner et savoir « qui est qui ». Assistez à des réunions municipales, provinciales et autres, écrivez des lettres et rencontrez les *bonnes* personnes, conseille James. Que nous soyons choisis ou non, nous poursuivons tous les mêmes objectifs. Notre travail consiste à satisfaire l'intérêt public. »

Si vous aimez sa dimension altruiste, c'est peut-être dans le secteur public que vous trouverez votre créneau. Familiarisez-vous avec les gens et les activités, et voyez si les uns et les autres éveillent votre intérêt et votre enthousiasme. Et n'oubliez pas ceci : vous saurez que c'est effectivement votre créneau si vous « en tombez amoureux », si vous êtes fasciné, si c'est votre *passion*. Faites en sorte qu'il y ait concordance entre votre passion et votre travail. Vous saurez alors à quel point vous êtes quelqu'un de puissant – vous saurez comment trouver votre créneau.

RÉSUMÉ

> **Cinquième secret de la passion : les gens puissants savent comment trouver leur créneau. Ils suivent leur passion.**

1. Les *relations* sont la pierre angulaire de toute entreprise.

2. Quel est le profil relationnel qui vous ressemble le plus : *l'associé, l'équipier, le solitaire*?

3. La clé de la productivité consiste à faire ce que vous aimez.

4. *Demeurez* dans le créneau qui vous satisfait.

5. Dans quel genre d'entreprise vous sentez-vous le plus à l'aise ? Une petite entreprise (0-20 employés) ? Une de taille moyenne (20-500 employés) ? Une grosse société (500 employés et plus) ?

6. Consacrez 30 minutes par jour à lire des articles sur les domaines, emplois ou compagnies où les gens ont du plaisir à faire ce qu'ils font. Vous pouvez apprendre beaucoup de choses dans les journaux, les revues, les livres et les bulletins d'entreprise.

7. Voyez le monde du travail tel qu'il est : illimité et regorgeant de problèmes à résoudre : des problèmes qui concernent des individus, des données et des produits.

8. Passez quelques minutes par jour à réfléchir à vos choix antérieurs. Avant d'accepter votre emploi actuel, vous étiez-vous demandé s'il cadrait avec votre personnalité ?

9. Êtes-vous attiré par l'entrepreneuriat ? Si c'est le cas, renseignez-vous sur cette sphère d'activité, étudiez-la. Êtes-vous doté d'une grande honnêteté intellectuelle ? Pouvez-vous voir les choses (les gens, les lieux, les événements) telles qu'elles *sont* – et non telles que vous les souhaiteriez ?

10. Qu'en est-il du secteur public ? La politique vous intéresse-t-elle ?

11. Rectifiez fréquemment votre plan en tenant compte de vos nouvelles connaissances. Prenez quotidiennement des notes sur ce que vous ressentez. L'auto-analyse ressemble au réglage minutieux d'un instrument de précision – vous !

12. Avez-vous confiance dans vos décisions ? Aimez-vous prendre des décisions ? Êtes-vous satisfait de vos décisions antérieures ? Qu'aimeriez-vous changer ?

13. Que pourriez-vous faire pour résoudre des problèmes dans votre emploi actuel ?

14. Pensez-vous que, parce que vous êtes une femme, vous devez vous effacer devant les hommes ? Pensez-vous que, parce que vous êtes une femme qui travaille, vous devez faire preuve d'un sérieux immuable ? Riez-vous souvent – et de bon cœur ?

15. Pensez-vous que, parce que vous êtes un homme, vous devez faire preuve d'un sérieux immuable ? Riez-*vous* souvent – et de bon cœur ?

6

LA VALEUR INESTIMABLE
DE LA RECHERCHE

Au cours de cette sixième étape qui vous rapprochera de votre passion, vous apprendrez comment effectuer une recherche sur les personnes et les entreprises qui vous intéressent. Car, si vous voulez des informations précises, vous devez savoir où vous les procurer. Je vous montrerai, dans ce chapitre, comment utiliser celles qui sont facilement disponibles afin que vous accumuliez suffisamment de connaissances pour pouvoir discuter en toute confiance avec les personnes que vous rencontrerez. Votre recherche aura pour but de vous familiariser avec les progrès accomplis dans les secteurs professionnels auxquels vous vous intéressez. Elle consistera à repérer des entreprises, de même que des gens qui y travaillent, correspondant aux six principaux sous-groupes de professions que vous aviez choisis (dans le cadre du chapitre 4).

> Sixième secret de la passion : les gens puissants sont captivés par le processus même de la recherche ; ensuite, ils passent à l'action en se basant sur les informations qu'ils ont recueillies.

C'est leur capacité de supporter l'incertitude et d'agir à partir d'informations incomplètes qui les distingue des gens moins puissants. Les personnes qui connaissent la réussite atteignent leurs objectifs. Leur courage et leur clairvoyance incitent au respect. Ils n'ont pas besoin, pour agir, d'être totalement sûrs des données qu'ils possèdent. Il leur suffit d'avoir une certitude raisonnable.

Peut-être vous rappelez-vous certaines périodes où vous aviez beau chercher, vous n'aboutissiez à rien ? Un samedi passé à faire du lèche-vitrines dans un grand centre commercial ressemble un peu à ça. Il y a tellement d'articles – tellement de marques, de styles, de couleurs, le choix est infini. Et, au bout de deux heures, vos sens sont tellement saturés que vous n'avez plus qu'une idée en tête : filer au plus vite.

Pour les gens puissants, la recherche est, de par sa nature même, un processus fascinant. Ils ont un ardent désir d'apprendre et sont ouverts à toute information. Ils apprennent à éliminer rapidement ce qui ne leur sert pas. Ils impriment un certain rythme à leur cueillette de renseignements, tout en demeurant conscients des détails et de la façon dont ceux-ci s'insèrent dans un ensemble plus vaste.

Voyons une autre définition du pouvoir personnel. *Le pouvoir personnel consiste à savoir que nos décisions sont fondées sur des choix – des choix effectués librement.* Il y a une grande différence entre le fait d'être aiguillonné par le pouvoir et celui de jouir d'un pouvoir personnel. Dans le premier cas, les gens conservent rarement le pouvoir qu'ils auront acquis, parce que ceux qui les avaient aidés à « arriver » leur retirent leur appui. Vous vous souvenez du principe de la réciprocité (deux personnes ou plus partageant des intérêts similaires) ? Lorsqu'on transgresse ce principe suffisamment souvent, lorsqu'on prend davantage qu'on ne donne, cela déclenche un effet boomerang. Cela peut prendre des semaines, des mois ou des années, mais il vient toujours un moment où il faut payer la note. Et on assiste alors à la chute des personnes influentes, avides de pouvoir.

Si le pouvoir est la capacité d'agir, une recherche correctement menée devrait vous inciter à passer à l'action. Car la connaissance de la vérité libère de la peur. Et c'est bien là votre but, n'est-ce pas : faire un travail que vous aimez, avoir des associés agréables et gagner suffisamment d'argent pour subvenir à vos besoins et à ceux de votre famille ? Lorsque vous menez une vie placée sous le signe du pouvoir, vous ne subissez plus le stress qui naît de la frustration de faire autre chose que ce que l'on souhaite vraiment.

Au chapitre 4, vous avez lu l'histoire de Jane qui se cherchait un emploi comme médiatrice. J'avais brièvement expliqué comment elle avait édifié son plan (qui l'a conduite à sa passion – une carrière dans le transport et le droit maritimes). Revenons sur ces quatre étapes préliminaires : (1) déterminer vos forces exploitables ; (2) déterminer votre profil relationnel ; (3) effectuer une recherche sur le domaine visé ; et (4) téléphoner aux entreprises pour obtenir de la documentation.

PREMIÈRE ÉTAPE :
DÉTERMINEZ VOS FORCES EXPLOITABLES

Après avoir identifié ses forces exploitables, Jane les avait étudiées et mémorisées jusqu'à ce qu'elle les connût aussi bien que sa propre adresse. Elle connaissait également ses valeurs et savait ce qu'elle attendait d'un milieu de travail et avec quel genre de personnes elle voulait collaborer. Ce tout dernier point est extrêmement important !

Vous avez découvert quelles sont vos forces lorsque vous avez dressé la liste des choses qui vous plaisent dans la vie (chapitre 2). Souvenez-vous que vous utilisez vos forces personnelles lorsque vous vous intéressez intensément à ce que vous faites. Et vous aurez également découvert vos valeurs si, au chapitre 2, vous avez rempli (tout comme Jane l'avait fait) les blancs dans la section où vous aviez ramené vos choix à cinq valeurs.

DEUXIÈME ÉTAPE :
DÉTERMINEZ VOTRE PROFIL RELATIONNEL

Jane avait ainsi appris qu'elle aimait travailler en association autant qu'en équipe, et profiter de sa facilité à s'entendre avec les gens pour élaborer des compromis satisfaisants. Travailler dans un milieu harmonieux lui procurait énormément de plaisir et son rendement s'en trouvait accru. L'idée que vous passez davantage de temps avec vos collègues qu'avec la personne que vous avez épousée est assez déconcertante. Pourtant, la plupart des gens acceptent un emploi après seulement deux ou trois entrevues. Cela fait penser à cette fille qui avait cherché tant et plus « l'homme de sa vie » pour finalement jeter son dévolu sur quelqu'un sans même prendre la peine d'y réfléchir à deux fois. C'est vraiment une façon ridicule de choisir un associé. Et un emploi est essentiellement une association fondée sur des relations entre vous-même et ceux qui ont choisi d'effectuer un travail similaire. On se rend rarement compte de toutes les possibilités que peut offrir une carrière. Mais vous pourrez avoir et aurez effectivement accès à toutes ces possibilités, quand vous aurez compris que la personnalité joue un rôle déterminant dans le choix d'un emploi.

TROISIÈME ÉTAPE :
EFFECTUEZ VOTRE RECHERCHE

Prenez le temps de vous documenter sur les entreprises qui ont retenu votre attention. Quand vous connaîtrez la réponse à ces questions – qui, quoi, où, quand, comment et pourquoi –, vous serez prêt à considérer une proposition. Mais, en attendant, pas question de convoler !

Qui : Trouvez les noms des personnes qui ont fait leur marque dans le domaine choisi. Quel est leur profil ? Associé, équipier, solitaire ?

Quoi : Quelle est l'activité commerciale qui génère les revenus ? Quelle est la structure de l'entreprise ?

Où : Quelle est la répartition géographique des diverses branches de l'entreprise ?

Quand : Depuis quand cette entreprise existe-t-elle ? A-t-elle un caractère saisonnier ?

Comment : Comment procède-t-elle à la commercialisation de ses produits ou services ? Comment fait-elle sa publicité ? Comment les produits sont-ils conçus ? Comment les services sont-ils fournis ?

Pourquoi : C'est là la question la plus importante de toutes ! Pourquoi cette entreprise existe-t-elle ? À quel créneau du marché répond-elle – social, économique, philosophique, agréable, pratique, esthétique, intellectuel ? Un mélange de ceux-ci ?

Reprenez vos exercices sur les catégories d'emplois (chapitre 4) et examinez les domaines qui avaient éveillé votre intérêt. Passez à la dernière tranche – les six principaux sous-groupes sur lesquels vous aviez arrêté votre choix. Commencez par le premier et réfléchissez à toutes ses facettes. Supposons qu'il s'agisse du secteur financier. Combien de facettes peut-il comporter ? Des douzaines, littéralement. Les finances comprennent énormément d'aspects comme la circulation des capitaux, l'octroi de crédits, les placements ou le financement des installations bancaires.

Ce seul exemple illustre bien tout l'éventail des possibilités qui s'offre à vous dans tous les domaines. Maintenant que vous avez vu comment cerner le secteur financier, procédez de la même façon pour vos six principaux sous-groupes. Puisque vous connaissez le rôle de l'argent dans le monde de la finance, habituez votre esprit à créer des images, à se représenter des situations. Si ce domaine fait partie de vos sous-groupes, comment vous voyez-vous dans un milieu dominé par l'argent ? Procédez-vous à des opérations de change, vous occupez-vous de la circulation des capitaux, de l'octroi de crédits, de placements ? Travaillez-vous dans une banque ? Êtes-vous un courtier en valeurs mobilières ?

L'un de mes clients s'était livré à une analyse détaillée de tous les emplois qui interviennent dans la production, la mise en marché et le rayonnement d'un simple livre. Je la reprends ici pour montrer les innombrables possibilités du monde du travail et pour stimuler votre imagination pendant que vous poursuivrez votre recherche.

Les emplois qui se cachent derrière un livre

Commençons par l'arbre : le forestier, le généticien des végétaux, les travailleurs forestiers de toutes catégories, les services de soutien pour ces derniers (ventes de biens fonciers, construction, ingénieurs civils, machinerie lourde – conducteurs, contremaîtres, ventes, fabrication, etc.). Les ingénieurs industriels, le camionnage (conducteurs, administrateurs, vendeurs, manufacturiers), les entrepreneurs, les financiers, les banques et établissements de crédit. Les traiteurs et les responsables de l'hébergement pour toutes ces catégories. Les services juridiques pour toutes ces catégories. Les organismes gouvernementaux fédéraux, provinciaux et municipaux.

L'arbre est en route pour la scierie : l'acheteur, l'ingénieur papetier (chimiste du papier, ingénieur civil, ingénieur industriel), l'architecte de la scierie, les travailleurs de la scierie (spécialisés et journaliers), le responsable du marketing, les services de secrétariat ; les services financiers, juridiques et politiques, les services de soutien et / ou de réglementation internes et externes ; les concepteurs de produits qui collaborent avec la clientèle et les ingénieurs pour mettre des produits nouveaux et améliorés, pour maintenir la qualité des produits existants et pour concevoir de nouveaux systèmes de production. Les services de ventes, les services de publicité internes et externes (artistes, relationnistes-conseils, rédacteurs publicitaires, services administratifs et de soutien).

Entre temps, devant sa machine à écrire, son traitement de texte ou autre, nous avons le responsable de toute cette activité : l'auteur (ou les auteurs). Les recherchistes, bibliothécaires, dactylos, agents littéraires, les papeteries et les magasins d'équipement de bureau (et toutes les opérations d'achat et de vente qui s'ensuivent), les revues, les ouvrages sur l'art d'écrire (et tous les systèmes de soutien qui les produisent – d'autres auteurs, les rédacteurs, éditeurs, vendeurs, services d'abonnement, artistes, graphistes et concepteurs, etc., etc.). Le secteur graphique (artistes, concepteurs, typographes) ; les rédacteurs, éditeurs, vendeurs, les services publicitaires, les responsables de la programmation radio et télé. Les services financiers, juridiques et de secrétariat pour tout ça. Les spécialistes des relations publiques et du marketing, les éditeurs et les distributeurs, les représentants de maisons d'édition, les libraires, les bibliothécaires, les acheteurs des clubs de livres et les critiques littéraires.

Les clients – dont la plupart ont l'argent en main, sont vivement intéressés par le sujet et s'empresseront de conseiller à d'autres d'acheter le livre.

Et puis, malheureusement, nous avons les entrepreneurs qui achètent et vendent ou détruisent les invendus de l'éditeur ; les ouvrages détruits retournent à l'usine de pâte et le cycle recommence.

Si le livre rapporte suffisamment à tout le monde, nous pourrons ajouter les agents de voyages, les conseillers et courtiers en placements, les comptables et les fiscalistes, les agents immobiliers, les décorateurs d'intérieurs et tous leurs services de soutien. Et les services juridiques – que vous perdiez ou gagniez, les hommes de loi vous suivront partout (contrats, copyrights, poursuites judiciaires, etc. ; et même jusqu'au Jugement dernier, alors qu'ils s'occuperont probablement des arrangements avec saint Pierre).

Repérez les sociétés correspondant à votre champ d'intérêt*

Nous sommes tellement bombardés de mots que leur sens perd parfois de sa précision avec le temps. Consultez votre dictionnaire pour vérifier la définition de chacune des catégories que vous aurez choisies. Mettez votre imagination à l'épreuve en feignant de découvrir ce mot avec la curiosité d'un enfant de 10 ans. De cette façon, vous n'aurez aucune idée préconçue et vous saurez mieux apprécier les divers concepts.

Sélectionnez ensuite des entreprises ou des organismes correspondant à votre champ d'intérêt. Vous pouvez procéder de deux façons et vous découvrirez que ce type de recherche est très amusant.

1. Rendez-vous à la bibliothèque municipale et demandez les annuaires des professions. Vous y trouverez les noms des sociétés que vous recherchez et qui sont établies dans votre région. Elles sont classées par ordre alphabétique et par territoire géographique.

    Revenons à notre exemple du secteur financier. Vous trouverez, sous les rubriques pertinentes, une longue liste de banques, d'institutions de crédit et de compagnies de financement. Choisissez-en six. (Vous pourrez toujours consulter les annuaires de nouveau, si cela s'avère infructueux avec l'une ou avec l'autre.) Pour le moment, vous êtes uniquement en train d'apprendre comment débute le processus qui débouchera sur votre créneau. Ne prenez pas ça trop au sérieux ; imaginez-vous que vous courez les magasins et vous verrez que cet exercice est très amusant.

2. Recommencez le processus avec les Pages jaunes. Lorsque vous aviez déterminé vos champs d'intérêt au chapitre 4, vous aviez noté le numéro des pages correspondant à chacune des catégories.

    Choisissez l'une de vos catégories et passez à la page qui s'y rapporte. Sélectionnez ensuite six entreprises ou organismes qui

---

* Cette section, de même que la suivante, constitue une adaptation du texte original.

œuvrent dans ce secteur. (Plus tard, vous choisirez probablement six entreprises pour chacune des six catégories ; vous en êtes donc à la première étape de ce qu'on appelle un « échantillon de marketing », composé de 36 compagnies, petites, moyennes et grosses. Pour le moment, toutefois, je veux que vous vous concentriez sur *une seule* de ces catégories.) Comme, à ce stade-ci, vous ignorez à peu près tout de la plupart de ces entreprises, sélectionnez-en six au hasard, tout simplement.

Voyons ce que cela donnerait avec notre exemple du secteur financier. Votre sélection pourrait se composer d'une banque, d'une société de placement et d'une maison de courtiers en valeurs mobilières, auxquelles s'ajouteraient divers postes financiers au sein de l'une d'elles, comme le trésorier, le contrôleur de gestion, le comptable. Assurez-vous de varier votre choix en incluant des sociétés petites, moyennes et grosses.

Vous avez donc consulté et les annuaires des professions et les Pages jaunes. Ne vous en faites pas si, à moins d'avoir reconnu leur raison sociale, vous ne savez pas encore grand-chose de ces entreprises. Contentez-vous de les choisir au hasard.

Le moment est venu de téléphoner à vos amis et associés pour voir s'ils n'auraient pas d'autres idées ou s'ils ne pourraient pas vous renseigner sur les entreprises ou les postes que vous avez retenus. Demandez-leur aussi de vous indiquer tous les noms qui leur viendraient à l'esprit (individus ou sociétés) et à partir desquels vous pourriez préparer une consultation. Insistez bien sur le fait que vous envisagez une simple prise de contact et *non* une entrevue pour postuler un emploi.

QUATRIÈME ÉTAPE :
TÉLÉPHONEZ AUX ENTREPRISES POUR OBTENIR
DE LA DOCUMENTATION

La prochaine étape consiste à téléphoner aux entreprises sélectionnées afin de vous renseigner sur ce qu'elles possèdent comme documentation à l'intention du grand public. Il peut s'agir de brochures, de rapports annuels ou de matériel publicitaire. Toutes les entreprises consacrent une bonne partie de leur budget à la publicité. Vous pouvez donc en profiter sans hésitation.

Lorsque vous téléphonez à une compagnie dans ce but, demandez à parler à la personne chargée d'expédier les rapports annuels et autres documents. On vous transférera alors au service du marketing, à la trésorerie ou encore aux communications ou aux relations publiques. Présentez-vous en employant une formule du genre de celle-ci : « Bonjour, je m'appelle _____ et j'aimerais que vous me postiez un exemplaire de votre rapport annuel ou de vos autres documents publicitaires. »

S'il s'agit d'une société *ouverte* – c'est-à-dire dont les actions sont négociées en bourse –, son rapport annuel sera effectivement disponible. En revanche, si c'est une société *privée*, vous n'aurez pas accès à ses informations d'ordre financier. Quoi qu'il en soit, de la littérature sera toujours disponible sous une forme ou une autre. Si l'on vous demande pourquoi vous voulez avoir ces documents ou pour quelle entreprise vous travaillez, répondez simplement : « Je suis en train d'effectuer des recherches pour mon propre compte et j'aimerais en savoir davantage sur votre société. » N'oubliez pas de demander son nom à votre interlocuteur et notez-le à côté de celui de la société. Votre but est d'établir de nouveaux contacts (de nouer des relations). Vous connaissez maintenant le nom d'au moins une personne dans cette entreprise – d'une personne qui pourra vous aider. Soyez courtois et montrez-vous intéressé par ce qu'elle vous apprend. Si l'on vous répond sur un ton agressif ou méfiant, attention ! Cela veut dire que cette compagnie n'est pas pour vous.

Quand le facteur vous aura apporté les rapports et autres documents, asseyez-vous et lisez-les attentivement. Concentrez-vous sur le volume des ventes, les dépenses, la philosophie de l'entreprise, la présentation du produit – autant d'indices qui vous permettront de juger si elle pourra vous convenir. Il suffit parfois de lire le rapport annuel pour se rendre compte qu'il est inutile d'aller plus loin. Soulignez avec un marqueur les points qui vous intéressent et prenez des notes. Imaginez-vous en train de travailler pour cette entreprise. Son image vous plaît-elle ? Cadre-t-elle avec vos aspirations ?

Une fois que vous aurez reçu entre cinq et 10 réponses, vous serez prêt à prendre contact avec un porte-parole d'une des sociétés qui auront retenu votre attention.

C'est en discutant avec des spécialistes de tous les domaines qu'on obtient les informations les plus précieuses. Bien des carrières qui ont débouché sur des réussites éclatantes ont vu le jour autant dans de petites entreprises que dans des grosses. Le principe selon lequel plus c'est grand, mieux c'est, n'est pas toujours fondé. Il n'y a pas de meilleure façon de stimuler votre croissance personnelle et professionnelle que de vous intégrer à un milieu dont la mentalité et la philosophie répondent parfaitement à vos attentes. Les petites et moyennes entreprises regorgent d'initiateurs et de mentors novateurs et dynamiques. En général, les gens qui y travaillent aiment bien remplir plusieurs rôles et en connaissent tous les rouages. Ils sont plus polyvalents que spécialisés. Il est d'ailleurs possible que vous préfériez vous spécialiser. Cela dit, il n'est pas encore question, à ce stade de votre processus d'automarketing, de vous choisir des associés. Pour le moment, vous cherchez plutôt à savoir où exploiter votre talent et non qui vous paiera pour ça.

Nous allons poursuivre avec notre exemple du secteur financier et revoir toutes les étapes inhérentes à votre recherche. On peut décomposer le processus en huit points.

LA PRISE DE CONTACT

1. Sélectionnez six banques, sociétés de placement ou autres institutions financières.

2. Lisez toute la documentation que vous avez rassemblée ; vous en trouverez beaucoup à la bibliothèque. Et n'hésitez pas à demander conseil à votre bibliothécaire.

3. Choisissez quelqu'un avec qui vous vous mettrez en contact. Demandez à vos amis, à vos collègues et à d'autres personnes de vous suggérer des noms.

4. Adressez à cette personne une lettre soigneusement rédigée en lui proposant un rendez-vous. (Reportez-vous au chapitre 7 – La lettre d'introduction – pour voir comment procéder.)

5. Enchaînez avec un coup de téléphone, au plus tard quatre jours après avoir posté votre lettre.

6. Prenez rendez-vous (à des fins de consultation) avec cette personne. La consultation est traitée à fond au chapitre 8.

7. Rendez-vous à cette rencontre, fixée dans le triple but suivant : vous présenter, obtenir des renseignements et vous renseigner sur les possibilités d'emploi.

8. Adressez une lettre de remerciements à cette personne, au plus tard le lendemain de votre rencontre.

CHOISIR LA PERSONNE AVEC QUI VOUS PRENDREZ CONTACT

Cette section sera consacrée à la troisième étape, mentionnée plus haut : décider avec qui vous voulez prendre contact. Mais avant d'aller plus loin, reprenez la liste de vos « 10 souhaits les plus convoités », établie au chapitre 3. L'un d'eux devrait exprimer un « besoin » ayant trait à votre future carrière. Avez-vous minutieusement décrit le genre de personnes avec qui vous voulez travailler ? Maintenant que vous connaissez votre profil relationnel (grâce aux exercices du chapitre 5), vous feriez peut-être bien de rédiger de nouveau votre affirmation afin d'être davantage à même de toucher votre cible. Vous pouvez, à titre d'essai, remplir les blancs ci-dessous pour décrire *votre* milieu de travail *idéal*.

Mon (ou mes) nouvel associé s'accorde parfaitement avec ma nature qui est celle d'un _____ (associé, équipier, solitaire). Chacun de nous reconnaît les talents particuliers de l'autre et nous encourageons, guidons et soutenons notre croissance personnelle et celle de notre entreprise. J'exploite mon _____, ma _____, _____, _____ et mon _____ (vos cinq principales forces), tout en respectant mon _____, ma _____, _____, _____ et mon _____ (vos cinq valeurs). Je m'habitue facilement à mon (mes) associé. Je prends plaisir à lire, à apprendre et à mener ma recherche à terme. Mon (ou mes) associé est _____, _____, _____, _____ et _____. (Inscrivez ici les traits de caractère que vous désirez retrouver chez vos collègues.)

Relire cette affirmation à haute voix tous les jours s'avère particulièrement efficace ; n'hésitez pas à la modifier au rythme de vos besoins. Une fois que vos « desiderata » seront parfaitement clairs, vous pourrez entreprendre de rechercher les personnes œuvrant dans le secteur qui vous intéresse et que vous aimeriez rencontrer.

C'est justement à cause de ces rencontres que la plupart des gens abordent cette étape avec appréhension ; en effet, on n'est pas trop sûr de ce qu'on va dire, même si on s'y est soigneusement préparé. La seule chose à faire, c'est d'aller de l'avant, malgré votre anxiété. Vous parviendrez vite à la surmonter après quelques rencontres (ou « consultations ») fructueuses. Et, à ce moment-là, vous ne douterez plus de votre tactique. N'oubliez pas que, pour l'instant, je ne fais que vous guider à travers le processus – détendez-vous et laissez-vous conduire.

Quel que soit le domaine que vous choisissiez, il y a fort à parier que vous y connaissez déjà quelqu'un, sinon vous, du moins l'une de vos relations. Vous souvenez-vous du concept des relations ? C'est à ça que servent les contacts. Vous aurez beaucoup à gagner en vous *exerçant* à maîtriser les mécanismes de la consultation avec l'une ou l'autre de vos connaissances. Si votre recherche porte sur le secteur financier, il est certain que vous avez déjà établi plusieurs contacts, avec votre banquier, par exemple, ou avec le directeur de votre succursale. Celui-ci connaît bien le milieu et fait probablement partie de divers clubs ou organismes, ce qui en fait une personne-ressource d'autant plus précieuse. Et n'oubliez pas de demander à vos amis de vous suggérer quelques idées.

Comment savoir à qui écrire dans une entreprise où vous ne connaissez personne ? La première chose à faire, c'est de décider d'un service ou d'une activité. Inutile d'écrire au président d'une grande société. Concentrez-vous plutôt sur un *secteur* de cette société qui vous intéresse plus spécifiquement et tâchez d'obtenir le nom de la personne qui le connaît le mieux. Reprenons notre exemple du monde de la finance. Téléphonez à l'établissement de votre choix et demandez le nom d'une personne spécialisée dans, disons, les prêts commerciaux. Les secrétaires sont généralement d'un grand secours si vous vous adressez à elles sur un ton plein d'assurance, chaleureux et courtois. Demandez-leur toujours leur nom. Ensuite, informez-vous du nom et du titre exact de la personne que vous souhaitez rencontrer. Si la secrétaire veut savoir pourquoi, répondez-lui que vous êtes en train d'écrire une lettre et que vous ne voulez pas faire d'erreur dans l'adresse.

L'une de mes clientes qui avait téléphoné à une société dans ce but précis avait eu une conversation très intéressante avec la secrétaire. Celle-ci l'avait invitée à passer les voir quand ça lui conviendrait, en ajoutant qu'elle serait heureuse de répondre à ses questions! Ainsi, ma cliente avait non seulement obtenu le nom de la personne à qui envoyer sa lettre d'introduction, mais elle avait du même coup noué d'excellentes relations avec la secrétaire.

Une autre de mes clientes avait été référée directement à la personne qu'elle voulait rencontrer! Même si elle ne s'y attendait pas, elle ne s'était pas démontée pour autant et avait expliqué la raison de son appel. Son interlocuteur avait accepté de la rencontrer et lui avait demandé du même souffle de fixer une date. Bien entendu, la lettre d'introduction était devenue superflue puisque tout avait été réglé par téléphone. Sachez faire preuve de souplesse. Appliquez cette méthode en tenant compte des circonstances et en ayant toujours votre intérêt en vue.

Il y aura tout de même des fois où vos efforts pour rejoindre la bonne personne n'aboutiront pas. La façon dont vous réagirez alors est primordiale. Ne vous sentez pas visé par un refus. Après tout, la personne qui vous a fait passer un mauvais quart d'heure ne vous connaît pas, elle ne peut donc pas vous en vouloir personnellement. Mais lorsque les représentants d'une entreprise se montrent désagréables, cela signifie généralement que celle-ci traverse une mauvaise passe et que cette situation se reflète dans l'attitude de ses employés. D'un autre côté, si vous échouez systématiquement dans vos efforts pour établir un contact précis, c'est peut-être parce qu'inconsciemment vous ne tenez pas vraiment à les voir aboutir. Le moment est alors bien choisi pour revoir votre exercice sur le plaisir dans le travail (chapitre 2) et vérifier si vous poursuivez bien votre passion. Dans le cas contraire, cela voudra dire qu'un choix qui semblait pourtant évident vous en aura masqué un autre, plus pertinent (mais peut-être aussi plus subtil).

Si vous ne tombez pas sur la bonne personne du premier coup, ne vous en faites pas ; vous finirez bien par la rejoindre. Conservez votre calme – après tout, il s'agit simplement d'un jeu que nous avons inventé. La vie est un « jeu », au bon sens du terme. Mais il arrive que nous le prenions tellement au sérieux que nous en perdons de vue nos véritables objectifs. Si vous constatez que vous êtes nerveux, irrité ou tendu, arrêtez-vous un moment. Vous recommencerez un autre jour ou même une autre semaine. On prétend que le génie est en réalité une forme de ténacité déguisée. Et c'est vrai. On n'aboutit à rien si on ne sait pas persévérer.

La lettre d'introduction

Voyons maintenant la quatrième étape de notre processus : adresser une lettre soigneusement rédigée à la personne que vous voulez rencontrer. Cette lettre devra avoir un ton nuancé et professionnel et être un condensé de votre recherche approfondie et de tout ce que vous avez appris sur cette personne et sur son entreprise. Nous verrons cette question plus en détail dans le prochain chapitre. Le titre du destinataire dépendra de votre champ d'intérêt. Habituellement, c'est le président ou le propriétaire d'une petite entreprise qui possède la meilleure vue d'ensemble. Pour une grande société, adressez-vous au directeur du service qui vous intéresse.

Il m'est déjà arrivé de conseiller à des clients de procéder à des consultations internes – c'est-à-dire à l'intérieur de leur entreprise – avant d'aller voir à l'extérieur. Quelquefois, c'est dans son propre jardin qu'on trouve exactement ce qu'on cherchait. L'un de mes clients, venu me consulter parce qu'il croyait devoir changer d'employeur, s'est aperçu qu'il n'en était rien et qu'il lui fallait seulement changer de cap. Nous l'appellerons Philip.

L'HISTOIRE DE PHILIP

L'histoire de Philip vous montrera comment sa lettre d'introduction, rédigée avec soin, l'a ramené à son point de départ, avant de lui servir de tremplin vers de nouveaux horizons.

Philip était convaincu d'être le Noir alibi de sa compagnie et se considérait sous-estimé, sous-payé et surchargé de travail. Il avait dirigé sa propre entreprise avant d'être engagé par une importante compagnie de produits forestiers. Son travail était satisfaisant, mais son comportement l'inquiétait, tout autant que ses chefs de service. Influencé par la façon dont il *percevait* son milieu de travail, il créait autour de lui une ambiance désagréable. (Il va de soi que, dans bien des cas, le milieu de travail est effectivement insupportable. Un examen objectif de la situation vous aidera à décider des mesures à prendre.)

Philip passa par les huit étapes que j'ai déjà exposées et entreprit de rencontrer les responsables d'autres compagnies. Il constata, ce faisant, qu'il possédait énormément d'atouts, ce qui l'incita à reprendre confiance en lui. Simultanément, il remarqua que les « choses » semblaient s'améliorer passablement et, du coup, il commença à considérer son milieu de travail sous un tout autre angle.

« On dirait que tout le monde coopère comme jamais auparavant, me dit-il. Mon chef de service a passé un long moment avec moi, l'autre jour, pour m'expliquer sa situation et les pressions qu'elle subit. J'ignorais que la compagnie envisageait de procéder à de tels bouleversements. Elle m'a également dit qu'elle avait remarqué mon changement d'attitude et qu'elle était enchantée de me voir devenu aussi souple ! » ajouta-t-il en riant.

Cette situation n'a rien d'exceptionnel. L'histoire de Philip déboucha sur un nouveau départ. Ayant retrouvé sa fierté, il était davantage ouvert à toutes les possibilités. Sa compagnie lui proposa un nouveau titre, assorti d'une augmentation de 3 000$. Il accepta cette promotion et envoya à toutes les personnes qu'il avait rencontrées dans d'autres entreprises une courte lettre pour les remercier et les informer du résultat de ses démarches. De cette façon, il respectait le principe de la réciprocité d'intérêts et restait en bons termes avec eux.

Rares sont ceux qui ont conscience de l'importance d'une telle recherche s'ils veulent gérer efficacement non seulement leur carrière, mais également leur vie. Philip, qui avait besoin de renforcer son amour-propre, avait eu la possibilité, au cours de ses entrevues pour changer d'emploi, de se voir à travers le regard des autres. Les informations sur la façon dont nous nous en tirons sont vitales pour nous, mais sont malheureusement très rares. On constate, dans notre culture, une forme de blocage mental et verbal au plan professionnel qui incite nos parents, conjoints, patrons, amis et même nos amants à nous dissimuler ces informations pourtant primordiales. Si cette affirmation vous laisse sceptique, demandez-vous depuis combien de temps on ne vous a pas complimenté sur la qualité de votre travail – sur des points précis que vous trouvez acceptables. Il semble bien que nous soyons davantage enclins à la critique qu'aux éloges.

Cette tendance à éviter de nous féliciter mutuellement découle peut-être de notre héritage religieux – il fallait éviter les compliments qui rendent orgueilleux et sont donc mauvais pour la formation du caractère. Pour ma part, j'estime que les êtres humains accomplissent des miracles au travail lorsqu'ils reçoivent des encouragements nombreux et sincères. Je n'ai encore jamais vu quelqu'un devenir égoïste à force de recevoir des compliments justifiés. C'est, au contraire, le *manque* d'amour et de félicitations qui favorise l'égoïsme.

La plupart des gens puissants estiment que leur assurance est souvent renforcée ; c'est qu'ils ont habituellement créé une situation qui leur permet d'être abondamment félicités quand leurs actions le justifient. Les encouragements reçus à une étape cruciale de leur développement les ont à la fois inspirés et stimulés. J'ai eu la chance d'avoir une mère d'une générosité sans bornes. Son idéalisme et sa ténacité ont été pour moi un exemple. Quand notre vie se déroule sans aucun encouragement, sans le moindre compliment, on devient semblable à une rivière asséchée dont le lit conserve à peine quelques vagues traces de son ancien débit. Philip était conscient de ses forces et de ses valeurs et c'est seulement lorsque les autres en ont tenu compte que son amertume a commencé à s'effacer.

L'histoire de Philip n'a pas pris fin avec cette première augmentation substantielle. Il mit au point un système comptable d'une efficacité telle que la société mère en entendit parler et lui proposa de revenir dans l'Est. Hésitant à abandonner une position désormais stable, Philip revint me voir pour discuter de cette promotion. Les éventuelles répercussions de ce déménagement et des changements concomitants sur les siens et sur leur vie familiale n'étaient pas sans l'inquiéter. Je lui demandai ce qu'il avait *envie* de faire.

« Je sais qu'au fond de moi je tiens vraiment à y aller, me répondit-il. Je pourrais revenir dans deux ans, bien placé pour être nommé contrôleur. Néanmoins, qui sait si ce nouveau poste ne comporte pas des inconvénients. J'aurai peut-être à surveiller beaucoup de monde, ce que je n'ai encore jamais fait. »

« Et comment réagissez-vous en pensant aux efforts d'adaptation pour votre famille ? » lui demandai-je, sachant que sa femme détenait un excellent poste chez un important détaillant.

« Ils sont tous très souples et n'éprouvent pas la moindre inquiétude. »

« Mais, alors, où est le problème ? J'espère que ce n'est pas votre ancienne image de vous-même qui refait surface ! »

Philip sourit et me répondit qu'il avait soigneusement évalué toutes ses peurs et qu'il y en avait une qui revenait avec insistance. « Je pense que je n'ai pas encore surmonté ma peur de la critique, Nancy. Je crains de décevoir tout le monde si je ne me montre pas à la hauteur. »

« Et si vous n'acceptez pas ce poste, qui sera déçu, à votre avis ? » lui demandai-je.

Il réfléchit quelques secondes, puis respira profondément : « Moi », dit-il.

« Et qui est le mieux à même de juger de votre valeur et d'évaluer la situation ? »

« Moi », répéta-t-il, mais, cette fois, en riant.

Nous passâmes une vingtaine de minutes à voir comment il pourrait négocier son indemnité et quand nous eûmes fini, sa décision était prise : il accepterait le poste. Philip venait, au propre et au figuré, de faire un autre pas de géant. Un an et demi plus tard, il passa me voir pour me raconter qu'il avait obtenu un poste encore plus intéressant que celui de contrôleur. Notre rencontre fut extrêmement agréable. Et six mois plus tard, je le vis réapparaître, excité, le sourire aux lèvres, prêt à lancer sa propre affaire.

« Vous avez fini par boucler la boucle, Philip », lui dis-je.

Il acquiesça et ajouta que, cette fois, il savait exactement ce qu'il voulait ; et, ce qui valait encore mieux, il avait compris tout ce que son expérience des deux dernières années lui avait apporté.

« J'ai finalement compris que j'essayais de changer tout le monde pour les amener à répondre à mes attentes. Il est impossible de réussir en affaires avec une telle attitude, Nancy. Le Seigneur m'a fait faire un voyage pour me montrer que j'avais besoin de ravoir une entreprise bien à moi. Et puis, avant, j'étais également trop arrogant et irascible. Maintenant, je vois à quel point les gens sont fantastiques. »

« Y compris vous, Philip », conclus-je.

Si, à l'instar de Philip, vous envisagez de changer, attendez, avant de quitter votre emploi, d'avoir pris le temps de regarder ailleurs et de comparer. Vous découvrirez peut-être qu'il est possible de réaménager votre emploi en fonction de vos aspirations. Les gens s'enlisent dans la routine et veulent du changement, veulent relever de nouveaux défis. Il est possible de provoquer ceux-ci de bien des façons. Soyez aussi ouvert et réceptif que vous le pouvez. Et sachez maîtriser votre ego.

UN EXERCICE FORT UTILE

Étudiez attentivement votre milieu et rédigez un court paragraphe sur tous les gens que vous côtoyez quotidiennement. Qui vous est une source d'inspiration ? Qui a besoin que vous l'encouragiez et l'inspiriez ? Qui vous stimule, vous renseigne et vous pousse à réfléchir ? Si vous êtes incapable de rassembler plusieurs noms, rien d'étonnant à ce que votre vie soit morne et sans joie. Il est temps pour vous de chercher un peu d'inspiration. C'est d'ailleurs un mot qui, au sens premier, est synonyme d'aspirer. Alors, faites-le ! Aspirez toute l'information, tous les stimuli dont vous avez besoin. C'est ce que font les gens puissants.

RÉSUMÉ

Sixième secret de la passion : les gens puissants sont captivés par le processus même de la recherche ; ensuite, ils passent à l'action en se basant sur les informations qu'ils ont recueillies.

1. Il est très important de demeurer ouvert à toutes les informations.

2. Rappelez-vous qu'il y a une différence entre les gens puissants et ceux qui sont poussés par le pouvoir.

3. Le fait d'apprendre à bien faire une recherche vous encouragera à passer à l'action.

4. Connaissez vos forces et vos valeurs aussi bien que votre propre adresse.

5. Apprenez comment obtenir des précisions sur les entreprises qui vous intéressent – qui, quoi, où, quand, comment et pourquoi.

6. Obtenez le maximum de renseignements sur vos six grands champs d'intérêt.

7. Sachez consulter correctement les ouvrages de référence. Vous les trouverez à votre bibliothèque locale.

8. Discutez avec des spécialistes – des gens qui font bien leur travail.

9. Rappelez-vous que cette démarche est un nouveau jeu que nous avons inventé. Ne vous impatientez pas.

10. Téléphonez aux compagnies pour obtenir les noms des personnes que vous pourriez souhaiter rencontrer. Consultez, dans ce même but, votre journal local, des revues, etc. Demandez à vos associés de vous suggérer des idées et des noms.

11. Le génie est une forme de ténacité déguisée. Prenez les choses comme elles viennent. Le temps est un concept relatif; vous aurez toujours *assez* de temps. Normalement, le processus devrait se poursuivre pendant quelques mois.

12. Rassemblez toutes les données nécessaires pour votre lettre d'introduction (voir le chapitre 7).

13. Observez votre entreprise. Que voudriez-vous améliorer et comment, quels frais voudriez-vous supprimer, dans quelle mesure pourriez-vous contribuer à augmenter le volume des ventes? Comment pourriez-vous accroître l'efficacité du système?

14. Restez, dans les faits et en esprit, à votre poste actuel, pendant que vous considérez d'autres possibilités. Parallèlement, ne craignez pas d'exprimer votre mécontentement.

15. L'inspiration vous viendra plus vite si vous êtes d'abord une source d'inspiration pour les autres. Nous avons tous besoin de donner. N'hésitez pas, soyez généreux !

16. Vous êtes votre meilleure ressource. Demandez-vous qui, dans votre vie, vous pousse à réfléchir, vous incite à agir ? Où puisez-vous votre force, quelles sont vos sources d'encouragement ? Pour qui êtes-vous une telle source ? Investissez dans des cours de développement personnel, des séminaires, des livres, assistez à des conférences, etc. – investissez dans tout ce qui éveille votre intérêt ou qui pourra vous aider à développer vos ressources et vos talents.

7

LA LETTRE D'INTRODUCTION

Avec la rédaction de la lettre d'introduction, nous abordons la septième étape de ce parcours qui doit vous mener à votre passion. Ainsi que je l'ai expliqué plus tôt, cette lettre vous permettra de prendre contact avec des personnes que vous souhaitez rencontrer et qui partagent vos intérêts – vos passions! Elle s'avérera d'une efficacité surprenante si vous y apportez un maximum de soin et tout votre enthousiasme.

Si vous vous inquiétez de la réaction du destinataire, vous aurez du mal à vous exprimer clairement et avec naturel. Vous devez donc vous dire et vous redire qu'il suffit de *laisser parler votre cœur pour écrire dans un style qui atteindra le but visé*. Écrire est un art qui se maîtrise avec le temps. D'ailleurs, si vous avez rédigé votre autobiographie comme je vous le recommandais au premier chapitre, vous devriez être rassuré sur votre aptitude à écrire correctement. C'est justement pourquoi il est si important, entre autres raisons, que votre voyage vers la passion débute par cet exercice – les professeurs de création littéraire à l'esprit novateur l'utilisent comme outil pour aider leurs élèves à trouver un mode d'expression qui leur soit spécifique. Les écrivains accumulent, au fil des événements qu'ils vivent, d'innombrables impressions dont ils doivent se libérer. Et au premier déferlement d'idées succède une forme d'écriture plus réfléchie, plus calme, à la fois claire et précise.

La lettre d'introduction a essentiellement pour but de vous mettre en contact avec les personnes qui vous aideront à décider de votre orientation. Une lettre efficace vous aidera à rejoindre des gens efficaces. C'est pourquoi vous devez éviter les raccourcis – *ils ne vous mèneront qu'à la médiocrité.* L'excellence exige un effort supplémentaire, mais vous en serez récompensé en voyant se réaliser vos vœux les plus chers.

J'ai parlé dans un précédent chapitre du principe de la réciprocité et de celui du pouvoir qui, par leur action associative, peuvent vous faciliter la vie. Les gens puissants appliquent ces principes. Ils savent comment relier un point à un autre ; ils comprennent et mettent en pratique les idées que j'expose dans ce livre. Bien souvent, on dira d'eux qu'ils ont une personnalité « magnétique » ou « électrique ». Et, effectivement, ils magnétisent et attirent à eux les individus, les idées et les informations.

LES PENSÉES SONT ÉLECTRIQUES

L'électricité est une métaphore particulièrement bien choisie pour décrire le phénomène de réciprocité qui se produit lorsqu'il y a échange d'énergie entre deux personnes. Il faut combiner l'énergie positive et l'énergie négative pour allumer une lampe. Mais quand l'une des deux est soumise à une tension trop forte, cela provoque un court-circuit. Les relations personnelles procèdent du même principe, parce qu'on a affaire à deux êtres chargés d'électricité, qui transmettent des sentiments et des pensées.

Un électricien chevronné est un expert qu'on appelle dès qu'on a un ennui avec les fils électriques. Une jeune électricienne dotée d'une très grande intuition m'a déjà dit que, quand on la fait venir pour résoudre un problème de cette nature, elle commençait toujours à en rechercher la cause à partir du compteur. Je lui avais alors répondu que son travail s'apparentait au mien. Moi aussi, je commence à partir du « compteur » de mon client, c'est-à-dire de son autobiographie écrite ; de cette façon, je pars du début pour découvrir la source de ses problèmes (ses convictions et son mode de pensée). Vous aussi, vous êtes parti du « compteur » au cours des précédents chapitres et vous avez décomposé votre problème « électrique » (votre système de croyances). Vous avez découvert vos forces, vos capacités, vos désirs.

Vous êtes donc prêt à apprendre un nouveau secret : comment établir et entretenir des relations durables.

Prenez d'abord le temps d'observer la nature électrique de vos pensées – la façon dont elles transmettent, dont elles *créent* en fait, un environnement physique. Les pensées sont des choses. En analysant minutieusement vos réflexions quotidiennes, vous connaîtrez la nature des pensées et des sentiments qui envahissent votre esprit. La plupart d'entre nous répriment leurs sentiments et il en est même que nous préférerions bannir de notre conscience – la colère, la haine ou l'envie, par exemple. Mais dès que nous portons un jugement sur nos sentiments, nous mettons un terme au processus pourtant essentiel de l'investigation. Or, si vous voulez véritablement vivre votre passion, vous devez vous montrer honnête avec vous-même et avec les autres. Tandis que vous vous préparez à rédiger ces lettres d'introduction qui serviront de préliminaires à de futures rencontres, soyez attentif à vos pensées et à vos sentiments. Êtes-vous excité, curieux, effrayé ou indifférent ? Ces pensées se transmettront aux autres. Laissez-vous guider par vos sentiments. Sachez reconnaître la nature de vos craintes et faites en sorte de les surmonter de façon constructive. Elles représentent le seul obstacle qui se dresse entre vous et la maîtrise de notre prochain secret de la passion.

LA CLÉ DU SUCCÈS

> **Septième secret de la passion : les gens puissants savent établir et entretenir des relations (contacts) durables.**

La plupart des gens sont incapables de gestes élémentaires – faire un compliment, écrire une lettre de remerciement, donner un coup de téléphone ou inviter quelqu'un à déjeuner ou à dîner. En revanche, les personnes puissantes conservent toute leur reconnaissance à ceux qui les ont aidés à réussir et trouvent toujours le temps de cultiver leurs relations.

Vous pouvez procéder de la même façon que ces gens puissants et prospères pour atteindre le but que vous vous êtes fixé. Oui, c'est vrai, cela prend du temps. Mais le fait de savoir comment nouer des contacts personnels et professionnels vous évitera des années de tâtonnements. L'un des moyens d'y parvenir consiste à écrire à la personne que vous aimeriez rencontrer une lettre dont les termes auront été soigneusement pesés. Cette lettre d'introduction est un instrument de marketing d'une portée inestimable. Avec mon concours, vous apprendrez à écrire le genre de lettre qui vous ouvrira la porte de 80 pour cent des gens que vous souhaitez rencontrer, des gens dont les valeurs se rapprochent des vôtres.

Adoptez un ton nuancé et professionnel, puisqu'il s'agit d'établir une relation fondée sur la réciprocité. Lorsque vous aurez maîtrisé cette étape, votre amour-propre s'en trouvera singulièrement renforcé. Vous rencontrerez tellement de gens intéressants et vous aurez tellement d'occasions de changer le cours de votre vie que vous vous demanderez pourquoi vous n'avez pas exploré cette avenue plus tôt.

N'oubliez pas que les pensées sont des champs énergétiques ; elles sont réellement matérielles. Quand vous vous concentrez sur votre passion, elles atteignent d'autres personnes qui s'intéressent aux mêmes choses que vous. C'est ce que Napoleon Hill appelle « le concept de l'esprit dominant ». Des esprits qui sont en harmonie et qui caressent des buts similaires engendrent un esprit dominant qui est supérieur à la somme de ses parties. Ces lettres, de même que les rencontres qui leur succéderont, sont autant de stratégies visant à créer une vie plus passionnante et plus stimulante, non seulement pour vous-même, mais aussi pour les autres.

Vous avez maintenant en main les listes de personnes et d'entreprises sur lesquelles vous aimeriez en savoir plus long. Vous avez lu des articles et des rapports annuels et vous éprouvez le besoin d'un face à face pour vérifier s'il y a convergence d'intérêts. Est-ce vraiment là votre créneau ? L'entente vous semble-t-elle possible ? Deux personnes doivent se fréquenter un certain temps avant d'être certaines de pouvoir vivre ensemble. Et le choix d'une carrière n'est pas différent.

Avant de décider à qui vous allez écrire, vous devez savoir à quelle étape du processus vous en êtes rendu. Je vous conseille d'adresser vos trois premières lettres à des personnes que vous connaissez déjà. Il est vrai qu'il vous serait facile de décrocher le téléphone pour leur donner rendez-vous au restaurant, mais il vaut mieux leur envoyer une lettre d'introduction. Si, dès le début, vous pouvez vous soumettre à cet exercice avec une certaine aisance, vous en retirerez davantage de plaisir et apprendrez plus rapidement.

Choisissez trois de vos connaissances, comme votre banquier, un professeur, un avocat ou une relation d'affaires. Réfléchissez à leurs situations respectives. Que font-ils ? Qu'est-ce qui leur plaît dans la vie ? Résumez en quelques lignes leur travail, leurs réussites, leurs réalisations ou leurs passe-temps. Cet exercice vous apprendra à vous concentrer sur les autres plutôt que sur vous-même. C'est en tenant compte de *leurs* intérêts que vous pourrez susciter une certaine réciprocité.

LA LETTRE D'INTRODUCTION DE PETER

L'un de mes clients avait un ami avec qui il faisait souvent de la voile et qui était directeur du service du crédit-bail dans une grande banque. Je conseillai donc à Pierre d'adresser sa première lettre d'introduction à son ami John. Il me demanda alors comment procéder parce qu'ils se connaissaient si bien que l'idée d'une lettre lui semblait saugrenue.

« C'est vrai, lui dis-je, mais vous voulez connaître son avis sur votre changement de carrière et ce n'est pas le genre de choses dont on discute sur un bateau. Le monde de la finance vous intéresse, c'était l'une de vos six grandes catégories. Vous allez donc rencontrer John pour savoir en quoi consiste son travail et son bureau est l'endroit tout indiqué pour ça. »

Peter était l'un des représentants les mieux cotés d'une société pharmaceutique qui vendait des services d'analyse au corps médical et il réussissait très bien dans sa branche jusqu'au jour où, son entreprise ayant été rachetée par un important conglomérat, le siège social, établi dans l'Ouest, fut transféré sur la côte Est. Dès ce moment, les médecins durent attendre infiniment plus longtemps pour obtenir les résultats des analyses et les excellentes relations que Peter entretenait avec eux risquaient de se détériorer.

« Cela me rend fou, se plaignait-il, de voir des années d'efforts réduites à néant ! »

Peter était suffisamment consciencieux pour empêcher les portes de se refermer devant lui et il avait mis les médecins au courant de ces changements. Néanmoins, il s'était rendu compte qu'il ne voulait plus servir de bouc émissaire pour des décisions sur lesquelles il n'avait aucun pouvoir. Le moment était venu pour lui de changer de cap. Nous travaillâmes donc sur la première lettre destinée à son ami, en mettant l'accent sur la banque, sur son propre avenir et sur les fonctions de John.

« A-t-il accompli quelque chose dont il est particulièrement *fier?* » demandai-je (*Indice-passion!*).

« Il m'a raconté, répondit Peter, qu'il avait réussi un coup de maître en damant le pion à une banque beaucoup plus importante. Celle-ci a adopté la méthode de l'armée chinoise. Elle possède tellement d'actifs qu'il lui est facile d'écraser ses concurrents. Mais John a établi des contacts personnels avec des clients qui tiennent à lui confier leurs comptes. Le statut de sa banque est presque secondaire à leurs yeux. Et plusieurs lui ont dit que, même si d'autres banques étaient plus fortes financièrement, ils préféraient sa façon d'agir. »

« Mais c'est exactement ce que vous avez fait, Peter, dans votre domaine. Vous vous rappelez, n'est-ce pas, m'avoir dit que les médecins aimaient mieux transiger avec vous plutôt qu'avec des sociétés plus importantes parce qu'ils vous connaissaient et vous faisaient confiance. » (Peter et son ami savent combien il est important d'avoir de bonnes relations professionnelles.)

« En effet, nous avons beaucoup de points communs. »

« Alors, mentionnons-le dans le premier paragraphe. » Et nous débutâmes sa lettre en ces termes :

Mon cher John,

Si je t'écris, c'est pour une raison bien particulière. Nous nous connaissons depuis des années et je sais que nous avons énormément de choses en commun. Tu uses, pour accroître la prospérité de ta banque, du même talent que pour cultiver tes amitiés. Tu sais écouter tes clients, analyser leurs besoins et leur donner des conseils judicieux. Ce n'est donc pas étonnant qu'ils préfèrent traiter avec toi : leur expérience a débouché sur la confiance.

C'était là notre premier paragraphe, au ton très personnel et empreint d'une admiration sincère. Il est impossible de « tricher » dans une telle entrée en matière. Elle est spécifique et ne s'embarrasse pas de circonlocutions. Lisez la vôtre à haute voix pour voir si vous avez adopté un ton simple et amical. (Dans une lettre à un ami, il est normal d'employer le pronom « je » aussi souvent que Peter l'a fait. »)

Dans le paragraphe suivant, Peter parla de lui, décrivant en quelques phrases ses antécédents et ses réalisations. Même si John le connaissait bien, il avait tout de même besoin d'un ou deux points de repère pour bien comprendre de quoi il retournait. Je demandai à Peter quels étaient ses points forts.

« Je suis un excellent vendeur, je sais écouter et je m'entends aussi bien avec les têtes dirigeantes qu'avec la plupart des autres personnes. »

« Et quoi d'autre, encore ? »

Peter réfléchit un moment avant d'ajouter qu'il pouvait résumer ses capacités en cinq points : il ne ménageait pas sa peine, apprenait vite, se souciait des détails, était un bon communicateur et un bon organisateur.

« Puisque le marketing vous est familier, vous savez que le travail de John est essentiellement le même que le vôtre. Vous vendez des services médicaux et lui, il vend de l'argent, c'est bien ça ? »

« Exactement. Alors, je pourrais dire que je sais faire ce qu'il fait. Cela ne semblera pas trop présomptueux ? » me demanda-t-il.

« Seulement si vous vous y prenez mal. Attaquons ce deuxième paragraphe. »

Cela fait un certain temps que je songe à changer de carrière. J'ai passé les quelques derniers mois à réfléchir à mes points forts. Je réussis remarquablement bien comme vendeur – qu'il s'agisse de moi-même ou de mes produits. J'ai su me montrer efficace dans de nombreuses situations, autant quand j'étais à la tête de ma section pendant la guerre que pour convaincre les médecins que je pouvais résoudre leurs problèmes d'analyses. J'ai le sens de l'organisation, je suis un bon communicateur, j'apprends vite et je me soucie des détails. Tout comme toi, John, j'aime contribuer à la prospérité de mon entreprise. Et, comme j'ai beaucoup d'estime pour toi et que ton champ d'activités m'intéresse, j'aimerais te rencontrer afin de te poser quelques questions sur la façon dont tu vends ton produit financier.

Nous avons là un exemple d'une forme d'expression souple et rapide. Elle est honnête, simple et n'a rien de présomptueux. La présomption s'apparente à la manipulation. C'est pourquoi tant de lettres d'affaires manquent leur but. Le signataire s'attend à obtenir quelque chose en retour. Vous ne devez avoir aucune attente, mais vous attacher plutôt à créer une ambiance qui *engendrera* des résultats.

Cela ne doit toutefois pas vous empêcher d'être plein d'espoir. Il y a une subtile différence entre l'attente et l'espoir. Dans le premier cas, vous escomptez un certain résultat. Vous posez des jalons, mais comme vous avez déjà décidé de l'issue de la rencontre dans votre tête, votre interlocuteur le pressent généralement et a mentalement une réaction de recul. Vous n'avez pas su créer un climat propre à engendrer les résultats que vous souhaitiez. L'espoir, par contre, sous-entend une ouverture d'esprit – l'admission du fait que l'issue d'une situation est fonction d'un environnement propice qui favorisera l'émergence des résultats escomptés.

Maintenant que vous êtes davantage conscient de votre pouvoir personnel, vous êtes prêt à provoquer des résultats. Vous êtes comme un moteur bien rodé, qui tourne rond et qui n'attend que le signal du départ. Mais si vous comptez remporter la victoire dès votre première course, vous aurez du mal à vous contenter d'une deuxième place. En revanche, si vous « êtes plein d'espoir », la victoire vous sera acquise, que vous terminiez ou non au premier rang. C'est l'attitude la plus juste – parce qu'une telle disposition d'esprit vous permet de donner libre cours à votre pouvoir personnel. Ce qui compte, c'est que vous ayez la possibilité de courir, de vivre une expérience qui vous aidera à faire le point. Souvenez-vous du troisième secret de la passion : *c'est dans la progression que réside tout le plaisir*. Soyez détendu et prêt à toute éventualité.

En rédigeant votre lettre d'introduction, vous vous préparez pour une consultation fructueuse. Ce sujet sera traité à fond au chapitre 8. Pour le moment, concentrez-vous sur le fait que cette lettre est l'amorce d'une réunion au cours de laquelle vous en apprendrez plus long sur votre éventuelle passion. Même si c'est le face à face qui provoquera un échange d'électricité, la lettre d'introduction est le premier des fils qui transmettront votre énergie à votre interlocuteur.

Peter ajouta à sa lettre un dernier paragraphe, rédigé en ces termes :

> Je te téléphonerai sous peu pour fixer un rendez-vous. Je sais que tu es très occupé, aussi notre rencontre ne durera-t-elle qu'une trentaine de minutes. J'attends avec impatience cette occasion de te revoir.

En optant pour une telle conclusion, vous conservez l'initiative. C'est vous qui téléphonerez et qui prendrez rendez-vous. La plupart des gens terminent leur lettre en disant « si cela vous intéresse, téléphonez-moi ». Et « il » ne téléphone jamais.

Peter écrivit sa lettre sur un papier soigneusement choisi : papier ministre, mi-chiffon, de teinte écrue. Le poids et la couleur du papier à lettres personnel ont une grande importance parce qu'il doit s'en dégager une impression de qualité et de raffinement. Vous aurez beaucoup plus de chances de recevoir une réponse favorable si, en plus d'être bien écrite, votre lettre est également agréable à l'œil. Si vous avez des talents de calligraphe, écrivez-la à la main, mais en suivant les règles de présentation de la correspondance commerciale : date, votre adresse et celle du destinataire, texte et signature. Sur l'enveloppe, inscrivez l'adresse de retour et ajoutez la mention *personnel* dans le coin inférieur gauche. Ces règles s'appliquent aussi bien dans le cas d'un ami que dans celui d'une personne à qui vous écrivez pour la première fois. Voici comment la lettre de Peter était présentée :

34, rue Principale
Ville, code postal
Date

M. John Smith
Directeur
Service du crédit-bail
Banque XYZ
123, rue des Pins
Ville, code postal

Mon cher John,

Si je t'écris, c'est pour une raison bien particulière. Nous nous connaissons depuis des années et je sais que nous avons énormément de choses en commun. Tu uses, pour accroître la prospérité de ta banque, du même talent que pour cultiver tes amitiés. Tu sais écouter tes clients, analyser leurs besoins et leur donner des conseils judicieux. Ce n'est donc pas étonnant qu'ils préfèrent traiter avec toi : leur expérience est fondée sur la confiance.

Cela fait un certain temps que je songe à changer de carrière. J'ai passé les quelques derniers mois à réfléchir à mes points forts. Je réussis remarquablement bien comme vendeur – qu'il s'agisse de moi-même ou de mes produits. J'ai su me montrer efficace dans de nombreuses situations, autant quand j'étais à la tête de ma section pendant la guerre que pour convaincre les médecins que je pouvais résoudre leurs problèmes d'analyses. J'ai le sens de l'organisation, je suis un bon communicateur, j'apprends vite et je me soucie des détails. Tout comme toi, John, j'aime contribuer à la prospérité de mon entreprise. Et, comme j'ai beaucoup d'estime pour toi et que ton champ d'activités m'intéresse, j'aimerais te rencontrer afin de te poser quelques questions sur la façon dont tu vends ton produit financier.

Je te téléphonerai sous peu pour fixer un rendez-vous. Je sais que tu es très occupé, aussi notre rencontre ne durera-t-elle qu'une trentaine de minutes. J'attends avec impatience cette occasion de te revoir.

Cordialement,

Peter Johnson

Quatre jours après avoir posté sa lettre, Peter enchaîna avec un coup de téléphone. Son ami se déclara enchanté du procédé.

«Je serai heureux de discuter avec toi. Je te remercie pour ta lettre; j'ai été un peu surpris, mais elle m'a beaucoup plu», lui dit-il.

Les deux amis se rencontrèrent dans le bureau de John où ils eurent une consultation très féconde. Peter posa les bonnes questions (je reviendrai là-dessus dans le prochain chapitre) en se concentrant essentiellement sur John et sur son travail. Je lui avais conseillé de s'imaginer dans le rôle d'un chroniqueur du monde des affaires qui, après sa réunion, aurait à rédiger un article de fond sur le crédit-bail bancaire. Et, de fait, il étonna John par l'étendue de ses connaissances. Il avait lu toute la documentation reçue de la banque rivale ainsi que d'autres sources. Il était intéressé, bien informé et se passionnait pour son sujet; son attitude «pleine d'espoir» avait porté des fruits.

«J'ignorais, lui déclara John, que tu t'intéressais tellement aux opérations financières. Et puisque tu veux changer de carrière, pourquoi ne pas te joindre à nous? Je sais que tu es un excellent vendeur et nous avons besoin de spécialistes du marketing. Rares sont ceux de nos financiers qui connaissent le domaine de la vente aussi bien que toi.»

«Tu sais, John, je m'y connais en ventes, mais le monde de la finance m'est très peu familier.»

«Eh bien, je te mettrais au courant, mais, crois-moi, tu en sais bien plus que tu ne le penses. En échange, tu pourrais voir avec notre personnel comment augmenter le volume des ventes. C'est un domaine où la concurrence est féroce. Le monde bancaire a beaucoup changé depuis l'époque où les clients venaient nous voir d'eux-mêmes pour nous confier leurs affaires. Maintenant, ils évaluent soigneusement une banque avant de décider d'y ouvrir un compte», conclut John.

Peter tint des consultations avec trois ou quatre autres membres de la banque. Il rencontra également des personnes attachées à la banque rivale. Nous rédigeâmes cette seconde lettre avec un soin tout particulier.

COMMENT RÉDIGER UNE LETTRE D'INTRODUCTION QUAND ON NE CONNAÎT PAS LE DESTINATAIRE

Lorsque vous devez envoyer une lettre d'introduction à quelqu'un que vous ne connaissez pas, adoptez un ton amical, mais sans trace de cette intimité qu'autorisent de précédents contacts. Dans le premier paragraphe, où vous parlerez du destinataire, de son entreprise et de sa sphère d'activité, il vaut mieux vous montrer un peu plus distant que Peter à l'endroit de John, mais tâchez tout de même de choisir des mots qui traduisent votre enthousiasme. Évitez, autant que faire se peut, d'employer le pronom « je » dans ce même paragraphe. Quoique ce soit parfois inévitable, vous devriez pouvoir, avec un peu d'expérience, écrire quatre ou cinq phrases sans l'utiliser. La plupart des lettres adressées à des entreprises visent à leur vendre quelque chose ou sont des demandes d'emploi. Comme aucune de ces catégories ne vous concerne, vous n'avez pas à en employer le style.

Pour faire effet, une lettre d'introduction doit se lire facilement. Comme je l'ai déjà dit, c'est après environ trois tentatives que vous trouverez le ton juste et que vous commencerez à acquérir votre propre style. Et ne craignez pas d'être simple (après tout, nous sommes tous des humains).

La lettre que Peter adressa au directeur du crédit-bail d'une autre banque (quelqu'un qu'il n'avait encore jamais rencontré) débutait par quelques lignes qui soulignaient l'excellente réputation de l'établissement. Les banquiers sont sensibles à leur image. Voici donc le début de cette lettre :

Cher Monsieur,

La réputation d'excellence de votre banque n'est plus à démontrer et vos activités de crédit-bail dans le secteur de l'agro-alimentaire constituent un modèle pour l'ensemble des autres établissements. Les services que vous offrez à votre clientèle conviennent aussi bien aux grandes qu'aux petites entreprises agricoles et il est certain que vous devez en éprouver énormément de satisfaction.

Cette entrée en matière est élogieuse et témoigne d'une bonne connaissance du sujet. Le destinataire est intrigué et prêt à poursuivre sa lecture. Il se rend compte que Peter sait de quoi il parle. Vous pouvez employer ce genre de formulation pour à peu près n'importe quel domaine, qu'il s'agisse de l'agro-alimentaire, de l'aviation ou des arts. Si vous vous laissez guider par votre passion, les mots justes vous viendront sans effort. Si, après quelques essais, votre style continue de paraître affecté, c'est que vous faites fausse route. Réfléchissez de nouveau à votre objectif. On ne peut pas feindre la passion.

Le deuxième paragraphe devrait vous présenter et préciser le motif de votre lettre. Revenons à celle de Peter :

> Je suis un spécialiste en marketing et je connais à fond tous les rouages de la vente. Depuis quelque temps, je m'intéresse aux diverses activités de votre banque (**vous remarquerez que l'accent est mis sur le destinataire**) et j'aimerais en apprendre davantage, en particulier sur le crédit-bail dans le domaine de l'agro-alimentaire et sur les progrès accomplis en cette matière par les industries connexes. Je suis fasciné par l'avenir du crédit-bail et vos remarques me seront sans aucun doute d'une grande utilité. C'est pourquoi j'aimerais vous rencontrer personnellement afin de pouvoir vous poser quelques questions. Ma visite aura un but exclusivement documentaire, sans aucune relation avec la recherche d'emploi.

Dans le deuxième paragraphe, vous vous présentez et vous amenez progressivement le lecteur à comprendre que vous aimeriez le rencontrer. En règle générale, celui-ci sera agréablement flatté qu'un inconnu connaisse son existence. Il est si rare qu'on remarque nos réalisations qu'une lettre élogieuse fait toujours plaisir – comme ce fut le cas pour John, l'ami de Peter.

Le troisième paragraphe, très simple, concluait la lettre :

> Je vous téléphonerai d'ici quelques jours pour décider d'un rendez-vous. Je sais combien votre temps est précieux, aussi vous pouvez être certain que je ne m'imposerai pas plus d'une trentaine de minutes.

Finalement, la lettre donnait ceci :

34, rue Principale
Ville, code postal
Date

Monsieur Jim Jones
Directeur
Service du crédit-bail
Banque rivale
456, rue Principale
Ville, code postal

Cher Monsieur,

La réputation d'excellence de votre banque n'est plus à démontrer et vos activités de crédit-bail dans le secteur de l'agroalimentaire constituent un modèle pour l'ensemble des autres établissements. Les services que vous offrez à votre clientèle conviennent aussi bien aux grandes qu'aux petites entreprises agricoles et il est certain que vous devez en éprouver énormément de satisfaction.

Je suis un spécialiste en marketing et je connais à fond tous les rouages de la vente. Depuis quelque temps, je m'intéresse aux diverses activités de votre banque et j'aimerais en apprendre davantage, en particulier sur le crédit-bail dans le domaine de l'agro-alimentaire et sur les progrès accomplis en cette matière par les industries connexes. Je suis fasciné par l'avenir du crédit-bail et vos remarques me seront sans aucun doute d'une grande utilité. C'est pourquoi j'aimerais vous rencontrer personnellement afin de pouvoir vous poser quelques questions. Ma visite aura un but exclusivement documentaire, sans aucune relation avec la recherche d'emploi.

Je vous téléphonerai d'ici quelques jours pour décider d'un rendez-vous. Je sais combien votre temps est précieux, aussi vous pouvez être certain que je ne m'imposerai pas plus d'une trentaine de minutes.

Veuillez agréer, cher Monsieur, l'expression de mes sentiments les meilleurs.

Peter Johnson

Il y a évidemment des variantes. Mais plus votre lettre est personnalisée et mieux c'est. *Si elle semble aussi naturelle qu'une conversation*, c'est qu'elle est bien écrite. Vous trouverez divers modèles de lettres d'introduction à la fin de ce chapitre. Vous pouvez en adresser à n'importe qui, dans n'importe quel domaine. Cette lettre convient aussi fort bien pour des artistes, des musiciens ou toute autre personne qui exerce un métier non conventionnel – ne croyez pas qu'elle se limite au monde des affaires ou de l'industrie. Si vous êtes un chanteur et que vous voulez vous produire dans un club de nuit, écrivez au propriétaire et tenez une rencontre de consultation avec lui avant de lui demander d'ajouter votre tour de chant à son programme. Votre lettre doit être en harmonie avec votre passion! (Vous trouverez, en fin de chapitre, un modèle de lettre conçue à l'intention des artistes.)

Bien souvent, nous adoptons pour écrire un ton empesé, officiel, avec comme résultat que la lettre semble être un condensé de formules toutes faites ou de clichés. Il n'y a aucun *sentiment* dans une lettre de ce genre. Après avoir fini votre premier brouillon, relisez-le à voix haute; vous vous rendrez ainsi mieux compte de son ton. Récrivez-le jusqu'à ce que vous ayez l'impression de bavarder à bâtons rompus. Demandez-vous quelle serait votre réaction en recevant cette lettre. «Est-ce bien moi? Est-ce bien ma façon de parler lorsque je me passionne pour quelque chose?»

Quand vous écrivez à une personne très occupée pour lui demander de vous recevoir, il est certain que celle-ci voudra savoir pourquoi. Les gens n'aiment pas qu'on fasse pression sur eux et s'imaginent facilement que le signataire est en quête d'un emploi ou convoite autre chose, ce qui les mettra dans une situation ambiguë. Or, votre lettre n'a d'autre but que de leur demander leur opinion, leurs conseils et certaines des informations qu'ils détiennent – rien qui puisse constituer une menace, rien qui risque de leur forcer la main.

Et puisque vous les aurez abordés de cette façon, sans provoquer le moindre stress, ils seront davantage enclins à partager leur savoir avec vous, à vous écouter et à vous recommander d'autres personnes qui vous aideront à poursuivre votre recherche. Ainsi donc, vous vous présenterez à l'endroit même où vous pourrez les entendre parler de leurs besoins, de leurs problèmes et de leur désir de les résoudre. Vous vous présenterez là où les problèmes se règlent et où les décisions se prennent. Il se peut fort bien qu'eux et vous décidiez ensuite d'un commun accord que vous êtes «l'homme de la situation»!

RECHERCHE D'ABORD, PRISE DE CONTACT ENSUITE

Si ce processus qui débute par une recherche et se poursuit par une lettre d'introduction s'avère aussi fructueux, c'est parce que, fort d'un savoir qui augmente votre confiance en vous-même et vous assure le respect des autres, vous avez su prendre des initiatives, vous familiariser avec les divers aspects du domaine qui vous intéresse et communiquer avec un éventuel employeur. Tout cela vous donne un net avantage sur les autres demandeurs d'emploi. Plus votre recherche sera poussée, plus vous persévérerez et plus il y aura de chances pour que vous ameniez le système à jouer en votre faveur. Dès que vous avez maîtrisé les techniques de l'automarketing, vous devenez responsable de votre carrière pour le reste de votre vie. Vous êtes capable d'*agir* – ce qui est la définition même du pouvoir.

L'EXPÉDITION EN NOMBRE

Il est toujours préférable d'envoyer au moins une dizaine de lettres à la fois. Si vous n'en postez qu'une ou deux et que leurs destinataires ne peuvent vous recevoir pour une raison ou une autre, vous serez porté à douter de l'efficacité du procédé. (Comme toute règle, celle-ci comporte évidemment des exceptions. Pris d'un véritable coup de foudre pour une société en particulier, l'un de mes clients n'écrivit qu'une seule lettre, rencontra les responsables de cette société à plusieurs reprises et l'affaire fut réglée d'office!) Toutefois, vous ne devriez envoyer vos dix lettres qu'après avoir posté les trois premières destinées à des amis ou à des connaissances et après, également, avoir eu avec eux les trois consultations qui vous tiendront lieu en quelque sorte de *répétition générale*. De cette façon, vous saurez mieux ce que vous faites et pourquoi. Il serait également bon, à ce stade, de faire appel à un ami ou à un conseiller qui vous aura été chaudement recommandé. Nous sommes des êtres sociables et nous avons besoin d'être encouragés et félicités pendant une période de croissance et d'apprentissage.

LE SUIVI TÉLÉPHONIQUE

Une fois que votre lettre d'introduction aura été postée, vous devrez passer à l'étape suivante : le suivi téléphonique. Préparez la liste des personnes et des entreprises auxquelles vous allez téléphoner en prévoyant un espace pour les noms des secrétaires. Donnez votre premier coup de fil en tout début de matinée, quand la journée de travail vient de commencer. Et rappelez-vous ces trois constantes de la nature humaine :

1. L'être humain s'intéresse toujours à lui-même et aime se sentir important.

2. Quand il est au travail, toutes ses idées sont accaparées par son entreprise et par ce qu'il a à faire.

3. Vous arrivez au troisième rang des priorités de la personne que vous avez rejointe dans le domaine qui vous intéresse.

Tenez pour acquis que l'affaire est dans le sac. Le vendeur averti est sûr de lui et de son produit. Il est certain de pouvoir rejoindre suffisamment de clients. Vous n'êtes qu'une seule personne et vous n'avez besoin que d'un seul emploi parmi les milliers qui sont disponibles. Vous vous êtes donné la peine de préparer minutieusement votre recherche et votre présentation. Si vous vous heurtez à des obstacles en cours de route, ne cédez pas au découragement et persistez plutôt dans vos efforts. (Des difficultés tenaces à ce stade-ci peuvent être l'indice de craintes personnelles – les vôtres et celles de vos interlocuteurs. Sinon, il se peut que vous vous trompiez de cible – que celle-ci ne corresponde pas à votre passion.)

Si l'entreprise a un standard, donnez le nom de la personne à qui vous voulez parler et si la réceptionniste vous indique un numéro direct, notez-le sur votre liste. Lorsque vous serez en communication avec la secrétaire, la conversation se déroulera plus ou moins de cette façon :

« Bonjour, je m'appelle _____ et je voudrais parler à _____. »

La secrétaire vous répondra alors par l'une des trois formules suivantes :

« Il est absent pour le moment », « il est en réunion », ou « ne quittez pas, je vous le passe. »

Si la personne est absente, enchaînez en disant : « Bon, alors, j'aimerais laisser mon numéro de téléphone », et si elle est occupée : « Dans ce cas, je rappellerai ; quel serait le meilleur moment ? »

Demandez toujours son nom à la secrétaire. Elle est une personne, elle aussi ! Et lorsque vous retéléphonerez, appelez-la par son nom – vous venez de vous faire une nouvelle relation.

Il peut être amusant de travailler par téléphone. En outre, cela permet d'évaluer votre aptitude pour la communication. En affaires, de nos jours, on adopte une attitude moins guindée, plus humaine. Vous apprendrez, en téléphonant, comment nouer des relations et vous aurez besoin du concours de la secrétaire. Vous pourrez d'ailleurs vous inspirer de l'expérience de certains de mes clients.

Si la secrétaire vous demande : « C'est à quel sujet ? » votre réponse sera aussi sincère que concise : « C'est personnel. M. _____ attend mon appel. » Ce qui est tout à fait vrai, rappelez-vous le dernier paragraphe de votre lettre.

Au cas où la secrétaire vous dirait : « Je vais vous transférer au service du personnel », répondez-lui : « C'est inutile. Je ne téléphone pas pour une demande d'emploi. » Ce qui, ici encore, est exact. Vous procédez à une *recherche*, vous ne cherchez pas du travail. Pas encore. (Vous n'avez même pas pris rendez-vous.)

Un mot, en passant, à propos des services du personnel : tenez-vous-en le plus loin possible, peu importe tout ce qu'on pourra vous dire. Le service du personnel s'occupe des dossiers pour toute la compagnie, mais sa tâche consiste à procéder à une première élimination plutôt qu'à embaucher. Bon nombre de mes clients travaillent dans ce domaine et en sont enchantés, mais ils n'ont pas obtenu leur poste en discutant avec les responsables du service ! Ils sont entrés en contact avec les personnes qui avaient le *pouvoir d'agir*. Ne perdez jamais votre objectif de vue. Une entrevue avec le service du personnel est, au mieux, décourageante, alors vous n'avez rien à y gagner.

Demandez à parler à M. ou à Mme _____. Si cette personne est en réunion, laissez votre numéro ou demandez à la secrétaire à quel moment vous pourrez la rappeler.

L'HISTOIRE D'ELAINE

Elaine avait visité quatre ou cinq sociétés et discuté avec une douzaine d'agents de recrutement et de spécialistes en placement (son champ d'intérêt) avant d'arrêter son choix. Elle téléphona cinq fois à la personne qu'elle avait ciblée, mais celle-ci était toujours en réunion ou absente de son bureau. Du coup, elle avait parlé suffisamment souvent avec la secrétaire pour pouvoir se permettre de lui demander en plaisantant : « Dites-moi, Betty, quel est le *bon* moment pour réussir à lui parler ? » Betty se mit à rire et répondit : « Téléphonez-lui à huit heures et demie pile. Il répondra au téléphone. C'est à peu près le seul moment où il n'y a personne dans son bureau. »

Eurêka ! Elaine téléphona donc le lendemain matin et expliqua brièvement qui elle était. Même s'il avait lu sa lettre, son interlocuteur n'était pas trop sûr de ce qu'elle voulait, mais il était prêt à la rencontrer.

« Préférez-vous au début ou à la fin de la semaine ? » lui demanda-t-elle en lui laissant le choix.

« Mardi, ça m'ira très bien. »

« Le matin ou en après-midi ? » reprit Elaine.

« Que diriez-vous de 10 heures ? »

« C'est parfait. Alors, je serai là à 10 heures pile », conclut-elle.

Remarquez la précision de cet échange verbal. C'est Elaine qui mène le jeu et, ce faisant, elle incite son interlocuteur à la percevoir comme une personne effectivement puissante. Son intention n'est pas de le dominer, mais plutôt de l'amener à se rendre compte du pouvoir qu'elle tire de son engagement envers sa passion. Dans les rapports humains, le pouvoir d'une personne autonome a un effet irrésistible sur une autre qui aurait un tempérament de décideur.

Elaine avait préparé à l'intention du directeur qu'elle allait rencontrer un projet de sélection du personnel qui portait à la fois sur la promotion professionnelle et sur le recrutement. L'entreprise était une petite chaîne en plein essor de magasins d'accessoires pour la rénovation domiciliaire. (Le design, la décoration et le choix de tissus faisaient partie des intérêts *prioritaires* d'Elaine, tandis que ses *compétences* concernaient la sélection, la formation et la motivation du personnel.) Elaine avait identifié les problèmes (occasions) qu'elle voulait résoudre et, après avoir repéré quelqu'un aux prises avec ce genre de difficultés, elle s'était obstinée en téléphonant à cinq reprises et avait finalement fait appel à la secrétaire pour réussir à établir le contact. Personnalisée et ciblée, sa démarche était parfaitement au point. Son interlocuteur se montra ouvert et réceptif et elle décrocha le poste !

Elaine avait les capacités voulues pour résoudre les problèmes reliés à la sélection du personnel adéquat et à sa motivation pour que la satisfaction au travail favorise la stabilité. Elle avait aussi préparé une analyse coût / avantages, dotée d'une touche très personnelle. *Le monde des affaires a besoin de gens capables de résoudre les problèmes*, d'individus qui utilisent leur pouvoir personnel pour s'attaquer à des cas apparemment sans issue et les transformer en situations avantageuses.

Vous aussi, vous avez le pouvoir de vous affirmer comme un « liquidateur de problèmes » dans un milieu de travail donné, parce que vous êtes le seul à posséder votre passion, à posséder des aptitudes et des compétences selon une *combinaison exacte* qui vous est spécifique. Elaine avait fait jouer de concert son esprit d'initiative et son imagination, et cette dernière avait été relayée par l'entendement. Elle savait ce qu'elle voulait et sa lucidité l'avait guidée vers son but.

L'histoire de Peter s'est elle aussi conclue par une offre d'emploi, émanant de son ami banquier. Aujourd'hui, Peter est l'un des chefs de file du crédit-bail bancaire et s'est spécialisé dans l'agro-alimentaire. Il continue de gravir des échelons en appliquant les principes de la réciprocité. Peter a comparé son nouveau poste et celui qu'il occupait dans son ancienne société pharmaceutique :

« La principale différence, c'est que maintenant, pour vendre mes produits, j'arpente les champs des producteurs maraîchers plutôt que les cabinets des médecins. J'adore ça ! Mes clients sont tellement fiers de leurs terres, de leurs fermes et de leurs vignobles. Je reste souvent à dîner après que nous avons conclu une affaire. » Peter et Elaine ont bâti un réseau de relations fondé sur le principe de la réciprocité. Et ils continueront de progresser tant que la réciprocité d'intérêts aura préséance.

MODÈLES DE LETTRES

Dans cette section, vous trouverez quelques autres exemples de lettres. Plutôt que de les reprendre intégralement, vous pourrez vous en inspirer afin d'élaborer des méthodes à la fois originales et constructives en vue d'une première prise de contact avec la personne et la société qui vous intéressent.

La première de ces lettres a été écrite sur les conseils d'un membre respecté du service du personnel. Ce service, dans ce cas précis, s'est montré très coopératif. Rares sont les sociétés qui savent en utiliser les ressources à bon escient. Et, justement, cette entreprise était l'une d'entre elles.

La deuxième lettre a, elle aussi, été suggérée par le même employé. Les personnes en place sont parfois très utiles pour nous aider à frapper à la bonne porte. Le signataire de ces deux lettres s'est donné beaucoup de mal pour les modifier quelque peu puisque leurs destinataires travaillaient dans la même compagnie. C'est là le genre d'effort qui stimule la créativité et qui porte en lui sa récompense.

552, avenue X
Ville Y, code postal
Date

Monsieur Bob Lane
Directeur de la commercialisation
Matériel informatique
Ordinateurs inc.
Rue Z
Ville XYZ, code postal

Cher Monsieur,

La réputation qu'Ordinateurs inc. s'est acquise grâce à la qualité de ses produits et à sa philosophie de gestion axée sur la croissance de son personnel m'incite à vous écrire. Je souhaiterais en effet me documenter sur le marketing dans le domaine de l'informatique et, en votre qualité de directeur de la commercialisation du matériel informatique, votre point de vue me sera sûrement très précieux. Jay Jones, qui est attaché à votre service de la formation, m'a assuré que vous étiez la personne la mieux au courant des dernières mises à jour de votre programme de commercialisation.

Pendant les dernières quatre années et demie, j'ai travaillé sur les applications scientifiques de divers programmes et j'ai récemment décidé de m'orienter vers la vente de logiciels et le soutien technique à la vente. Les secteurs de la commercialisation et de la vente m'intéressent parce que je désire occuper un poste qui me permettra de tirer parti de mon expérience technique. Votre avis sur la façon d'effectuer un tel virage m'aidera à prendre la bonne direction et à éviter les faux pas! Je tiens à insister sur le fait que je ne m'adresse pas à vous pour un emploi. Mon seul but, pour le moment, est d'obtenir votre concours, eu égard à ma stratégie. Jay m'a affirmé que vous aviez un talent inné pour résoudre les problèmes. Aussi aimerais-je vous rencontrer au moment qui vous conviendra le mieux, cela va sans dire.

Je vous téléphonerai dans quelques jours pour que nous puissions décider du jour et de l'heure. Je n'ignore pas combien votre emploi du temps est chargé et vous pouvez être sûr que notre entretien ne dépassera pas une trentaine de minutes. Je me réjouis de cette occasion de faire votre connaissance.

Veuillez agréer, cher Monsieur, l'expression de mes sentiments les meilleurs.

Clark Jones

552, avenue X
Ville Y, code postal
Date

Monsieur John Smith
Directeur du personnel de mise en marché
Ordinateurs inc., siège social
Rue W
Ville ABC, code postal

Cher Monsieur,

La société Ordinateurs inc. a toujours été réputée pour la qualité de ses produits, ce qui tient sûrement à son talent pour trouver et attirer chez elle du personnel d'une grande compétence. Vos fonctions vous amènent à jouer un rôle primordial à cet égard et votre opinion me sera donc particulièrement précieuse. Jay Jones, qui est attaché à votre service de la formation, m'a assuré que vous étiez la personne la mieux avertie quand il s'agit de faire concorder les compétences d'un individu et les besoins de votre société.

Pendant les dernières quatre années et demie, j'ai travaillé sur les applications scientifiques de divers programmes et j'ai récemment décidé de m'orienter vers la vente de logiciels et le soutien technique à la vente. Les secteurs de la commercialisation et de la vente m'intéressent parce que je désire occuper un poste qui me permettra de tirer parti de mon expérience technique. Les informations que vous pourrez me donner sur votre société me permettront de prendre une décision solidement étayée. Je tiens, par ailleurs, à vous assurer que ma demande n'a nullement pour objectif de solliciter un emploi. Jay m'a dit que vous seriez sûrement disponible pour une entrevue et vous a décrit comme une personne accessible et réaliste.

Je serais heureux de pouvoir vous rencontrer au moment qui vous conviendra le mieux et je vous téléphonerai dans quelques jours pour que nous puissions fixer le jour et l'heure. Comme je sais que votre emploi du temps est très chargé, vous pouvez avoir la certitude que notre entretien ne dépassera pas une trentaine de minutes. J'espère vivement qu'il vous sera possible de me recevoir.

Veuillez agréer, cher Monsieur, l'expression de mes sentiments les meilleurs.

Clark Jones

Lorsque Clark et moi avons commencé à travailler ensemble, il manquait tellement de souplesse au plan de la communication que j'avais fini par lui suggérer de s'inscrire à un cours d'art dramatique. Il suivit mon conseil et découvrit un nouveau « scénario » en laissant émerger l'enfant qui subsistait en lui et en modifiant certains comportements d'adulte. Grâce à ce cours qui lui plut énormément, il put profiter d'une méthodologie inusitée pour procéder à des changements personnels.

La signataire de la prochaine lettre avait fait la connaissance de sa personne-ressource en assistant à son cours. Bon nombre des cours universitaires qui relèvent de l'éducation permanente sont donnés par des professionnels compétents qui éprouvent une véritable passion pour leur travail. Et ils sont des candidats tout indiqués pour une consultation.

452, avenue K
Ville, code postal
Date

M. Steven Lee
Vice-président directeur
Services de consultation financière
Banque du Nord
Rue J
Ville, code postal

Cher Monsieur,

Vos fonctions de président du programme du certificat en planification financière personnelle administré par le service d'Éducation permanente, de même que le poste que vous occupez à la Banque du Nord, font de vous une personne-ressource exceptionnelle. En outre, comme vous montrez la voie aux futurs conseillers financiers et que vous connaissez bien les qualités indispensables pour réussir dans ce domaine, vos idées revêtent une très grande importance pour vos étudiants. J'ai récemment suivi l'un de vos cours et je l'ai trouvé très enrichissant.

Tout comme vous, je m'intéresse à la planification de mes finances personnelles, mais ce qui m'importe encore plus serait d'en apprendre davantage sur la profession de conseiller financier, surtout auprès d'experts tels que vous. Je suis analyste fonctionnel et je travaille actuellement à la conception d'un système de comptabilité et de communication des données pour le service d'approvisionnement et de distribution d'une grande société pétrolière. J'avais choisi comme sujet de maîtrise les finances et l'analyse quantitative, tandis que mes études de premier cycle m'ont préparée à une carrière dans la vente au détail de vêtements et tissus. J'envisage de changer d'orientation afin d'occuper un poste qui soit davantage en accord avec mes véritables intérêts et parce que j'estime que l'avenir s'annonce prometteur dans le domaine de la planification financière !

J'aimerais beaucoup connaître votre opinion sur ces perspectives et souhaiterais donc vous rencontrer pour vous poser quelques questions avant de prendre une décision. Pour le moment, je désire uniquement obtenir des renseignements et non solliciter un emploi.

Je vous téléphonerai sous peu pour que nous convenions d'un rendez-vous. Je sais combien votre temps est précieux, aussi vous pouvez avoir l'assurance que notre entretien ne durera pas plus d'une demi-heure.

Veuillez agréer, cher Monsieur, l'expression de mes meilleurs sentiments.

Jenny Webster

Pour sa deuxième lettre, Jenny fit appel aux ressources de sa propre organisation – le Women's Forum – pour découvrir des personnes qui partageraient ses intérêts. Cette lettre est rédigée dans un style plus officiel. Les gens qui gèrent l'argent aiment assez qu'on respecte les formes.

452, avenue K
Ville, code postal
Date

Madame Charlotte Jones
Directrice des comptes
Société de placement C.B. Sutton
Avenue Lowell
Ville, code postal

Chère Madame,

Même si cela fait déjà plus d'un an, je reste impressionnée par la qualité de l'exposé que vous aviez présenté lors d'un dîner-causerie organisé par mon organisme, le Women's Forum. Vous nous aviez parlé avec beaucoup d'humour des démarches à faire pour trouver un conseiller financier et vous aviez mentionné qu'une grande société, à l'image probablement de C.B. Sutton, présente le double avantage de jouir d'une solide réputation et d'offrir des recours aux clients mécontents. Le fait que vous soyez conseillère financière en même temps que professeur en planification financière vous permet de considérer cette profession sous un angle unique.

Tout comme vous, je m'intéresse à la planification de mes finances personnelles, mais, ce qui m'importe encore plus, je voudrais en apprendre plus long sur la profession de conseiller financier, surtout auprès d'experts tels que vous. Je suis analyste fonctionnel et je travaille actuellement à la conception d'un système de comptabilité et de communication des données pour le service d'approvisionnement et de distribution d'une grande société pétrolière. J'avais choisi comme sujet de maîtrise les finances et l'analyse quantitative, tandis que mes études de premier cycle m'ont préparée à une carrière dans la vente au détail de vêtements et tissus. J'envisage de changer d'orientation afin de poursuivre une carrière qui soit davantage en accord avec mes véritables intérêts et j'estime que l'avenir s'annonce prometteur dans le domaine de la planification financière.

J'aimerais beaucoup connaître votre opinion sur cet avenir et souhaiterais donc vous rencontrer pour vous poser quelques questions avant de prendre une décision. Pour le moment, je désire uniquement obtenir des renseignements et non solliciter un emploi.

Je vous téléphonerai sous peu pour que nous convenions d'un rendez-vous. Je sais combien votre temps est précieux, aussi vous pouvez avoir l'assurance que notre entretien ne durera pas plus d'une demi-heure.

Veuillez agréer, chère Madame, l'expression de mes meilleurs sentiments.

Jenny Webster

C'est au cours de ses lectures que Jenny trouva à qui adresser sa troisième lettre. Dans ce cas précis, la destinataire, trop débordée pour pouvoir la rencontrer, lui délégua son adjointe. La réunion se déroula encore mieux que Jenny ne l'avait espéré parce que les deux femmes se trouvaient en quelque sorte sur un pied d'égalité ! Comme il ressortait clairement de l'article du magazine *Money* que la personne qui l'intéressait était quelqu'un sans prétention et avec un grand sens de l'humour, Jenny adopta, pour cette lettre, un ton moins formaliste que pour la précédente.

452, avenue K
Ville, code postal
Date

Madame Jane Jones
Investments Corp. Inc.
123, rue Principale
Ville, code postal

Chère Madame,

D'après un article paru dans le numéro d'avril de la revue *Money*, vous auriez affirmé qu'« il est beaucoup plus important d'être sensible aux besoins des individus que d'aligner des chiffres ». C'est là une attitude qui m'apparaît fondée sur l'intuition, l'empathie et une saine vision des questions financières.

Je m'intéresse à la planification de mes finances personnelles, mais, plus encore, je suis fascinée par la profession de conseiller financier, surtout à cause de spécialistes tels que vous. Je travaille actuellement comme analyste fonctionnel à la conception d'un système de comptabilité et de communication des données pour le service d'approvisionnement et de distribution d'une grande société pétrolière. J'ai obtenu ma maîtrise en finances et en analyse quantitative, tandis que mes études de premier cycle m'ont préparée à une carrière dans la vente au détail de vêtements et tissus. J'envisage de changer d'orientation afin de poursuivre une carrière davantage axée sur mes véritables intérêts et j'estime que l'avenir s'annonce prometteur dans le domaine de la planification financière. J'ai beaucoup aimé votre façon de penser et je suis sûre que votre perception de ce domaine m'aidera à mieux cerner les compétences requises pour devenir conseillère en placement. Je souhaiterais donc vous rencontrer pour vous poser quelques questions avant de prendre une décision définitive quant à ma carrière.

Si vous le voulez bien, je vous téléphonerai sous peu pour que nous convenions d'un rendez-vous. Je sais combien votre temps est précieux, aussi vous pouvez avoir l'assurance que notre entretien ne durera pas plus d'une demi-heure.

Veuillez agréer, chère Madame, l'expression de mes meilleurs sentiments.

Jenny Webster

Nous allons maintenant voir une première lettre écrite par l'un de mes clients afin de prendre rendez-vous, puis la seconde qui constitue un bon exemple de lettre de suivi après une consultation.

649, avenue des Pins
Ville, code postal
Date

Madame Joan L. Edwards
Vice-présidente aux finances
Clothing Unlimited
Rue Principale
Ville, code postal

Chère Madame,

Le poids de la concurrence, la restructuration des marchés et les coûts d'exploitation ont obligé le secteur de la vente de vêtements au détail à procéder à des changements majeurs. Clothing Unlimited est en train de prendre des mesures sans précédent pour faire face à ces défis. En tant que responsable de la planification financière de votre compagnie, vous avez collaboré à la mise au point de nouveaux produits et services, de même qu'à l'adoption de combinaisons produits / services et de méthodes de distribution qui soient plus rentables. En outre, par suite de vos efforts pour accroître et renforcer la place de Clothing Unlimited sur les marchés internationaux, vous vous retrouvez en première ligne dans la recherche de solutions efficaces à des problèmes épineux.

Conseiller financier et spécialiste de la planification des sociétés, je possède également de l'expérience comme analyste de l'économie internationale. Je me suis vivement intéressé au rôle croissant de Clothing Unlimited dans des secteurs qui ne relèvent pas du vêtement, tel que les finances. Je souhaiterais donc me renseigner plus à fond sur la façon dont vous avez accédé à ces nouveaux débouchés ; je suis surtout fasciné par vos efforts pour percer sur les marchés internationaux. Si j'ai décidé de vous écrire, c'est parce que je suis attiré par les fantastiques défis que, selon mes prévisions, l'industrie sera bientôt appelée à relever. Et puisque vous connaissez bien sa future orientation, j'aimerais vous rencontrer personnellement pour connaître votre opinion à ce sujet et vous poser quelques questions. Mon but, pour le moment, n'est pas de solliciter un emploi, mais plutôt de parfaire mes connaissances afin de pouvoir décider de mon avenir professionnel en connaissance de cause.

Je vous téléphonerai d'ici quelques jours pour prendre rendez-vous. Je n'ignore pas combien votre temps est précieux, aussi je peux vous assurer que notre entretien ne durera pas plus d'une demi-heure.

Veuillez agréer, chère Madame, l'expression de mes sentiments distingués.

Phil Steele

Dans cette première lettre, Phil avait fait état et de son intérêt sincère pour les produits de cette compagnie et de sa fascination pour la planification stratégique et l'expansion. Phil est un homme qui sait voir loin et il a un faible pour les projets à long terme. Il rencontra finalement Mme Edwards et la prochaine lettre que nous allons voir a été écrite après cette consultation.

649, avenue des Pins
Ville, code postal
Date

Madame Joan L. Edwards
Vice-présidente aux finances
Clothing Unlimited
Rue Principale
Ville, code postal

Chère Madame,

Les explications que vous avez bien voulu me fournir, lors de notre entrevue d'hier, sur la structure de Clothing Unlimited, sur ses méthodes de planification et sur son rayonnement commercial ont été extrêmement instructives. Et la décision d'ajouter à ses activités des produits autres que le vêtement a été appliquée avec dynamisme et inventivité.

D'un point de vue stratégique, votre pénétration des marchés internationaux a lieu à point nommé. Il est évident que vous avez consacré beaucoup de temps à l'élaboration d'un programme à long terme qui permettra à Clothing Unlimited d'étendre son champ d'action, en particulier dans des secteurs autres que celui du vête-ment. Il ne fait aucun doute que la planification de cette stratégie a dû vous passionner.

J'ai été enchanté de vous rencontrer et j'ai vivement apprécié la qualité de nos échanges. Grâce à vous, je connais mieux la nature de votre compagnie et de ses initiatives audacieuses. Je peux éga-lement mieux apprécier l'ampleur de son programme d'expansion. Je me propose, à cet égard, de jeter sur papier les grandes lignes d'un plan stratégique et de vous téléphoner ensuite au cas où vous seriez intéressée à en prendre connaissance. Par ailleurs, si vous pouviez me suggérer les noms de personnes avec qui je pourrai poursuivre l'étude de ces questions, je vous en serais très recon-naissant.

Veuillez agréer, chère Madame, l'expression de mes sentiments les meilleurs.

Phil Steele

Vous remarquerez comment, dans cette lettre de suivi, Phil résume les sujets traités pendant la consultation et demande qu'on lui fournisse les noms d'autres personnes avec qui il pourra discuter de ses champs d'intérêt. De plus, comme il est *passionné* par le projet d'expansion de la compagnie, il a l'intention de préparer un projet de stratégie et de le soumettre à Mme Edwards. Il pourrait d'ailleurs l'inclure dans un curriculum vitae de type « exposé », ce dont nous traiterons au chapitre 8. Phil est en train de préparer le terrain en vue de contacts ultérieurs avec cette compagnie.

LETTRES D'INTRODUCTION DESTINÉES AUX ARTISTES

Les lettres d'introduction sont tout aussi efficaces dans le cas des artistes – créateurs ou interprètes – que dans celui des gens d'affai-res. Les médias, le monde du spectacle, celui des arts dans son ensemble sont tous très réceptifs à la méthode de la consultation. Pour un artiste, le « gagne-pain idéal » englobe toutes ces années où il a dû se débrouiller seul, en attendant de maîtriser son art. Après tout, Renoir, adolescent, n'avait pas hésité à peindre des assiettes dans un atelier de porcelaine, pendant qu'il poursuivait ses études.

Lui-même et Monet ne mangeaient que des féculents pendant des semaines et pourtant, quand il parlait de cette époque, c'était avec enthousiasme et en affirmant n'avoir jamais été aussi heureux de toute sa vie[1].

L'artiste est fondamentalement un solitaire. En règle générale, ses valeurs diffèrent de celles du commun des mortels. S'il apprécie les biens matériels, le prestige et la sécurité, il n'en privilégie pas moins la création, l'amitié et la liberté. Il est indispensable de voir la créativité pour ce qu'elle est vraiment : une imagination féconde liée au désir d'exprimer quelque chose. Après tout, la créativité *crée*, donne naissance à quelque chose, produit des résultats tangibles. Il s'ensuit que l'artiste créateur doit avoir en lui suffisamment d'énergie et de ressources pour pouvoir travailler dur. Mais la créativité exige par-dessus tout une imagination disciplinée – ni freinée ni réprimée, mais canalisée.

Nous avons déjà vu à quel point l'amitié est importante pour la totalité d'entre nous. Et, pour la plupart des artistes, elle revêt un caractère vital à cause de l'effet stimulant qu'elle a sur la créativité de chacun. Le terme « ami » est employé dans son vrai sens et non avec désinvolture, comme lorsqu'on qualifie d'amis de simples relations. Le seul esprit capable de comprendre un esprit créateur est celui qui crée également de son côté ! Rappelez-vous tous ceux de vos professeurs qui, fermés à toute spontanéité, affichaient un comportement anormalement compassé. Avez-vous déjà été marié ou « ami » avec quelqu'un qui vous trouvait trop étrange, trop imaginatif, etc. ? La personne créative est toujours « trop » quelque chose – c'est normal, elle est plus passionnée !

Votre lettre d'introduction peut vous aider à vous faire de nouveaux amis dans les milieux artistiques. Elle obéit aux mêmes règles que les autres. Concentrez-vous sur son destinataire et évitez de surestimer ceux qui exercent un art ou travaillent dans les médias. Dans le monde de la radio et de la télévision, plus particulièrement, on a tendance à donner des gens une image nettement surfaite. Rappelez-vous que les vedettes de ces deux médias sont comme tout le monde et qu'elles font simplement leur travail – souvent avec passion.

Ne vous attaquez pas à votre lettre d'introduction tant que vous n'aurez pas fait vos devoirs. Si vous voulez rencontrer un réalisateur de la télévision, regardez son émission, étudiez-la, prenez des notes. Et comparez-la avec d'autres du même genre. Inscrivez-vous à un cours de réalisateur télé – une bonne façon de rencontrer la bonne personne. *Travaillez.* Rien n'impressionnera davantage les personnes créatives que votre acharnement au travail. Maîtrisez votre passion, puis rédigez votre lettre. Vous n'aurez aucun mal à trouver vos mots !

N'oubliez pas que la télévision (tout comme les autres médias) est surtout intéressée à présenter des réussites déjà *consacrées*. Pensez à toutes les imitations qu'engendre une émission à succès – et qui, pour la plupart, connaîtront l'échec ! La radio a un côté plus intime et plus expérimental que la télévision et elle connaît actuellement un nouvel essor qui devrait se poursuivre pendant des années.

La prochaine lettre d'introduction que nous allons voir est une lettre que j'avais envoyée à une réalisatrice de la chaîne de télévision locale. J'avais obtenu son nom par Nancy Fleming, l'animatrice de l'émission. Il faut toujours dactylographier les lettres destinées aux gens des médias. Ils reçoivent tellement de courrier manuscrit de leurs admirateurs que, par comparaison, la vôtre aura un aspect plus direct et plus professionnel.

Le 8 février 1982

Madame Shirley Davilos
KGO TV
Canal 7
227, Golden Gate Avenue
San Francisco, CA 94102

Chère Shirley,

Nancy Fleming m'a suggéré de vous faire parvenir quelques notes personnelles puisque c'est vous qui invitez les personnes qu'elle recevra dans le cadre de votre émission. Vous devez être fière de réaliser une émission d'une telle qualité. Nancy pense que ma sphère d'activité pourrait intéresser ses auditeurs.

Depuis plus de six ans, je suis conseillère en carrières à San Francisco. Je travaille avec des particuliers et pour des entreprises qui retiennent mes services afin de résoudre des problèmes professionnels de toute sorte. Mes clients sont aussi bien des personnes en quête de leur premier emploi, des hommes et des femmes qui reviennent sur le marché du travail que des individus qui ont déjà une situation et veulent quelque chose de *plus* : satisfaction, argent et croissance personnelle.

Nancy m'a dit qu'on pourrait axer l'émission sur deux grands thèmes : les diplômés universitaires et les demandeurs d'emploi qui effectuent un retour dans le monde du travail. Je serai enchantée de traiter de l'un et l'autre sujets. Je joins à cette lettre un bref curriculum vitae, quelques-uns des articles que j'ai publiés et un résumé des services offerts par mon bureau. Je me réjouis à l'idée de vous rencontrer toutes les deux.

Veuillez agréer, chère Shirley, l'expression de mes sentiments les meilleurs.

Nancy Anderson

NA :cc

cc : Nancy Fleming

J'avais écouté très attentivement les explications de Nancy Fleming pendant notre discussion. Finalement, la réaction des téléspectateurs fut si positive que je fus réinvitée à plusieurs reprises. Grâce à cette expérience, j'obtins ce que je voulais : me faire connaître dans le monde de la télévision.

Mes éditeurs m'ont suggéré d'inclure ici la lettre d'introduction que je leur avais envoyée lorsque je leur avais soumis le premier chapitre de cet ouvrage. Ils avaient communiqué avec moi tout de suite après et m'avaient dit qu'ils seraient très intéressés à voir tout le manuscrit.

Le 18 mars 1983

Monsieur Mark Allen
Whatever Publishing, Inc.
B.P. 137
Mill Valley, CA 94942

Mon cher Mark,

La première loi de l'argent est la suivante : faites ce que vous *aimez*, l'argent suivra.

La plupart des Américains n'occupent pas le poste qu'ils devraient avoir et ne possèdent pas les outils qui leur permettraient de trouver leur passion et la façon de la rentabiliser. Depuis plus de sept ans, je travaille à mon compte à San Francisco comme conseillère en carrières et j'aide les gens à découvrir ce qu'ils aiment faire. Auparavant, j'étais journaliste ; j'ai fait des entrevues et j'ai traité de multiples sujets sous forme d'informations aussi bien que dans des articles de fond. J'ai réuni mes deux passions, la consultation sur les carrières et l'écriture, afin d'inciter les autres à réaliser ce que j'ai moi-même réussi. Il en est résulté un livre que j'ai intitulé *Travailler avec passion – comment découvrir la carrière de votre vie* et qui répond à un besoin des années 80 : un travail qui soit à la fois agréable et fécond. Il s'adresse à tous ceux et celles qui gagnent leur vie et recherchent la satisfaction d'une carrière qui leur plairait tellement qu'ils seraient même prêts à travailler pour rien, ce qui n'est évidemment pas le cas. Ils sont rémunérés, et fort bien.

Je joins à cette lettre le plan du livre, la préface et le premier chapitre afin que vous puissiez en prendre connaissance. J'ai terminé la rédaction du manuscrit.

Si j'ai choisi votre maison d'édition, c'est à cause du travail que vous avez accompli dans le cas de *Techniques de visualisation créatrice* de Shakti Gawain et de *Prospering Woman* de Ross. La mise en page, la conception et le travail d'édition correspondent exactement à ce que je souhaite. Je pense que, pour vous, mon livre représente la prochaine étape logique, depuis son examen initial jusqu'à la perspective de bénéfices et d'un travail effectué avec passion. Je vous remercie d'avance de l'attention que vous voudrez bien lui accorder.

Veuillez agréer, mon cher Mark, l'expression de mes sentiments les meilleurs.

Nancy Anderson

P.S. : J'ai inclus l'enregistrement d'un message publicitaire diffusé par KGO Radio sur les invités d'une de leurs émissions, ce qui vous donnera une idée de mes activités. J'attache une énorme importance à la publicité qui sera faite pour ce livre et je souhaiterais vivement participer à la mise en marché d'un produit dans lequel je crois si fortement.

RÉSUMÉ

> **Septième secret de la passion : les gens puissants savent établir et entretenir des relations (contacts) durables.**

1. *Vos pensées sont des choses*, des entités concrètes qui s'associent à d'autres entités. Des esprits analogues travaillent de concert à la création d'un « cartel cérébral » et engendrent par le fait même un esprit supérieur. Des esprits analogues qui travaillent ensemble sont plus puissants qu'un esprit qui agit de façon isolée.

2. Une lettre d'introduction bien rédigée est une objectivation de l'énergie mentale. Adressée à un esprit analogue, elle constitue un puissant outil de communication.

3. Vous devriez envoyer vos trois premières lettres à des personnes que vous connaissez déjà. La réciprocité existe déjà et vous pourrez observer les mécanismes de ces échanges.

4. Il est impossible de feindre une « relation ». Vous devez être en harmonie avec votre véritable passion.

5. Vos forces peuvent vous permettre de résoudre des problèmes d'envergure.

6. Les *attentes* imposent des résultats précis et engendrent souvent des déceptions. L'*espoir*, par contre, est créatif et ouvert, et les résultats sont toujours positifs.

7. Votre lettre d'introduction tient pour acquis que vous atteindrez votre but ; elle doit être écrite sur du papier soigneusement

choisi. Qu'elle soit manuscrite ou dactylographiée, la présentation en sera impeccable. Envoyez dix lettres à la fois.

8. Donnez un coup de téléphone de suivi quatre jours après avoir posté votre lettre.

9. Comportez-vous avec naturel avec la secrétaire. Demandez-lui toujours son nom et soyez à la fois amical et courtois. Vérifiez si votre lettre a bien été reçue. Dans le cas contraire, dites que vous rappellerez dans quelques jours et remerciez-la.

10. Si, dans la société que vous avez rejointe, on veut vous transférer à une autre personne que votre destinataire, obtenez son nom et écrivez-lui d'abord une lettre d'introduction, même si on lui a remis la première. *Personnalisez chacune de vos prises de contact.* Plusieurs de mes clients ont eu des entretiens très positifs avec un substitut parce que la personne de leur choix était absente, trop occupée ou que cela ne l'intéressait pas. Convertissez les obstacles en occasions fécondes. Ayant appris que la personne qu'elle voulait voir devait prendre l'avion le même après-midi, l'une de mes clientes lui proposa de la conduire à l'aéroport. Son interlocuteur accepta et, par la suite, lui proposa un poste. Soyez souple. Suggérez de vous rencontrer pour le petit déjeuner, le déjeuner, le dîner, devant une tasse de café ou pour prendre un verre, etc. Mentionnez également la possibilité de reporter cette rencontre d'une ou deux semaines.

11. *Ne vous étonnez pas si tout fonctionne bien.* Lorsqu'on accepte de vous recevoir, n'hésitez pas. Préparez un projet soigneusement conçu et ne reportez pas le rendez-vous. Prenez garde qu'une éventuelle peur ne vienne tout saboter en vous faisant tomber malade.

12. Toute personne qui se heurte à des problèmes professionnels espère qu'une solution lui sera proposée sur un plateau d'argent. Elle ignore tout de votre existence. Alors, *tendez-lui le plateau –* et savourez le plaisir de nouer une nouvelle relation !

13. Tout en fixant vos rendez-vous, soyez à l'affût des individus et des événements qui pourraient survenir « par hasard » – d'anciennes relations, la suggestion d'un ami, un coup de téléphone. Ne concevez pas le processus sous la forme d'un projet inaltérable. Vous

ne pouvez jamais savoir ce qu'il va donner – mais il va déboucher sur quelque chose, parfois sous l'apparence d'une occasion inespérée. Les résultats que vous souhaitez ne se produiront pas forcément pendant vos consultations.

8

LA CONSULTATION

Huitième secret de la passion : les gens puissants se
fient à leur instinct.

Vous voilà prêt à passer à la huitième étape de cette quête de
votre passion : comment tenir une consultation. Il n'y a rien de mysté-
rieux dans une consultation ; d'ailleurs, vous vous y livrez constamment, mais vous ne l'appelez pas comme ça. Ce chapitre sera, pour
la plupart des gens, le plus important de tout le livre. C'est là que vous
découvrirez la clé du pouvoir : comment nouer des liens avec les personnes qui partagent votre passion. Je vous suggérerai des méthodes
qui vous permettront de mener à bien vos consultations, mais tout
dépendra en fait de votre enthousiasme et de votre passion. Fiez-vous
à votre instinct pour parvenir au succès.

Lorsque j'ai dit que vous teniez constamment des consultations,
je voulais parler de ces conversations apparemment anodines pendant
lesquelles vous vous renseignez sur une personne ou un sujet qui vous
intéressent. Ces conversations peuvent avoir lieu à propos d'un fait
relativement banal, comme l'achat d'un téléviseur ou d'un autre produit ou service. Vous posez des questions, écoutez attentivement les
réponses et, une fois que vous avez accumulé suffisamment d'informations, vous prenez votre décision. Elles peuvent aussi se dérouler

dans un contexte plus précis, par exemple quand vous rencontrez quelqu'un que vous aimez bien ou dont le travail vous intrigue. La différence entre vos consultations «informelles» et celles qui font l'objet de ce chapitre est essentiellement une question de polarisation: vous allez maintenant vous concentrer sur *votre carrière*. Nous allons nous inspirer de l'exemple suivant pour comprendre le processus.

L'HISTOIRE DE BRIAN

Brian était un Chicano de 30 ans qui avait tout fait pour devenir avocat. Après des études supérieures poursuivies dans les meilleures universités, il s'était préparé pour l'examen du barreau, tout en travaillant comme agent de contrats pour un organisme gouvernemental. Il s'était présenté *six* fois à son examen et avait échoué les six fois! Je le rencontrai après sa dernière tentative, alors que j'étais employée comme conseillère par l'administration municipale. Brian avait été au bout de ses limites, comme il l'avait d'ailleurs fait toute sa vie. Il venait d'une famille où les diplômés du cours secondaire étaient rares et encore plus les docteurs en droit. Il était fier d'avoir si bien réussi dans ses études comme dans les sports, ainsi que de son rôle de plus en plus marquant au sein de sa communauté où on le considérait comme un jeune homme promis à un grand avenir. Mais, malgré ça, il n'arrivait toujours pas à passer l'examen du barreau.

Dès notre première rencontre, je m'aperçus, d'après ses réponses à mes questions sur sa vie et sur son travail, que son désir de devenir avocat dépendait bien plus d'un besoin de prestige que d'une passion ou d'une véritable envie de *pratiquer* le droit. Il nous fallut plusieurs rencontres pour reconstituer toute sa vie.

«Je n'ai encore jamais échoué quand j'entreprends quelque chose. Je suis résolu à devenir avocat. Je connais le droit, mais je n'arrive pas à passer l'examen du barreau», me dit-il avec une expression qui traduisait bien sa fierté blessée.

«Pourquoi ne pas envisager d'autres possibilités en attendant les résultats de votre dernière tentative?» lui proposai-je. Il acquiesça.

Je me rendis compte, au fil de nos entretiens, que c'était quelqu'un de sérieux et d'intense, avec une intelligence conceptuelle. Il avait une forme de «vision tubulaire» qui le portait à ne voir qu'une seule façon d'agir. Je sentais, d'après ses exercices, qu'il était parfaitement capable de réussir son examen. Mais je sentais également que, tout au fond de lui, *il ne voulait pas pratiquer le droit* et que c'était là la raison de ses échecs. De toute évidence, son problème relevait d'un conflit de valeurs – ce dont il n'avait pas conscience. Il livrait un combat qu'il s'était arrangé pour perdre. Lorsque nous voulons vraiment quelque chose, nous arrivons généralement à nos fins par des voies parfois subtiles. Il y a pourtant des fois où cela se fait en contradiction avec nos désirs et nos projets *conscients*. Rappelez-vous que votre objectif doit répondre à une motivation profonde si vous voulez l'atteindre (chapitre 3).

Brian employa la méthode de la consultation et s'en tira de façon quasi parfaite. Il posta 23 lettres et obtint 21 rendez-vous! Ce faisant, il découvrit la cause de ses échecs au barreau. Ses premières lettres d'introduction, tout comme les lettres de remerciement qui leur succédèrent, étaient écrites dans un style compassé, formaliste, ennuyeux. En voulant s'afficher comme quelqu'un d'instruit, Brian s'exprimait de façon inintelligible. Du coup, on comprenait pourquoi il se faisait recaler à l'examen du barreau! Il employait des expressions et des tournures pompeuses et un jargon bureaucratique. Il dut donc apprendre que, pour se débarrasser de ses vieilles habitudes et pouvoir aborder de nouvelles terres, il lui fallait exprimer ce qu'il pensait et ressentait réellement. Quand il parlait à cœur ouvert, il redevenait cohérent.

Brian simplifia son style qui devint plus précis, prenant un tour plus serein, plus assuré. Il apprit qu'il pouvait être lui-même et qu'il réussissait aisément lorsqu'il puisait dans *toutes* ses ressources, ce qui incluait son origine ethnique. Il découvrit également, pendant ses consultations, que plus il visait haut dans la hiérarchie administrative et plus les gens devenaient tolérants. Il abandonna au pied de l'échelle celles de ses relations qui entretenaient des préjugés et des opinions partiales et ne les revit plus jamais. Cette analyse de Brian explique, pour lui et pour vous, la méthodologie et le but de la consultation.

« La consultation, Nancy, ressemble à une partie de racquetball. On doit relancer la balle dès qu'on la reçoit. On devient un challenger qui procède à sa recherche d'emploi selon des moyens différents et qui triomphe du système grâce à ces méthodes perfectionnées. On a des réunions avec des personnes que l'on a choisies et où l'on dispute un match au pied levé en apprenant à se fier à ses réflexes, à ses instincts. C'est la plus stimulante de toutes les séries auxquelles j'ai jamais participé.

« J'ai finalement compris que je n'aurais jamais été heureux en pratiquant le droit. Je pensais que le fait de devenir avocat me donnerait du prestige en tant que membre d'une minorité ethnique. Je sais maintenant que je voulais profiter de mes études en droit pour acquérir une formation juridique et une discipline mentale, et j'en avais automatiquement conclu que l'étape suivante consisterait à passer l'examen du barreau. Mais ce n'est pas vrai – en tout cas, pas pour moi. Les postes qu'on m'a proposés dans les deux domaines qui m'intéressent, les finances et le marchandisage, m'amèneront à tirer parti de tous mes points forts, de tous ceux que je possède déjà. Jusqu'ici, je pensais que je ne réaliserais jamais mes objectifs si je n'étais pas avocat. »

Comment expliquer que, au cours de 21 réunions tenues avec des personnes évoluant dans ses sphères d'intérêt, Brian ait appris en six mois ce qu'il n'avait pu apprendre pendant sept années d'études ? C'est lui-même qui nous livre la clé de l'énigme.

« Quand on est à l'université, on ne pense qu'aux travaux et aux examens, on ne pense qu'à avoir de bonnes notes et à comprendre et analyser les informations qu'on nous donne. Le point le plus important – comment cette formation s'intègre à l'ensemble de notre vie et à notre passion – disparaît dans cette lutte frénétique qu'il faut livrer pour terminer ses études et amorcer une carrière. Sur le campus, on est isolé du reste du monde afin de pouvoir réfléchir et étudier. Le système d'éducation conventionnel est loin d'être un processus d'intégration, du moins pas pour moi. J'étais tellement occupé à faire mes preuves que je n'ai jamais pris le temps de réfléchir, de me demander : « Pourquoi ferais-je tout ça ? » Je me suis simplement contenté de le faire. » Sur ce, il se mit à rire, tirant un trait sur l'ancien Brian qui était tellement sérieux.

En fait, la leçon la plus importante qu'en retira Brian fut de découvrir que sa passion n'avait rien à voir avec ses origines ethniques. Le besoin d'exceller était inné chez lui, mais il avait voulu suivre ce qu'il considérait à tort comme la voie « anglo » de la réussite, une éducation axée sur l'intellect. Ce faisant, il avait minimisé l'importance et la richesse de sa culture, sa force sereine et intuitive, faute de comprendre que, dans la société américaine, le pouvoir découle de la fusion de sa propre culture avec celle de la majorité. L'association entre un héritage culturel, quel qu'il soit, et la culture dominante peut mener vers le pouvoir et l'influence. Et la maîtrise de la langue de la majorité permet de s'élever dans la société et reflète le statut plus sûrement qu'un titre ou un compte en banque ! Observez les battants et les gens influents qui ont fait leur marque dans le monde des affaires, les arts ou la politique. Ils font preuve de cohérence et, quel que soit leur héritage, voient à fortifier leurs racines déjà puissantes.

Brian dut donc apprendre à devenir plus cohérent, plus clair et plus concis dans sa façon de s'exprimer. À la faculté de droit, on préconisait une application formaliste du langage et il lui fallut oublier le jargon juridique et la préciosité. Il y a plusieurs façons d'apprendre à maîtriser sa langue : lisez des textes *bien* écrits, prenez des cours de diction, joignez-vous à un groupe de théâtre amateur – d'innombrables routes vous conduiront au même point.

Brian a progressé dans sa carrière. Son nouveau poste, dans la vente, convient parfaitement à son tempérament dynamique et compétitif. Il passe maintenant le plus clair de son temps à discuter avec les trésoriers de grandes entreprises et avec des individus qui disposent de liquidités importantes, pour les convaincre d'investir des sommes considérables dans sa société en achetant des certificats de dépôt (100 000 dollars et plus). Grâce à ses capacités mentales et verbales, qui lui avaient d'ailleurs valu le poste, il a connu un départ fulgurant dans cette nouvelle société.

« J'aime l'ambiance, la compétition (vous remarquerez le style de l'*équipier.*) Notre société vise la première place dans le secteur des placements ; c'est une nouvelle venue, une indépendante. Nous attaquons nos concurrents de front avec un produit de qualité. Dans le bureau, il y a un tableau avec nos noms, où l'on inscrit les résultats de la semaine pour que tout le monde puisse les voir. C'est drôlement stimulant quand quelqu'un réussit un grand coup ! »

Le texte suivant, rédigé par Brian, résume sa nouvelle expérience (de même que son application du programme en neuf étapes exposé dans ce livre).

« Il est très difficile d'atteindre le but qu'on s'est fixé au plan professionnel quand on est toujours sur la défensive. Parce qu'alors on se laisse influencer par les attentes de la société, de ses collègues, de sa famille, de ses amis. Est-ce le système qui décide que je dois être un professeur, un avocat, un programmeur (…) ? Et si je ne suis pas à la hauteur des attentes des autres, telles que je les perçois, est-ce que cela fait de moi un raté ?

« Le programme de Nancy m'a fait comprendre que ma vie est entre mes propres mains. Ce n'est pas ce que la société ordonne ou espère qui fait la différence entre la réussite et l'échec. C'est quelque chose qui existe en chacun de nous et qui nous permet de progresser – et nous nous y prenons tous de manière différente, en agissant chacun à sa façon.

« Le plus grand défi, lorsqu'on s'engage dans ce programme, c'est d'avoir le courage de se livrer constamment à une introspection et de se représenter ces qualités qui feront de nous un vainqueur. Le courage engendre la confiance qui, à son tour, engendre la passion.

« À l'instar de n'importe quelle source d'énergie, la passion a besoin d'être entretenue et fortifiée, parce qu'on évolue tout le temps. Et quand on arrive au terme du programme, notre flamme intérieure s'est à peine embrasée. »

Brian a finalement bouclé la boucle. Il a trouvé un milieu de travail qui lui convient et voit dans ses collègues et ses dirigeants une source d'inspiration ; tout comme lui, sa société est tenue pour quantité négligeable. Le fait d'appartenir à une minorité ethnique lui apparaît maintenant comme un atout et il en est fier. Il se souvient des enseignements de son père : « Mon père est un homme hors du commun. Je me rends compte maintenant que j'ai acquis l'amour du travail en l'observant. Il est fier de tout ce qu'il peut accomplir avec ses mains. Personne ne lui dicte sa conduite. Il est son propre chef. »

LE GAGNE-PAIN IDÉAL

Vous aussi, à l'imitation de Brian, vous découvrirez et vivrez cette intégration du moi. Mais ne croyez pas que vous devrez vous battre votre vie durant pour arriver à bien vous connaître. Le moi est une fleur aux multiples pétales, qui ne cesse de s'épanouir. Le moi, quand il s'exprime à travers un « gagne-pain idéal », est l'incarnation de l'amour, comme l'écrit Kahlil Gibran :

> (…) Et tout savoir est vain là où il y a travail,
>
> Et tout travail est vide sauf là où il y a amour ;
>
> Et lorsque vous travaillez avec amour, vous vous liez à vous-même, et l'un à l'autre, et à Dieu.
>
> Et qu'est-ce que travailler avec amour ?
>
> C'est tisser l'étoffe avec des fils tirés de votre cœur, comme si votre bien-aimé devait porter cette étoffe.
>
> C'est bâtir une maison avec affection, comme si votre bien-aimé devait demeurer en cette maison.
>
> C'est semer des grains avec tendresse et récolter la moisson avec joie, comme si votre bien-aimé devait en manger le fruit. (…)
>
> Le travail est l'amour rendu visible[1].

Avant de commencer à vous expliquer la nature d'une consultation efficace et quoi faire quand vous vous trouvez devant la personne à qui vous avez écrit, je voudrais revenir sur le plus puissant des secrets révélés dans ce livre : **Cinquième secret de la passion : les gens puissants savent comment trouver leur créneau. Ils suivent leur passion.** Autrement dit, ils aiment leur travail. L'argent, le prestige, la considération – toutes ces valeurs que vous avez scrutées dans les précédents chapitres – traduisent simplement le fait que votre travail vous convient parfaitement. Et par travail, j'entends n'importe quelle activité qui vous procure le revenu correspondant à ce que *vous voulez* – et non aux normes établies par quelqu'un d'autre.

La phase la plus ardue de mon travail comme consultante en carrières, c'est d'amener mes clients à croire en la véracité du *cinquième secret de la passion*. Même lorsque leur expérience personnelle leur en a confirmé le bien-fondé, la plupart des gens n'arrivent toujours pas à croire que « l'argent vient à vous » lorsque leur travail est en harmonie avec leur passion. À mon avis, c'est parce que l'esprit logique, l'hémisphère gauche du cerveau, nie ce lien mystique entre un *gagne-pain idéal* et la réussite. Après tout, nous avons consacré toutes ces années, tout ce temps, tout cet argent à acquérir une éducation qui nous permettra, tout comme Brian, de nous intégrer au « marché du travail ». Comment ne pas se sentir désabusé en entendant parler de cette femme qui gagne des milliers de dollars par mois en vendant des tabliers de cuisine en patchwork à des cordons-bleus passionnés, ou de cet avocat qui organise des séminaires très courus (et très chers) pour des négociateurs syndicaux, parce qu'il aime autant, sinon plus, enseigner que pratiquer le droit. Nous entendons parler sans arrêt de gens qui sont « arrivés » et nous nous demandons alors quelle erreur nous avons bien pu commettre. Et nous continuons de nous cogner la tête contre le mur de la frustration.

Dans *The Seven Laws of Money*, Michael Phillips, qui est un ancien banquier et le président de POINT, le groupe qui commandite le *Whole Earth Catalog*, insiste sur l'importance d'une répartition équilibrée des fonds :

> Selon le principe du gagne-pain idéal, l'argent a moins d'importance que ce que l'on fait. C'est un peu comme une locomotive à vapeur qui peut avancer grâce à la vapeur produite par les effets combinés de la machine, du feu et de l'eau. L'argent est semblable à la vapeur ; il est issu de l'interaction du feu (la passion) et de l'eau (la persévérance) réunis dans des circonstances adéquates, c'est-à-dire la machine[2].

Phillips suggère de se poser deux questions qui permettent de vérifier si l'on a su effectivement combiner ses activités préférées et son gagne-pain. Les gens puissants (rappelez-vous la définition du pouvoir qui est la capacité d'agir) y sont parvenus.

> Tout d'abord, croyez-vous que vous pourrez exercer vos fonctions actuelles pendant longtemps ? Le gagne-pain idéal pourrait consister, par exemple, à travailler toute votre vie comme menuisier. L'une de ses qualités tient au fait qu'il renferme en lui, dans sa réalité même, des habiletés et des talents dont la perfection nous donne accès à une vision de l'univers. La perfection constante, ou l'exercice de la profession idéale, nous ouvre des horizons qui englobent tout l'univers, un peu à la façon dont le vieil homme d'Hemingway, qui avait été pêcheur toute sa vie, était parvenu à

une forme de communion avec le monde entier et avec un « monde d'expérience ». Quelle en est la récompense ? Le gagne-pain idéal renferme en lui sa propre récompense : il enrichit l'individu. À 20 ans, celui-ci est légèrement différent de l'être qu'il sera à 30 ans et encore plus de celui qu'il sera à 40, puis à 50 ans. L'âge travaille pour nous, quand on a su trouver sa voie. C'est comme une pipe bien culottée ou un bon violon : plus on s'en sert et plus ils se patinent.

Toujours à propos du gagne-pain idéal, vous pouvez également vous demander si ce qu'il comporte intrinsèquement de bon l'est aussi pour votre entourage. Il est ardu de répondre à une telle question quand on est soi-même en cause. Et il est difficile de définir des critères, mais un menuisier contribue certainement au bien-être de la collectivité, et ce, d'une façon très puissante. Tout ça revient à dire qu'on ne devrait pas dissocier l'idée de faire du bien de ce qu'on fait pour gagner sa vie ; il y a moyen d'unifier les deux. Quand on exerce le bon emploi, on ne se répète plus, tout en travaillant : « J'aurais mieux fait d'être infirmière, j'aurais pu me retrouver à la tête de la Croix-Rouge. » La dichotomie n'est pas inéluctable. Et ce que vous faites alors s'avère, à vos yeux, aussi bénéfique pour la collectivité que n'importe quelle autre activité.

Les cas des personnes dont nous avons parlé dans ce livre illustrent bien l'application du principe du gagne-pain idéal. Mes clients ont su intégrer leur travail à leur vie. Ils se sont représenté leur futur poste ou leur future entreprise et ont travaillé avec acharnement, en ayant la patience d'attendre que leur projet se réalise. L'observation des individus qui ont réussi m'a appris que c'est généralement au bout de cinq ans que leur gagne-pain idéal donne des fruits, qu'ils se sentent comblés. Si vous tenez vraiment à réussir, vous devrez prendre exemple sur eux : soyez lucide, acceptez-vous tel que vous êtes, sachez voir tout ce qu'il y a d'agréable dans la progression, mettez votre plan en pratique, trouvez votre créneau, recueillez constamment des informations, laissez-vous séduire par la recherche, nouez des relations durables et, enfin, fiez-vous toujours à votre instinct.

Les huit secrets de la passion que nous avons vus jusqu'à maintenant se retrouvent dans la Première Loi de l'argent, énoncée par Phillips : *Faites-le ! Faites ce qui vous convient et l'argent suivra.* La consultation est la principale étape qui vous rapprochera de votre but.

LA CONSULTATION

Quand vous vous préparerez pour votre première consultation, rappelez-vous que plusieurs des personnes que vous rencontrerez n'ont pas encore trouvé leur créneau. Quelques-unes pourront même vous décourager et vous fournir des informations erronées. Vous saurez que la consultation s'est bien déroulée si, après, vous êtes satisfait de vous-même, indépendamment de son issue.

Si le découragement vous gagne, n'en concluez pas automatiquement que quelque chose ne va pas chez *vous*. Il est fort possible que votre interlocuteur se soit senti menacé par votre présence. Ceux qui aiment ce qu'ils font vous encourageront toujours. Inversement, ceux qui ne sont pas sûrs d'eux-mêmes se serviront de vous pour se mettre en valeur, plastronner, claironner « voyez à quel point j'ai réussi », ou encore vous donner des conseils fallacieux (par exemple : « Ce livre que vous avez l'intention d'écrire, j'ai bien l'impression qu'on m'a déjà parlé trois fois du même sujet, cette année. ») Si cela se produit, dites-vous que vous *devez* vraiment être puissant pour provoquer une réaction aussi négative.

Il est possible que vous sortiez abattu d'une consultation destructrice. Dans ce cas, vous devrez peut-être faire appel à un ami ou à un groupe de soutien pour vous aider à voir clair dans ce qui s'est passé. Mais ce genre de situation se produit rarement. Dans l'ensemble, vous rencontrerez des gens sympathiques, aussi ne vous préoccupez pas des quelques rares personnes qui vous tourneront le dos.

Mes clients ont interviewé des centaines d'hommes et de femmes, dans tous les genres d'emplois et d'entreprises. Après avoir tenu plusieurs consultations, Brian s'est exclamé : « C'est incroyable, le nombre de personnes qui n'aiment pas ce qu'elles font ! Je m'estime chanceux de prendre le temps de tomber juste. L'une des personnes que j'ai vues m'a dit qu'elle m'enviait – elle regrette de n'avoir pas fait ce que je fais. »

Vous aussi, vous avez pris les moyens pour « tomber juste » – sinon vous ne seriez pas en train de lire ce livre. Il existe d'abondantes statistiques sur l'insatisfaction professionnelle et vous savez par expérience que la plupart des gens ne font pas ce qu'ils aiment. Sachant cela, vous ne devriez plus craindre que les personnes que vous rencontrerez vous soient supérieures. Ce n'est pas le cas. Presque toutes seront enchantées de discuter avec vous – et se montreront des auditeurs attentifs, chaleureux, qui font preuve de sérieux dans leur conception de la vie et du travail.

La consultation est une rencontre informelle entre vous et quelqu'un dont la sphère d'activité vous intéresse. Elle vise à vous mettre tous les deux à l'aise afin que la conversation puisse se dérouler aisément et susciter un échange d'informations. Vous avez besoin d'obtenir des informations, d'étudier diverses possibilités. Votre interlocuteur, lui, veut savoir qui vous êtes et quels sont vos intérêts. Cette attirance commune pour un créneau professionnel particulier crée un cadre dans lequel deux personnes s'aideront mutuellement à atteindre leurs objectifs respectifs. Le processus s'avère tout aussi efficace, que vous rassembliez de l'information pour un emploi ou pour votre propre entreprise.

Après avoir tenu au moins trois consultations, vous vous découvrirez un talent caché : *vous êtes capable de rencontrer et d'interviewer n'importe qui* ! Plus votre conscience s'affine et plus vous progressez le long d'une courbe ascendante, un processus qui, normalement, dure des années. La méthode est rapide et facile – et puissante.

VOTRE PREMIÈRE CONSULTATION

Votre rendez-vous est pris. Vous vous sentez un peu nerveux parce que c'est là quelque chose de tout nouveau pour vous. Pour atténuer votre anxiété, vous pouvez procéder à une répétition avec un ami ou un conseiller fiable. C'est ce que je fais toujours avec mes clients, avant une rencontre. Je joue le rôle de l'interlocuteur. Mon client se présente et commence l'entrevue. Ce jeu de rôle se déroule de façon très informelle ; par exemple, nous rions ensemble à chacune de nos « erreurs ». Plusieurs de mes clients ont constaté que quand ils avouent leur nervosité à leur interlocuteur, cela aide à briser la glace et les met tous deux beaucoup plus à l'aise !

Tout comme dans le monde du spectacle, le trac est un phénomène normal, mais extrêmement motivant. Forcé de venir à la rescousse, *votre instinct s'avère votre meilleur guide*. Même ceux de mes clients qui ont déjà l'expérience de la vente ou du théâtre sont sur les nerfs avant leurs trois premières consultations. Cette réaction tient au caractère intrinsèquement personnel de la rencontre. Peu à peu, toutefois, cette occasion de vous tester vous-même devient très agréable, tellement parfois que certains de mes clients sont désolés d'avoir à y mettre fin quand ils acceptent un emploi! Cela se rapproche de l'analogie de Brian à propos d'une partie de racquetball: si on aime jouer, on a envie de retourner sur le court.

Cela dit, vous pouvez continuer d'employer la méthode de la consultation dans le cadre de votre nouvel emploi. C'est un excellent outil de perfectionnement, parce qu'il vous permet de vous tenir au courant des derniers développements de l'heure.

Le « scénario » de la consultation débute au moment où vous dites bonjour à la secrétaire ou à la réceptionniste. Observez-la, ainsi que le cadre qui l'entoure. Comment est le bureau: bien aménagé ou en désordre? L'ambiance en est-elle calme ou y a-t-il de l'électricité dans l'air? Faites appel à tous vos sens et à votre instinct. Vous voyez-vous en train de travailler dans cet endroit? Vous y sentez-vous à l'aise? Si oui, pourquoi? Sinon, pourquoi?

Dans quelques instants, votre nouvelle relation va vous accueillir. Serrez-lui la main fermement et avec chaleur et regardez-la dans les yeux en souriant. Pour que ce contact oculaire soit profitable, rappelez-vous que votre interlocuteur vous intéresse. Vous ne le fixez donc pas, vous l'observez, plutôt. Dites-vous (mentalement, bien entendu) que la réunion va lui plaire et qu'il pense probablement la même chose. Parce que vous vous intéressez à lui et que vous voulez entendre ce qu'il a à vous dire. Pensez à tout ça. À qui, sans vous, aurait-il l'occasion de parler de son travail, de ses succès, de ses préoccupations? À son patron? À ses amis? À sa femme ou à sa compagne? Toutes ces personnes ont bien d'autres choses en tête et ne sont donc pas objectives. *Vous, vous l'êtes*! Vous voyez comme vous lui rendez service, simplement en vous présentant.

Prenez quelques instants pour lui rafraîchir la mémoire et donner le ton à votre rencontre: «John, ou M. _____ (selon ce qui convient le mieux), je voudrais vous remercier d'avoir bien voulu me recevoir. Je sais que votre temps est précieux. Ainsi que je vous le mentionnais dans ma lettre, je m'intéresse sérieusement à votre domaine et je voudrais en apprendre davantage sur le fonctionnement de votre entreprise et sur la façon dont votre travail s'intègre dans l'ensemble. Ces derniers mois, j'ai réfléchi sur moi-même et sur les compétences que je veux exploiter. Je sais maintenant que je suis un bon communicateur. Je m'exprime facilement, verbalement ou par écrit, et je sais écouter. J'ai le sens de l'organisation et je suis méticuleux. Je m'entends bien avec tout le monde. Je peux analyser et résoudre des problèmes. De toutes mes qualités, les principales, à mon avis, sont ma maturité, mon sens de l'humour et mon équilibre. Je ne prends ni la vie ni moi-même trop au sérieux. » (Évidemment, cette entrée en matière variera selon vos capacités.)

En l'espace de trois à cinq minutes, vous avez fourni à votre interlocuteur quantité d'informations, d'indices qu'il peut reconnaître rapidement. Votre exposé est bien pensé, empreint d'assurance, sans rien d'arrogant ou de vaniteux. Vous *avez* réfléchi à vos capacités. Bien entendu, vous n'avez pas besoin d'en dire aussi long dès le début, mais vous pourrez faire état de vos points forts et de vos valeurs au cours de la discussion. N'oubliez pas que le travail accompli au cours des précédents chapitres afin de mieux vous connaître l'aura été en pure perte si vous ne passez pas à l'action. Or, c'est ce que vous êtes maintenant en train de faire. Vous vous exprimez, vous êtes à l'écoute de vous-même. Comment vous sentez-vous ? Aimez-vous ce que vous entendez ?

La consultation revêt autant d'importance pour votre interlocuteur qu'elle en a pour vous. Pendant que vous parlez, celui-ci procède mentalement à des recoupements : il pense à son entreprise, aux gens qu'il connaît et qui vous ressemblent, aux postes où il pourrait vous utiliser.

Ensuite, vous enchaînez : « J'ai longuement étudié les secteurs professionnels qui m'intéressent. J'ai lu tout ce que j'ai pu trouver comme documentation (ici, vous pouvez être plus précis. Qu'avez-vous lu ?) et j'ai rencontré plusieurs personnes pour discuter de tout ce que j'avais ainsi appris. C'est justement pourquoi je suis ici, aujourd'hui, John. Vous faites partie des gens que je tenais vraiment à rencontrer. Si vous le permettez, je vais maintenant vous poser quelques questions et vous demander votre avis sur divers points. Et, à la fin de la réunion, j'aimerais, si possible, que vous m'indiquiez les noms d'autres personnes qui pourront m'aider dans mes recherches. »

Vous lui avez présenté votre ordre du jour et il sait maintenant à quoi s'attendre. Il sait que vous ne lui réservez pas de «surprise», du genre «avez-vous quelque chose pour moi?» C'est ce qui explique pourquoi tant de personnes n'aiment pas les entrevues. Quelqu'un entre dans votre bureau, son curriculum vitae à la main, et essaie tout de suite de vous forcer la main. Personne n'aime cette façon de faire, même s'il y a effectivement des ouvertures. Pourquoi? Parce que la sélection de personnel est un processus pénible, qui oblige à porter des jugements personnels alors qu'on est sous pression. Il est infiniment préférable de pouvoir évaluer quelqu'un quand on n'est pas obligé de l'engager. On peut alors l'écouter et l'observer en toute tranquillité d'esprit.

Combien de fois vous est-il arrivé de rencontrer quelqu'un pour une raison quelconque et de penser que vous pourriez l'engager ou encore qu'il ferait un excellent collègue? C'est de cette façon que sont attribués la plupart des postes intéressants. Il y a quelqu'un qui *connaît* quelqu'un d'autre, un ami ou un ancien collègue. Tout l'univers du recrutement fonctionne sur la base du «connaissez-vous quelqu'un qui...?» Vous pouvez appeler ça du bouche à oreille ou du téléphone arabe, mais c'est comme ça que les entreprises comblent la majorité de leurs besoins – à partir de recommandations personnelles.

Avec la consultation, vous rencontrez des personnes en chair et en os, ce qui accélère d'autant la transmission de bouche à oreille. Vous vous faites connaître selon une formule qui s'avère plus rapide et plus simple que le fait de devoir attendre qu'un tiers vous recommande. Et ce qu'il y a de mieux dans les consultations, c'est que vous rencontrez généralement les décideurs, ceux qui planifient les nouvelles orientations de leur compagnie et qui déterminent de nouveaux objectifs. S'ils n'ont pas encore rédigé de description de tâches, c'est parce qu'ils sont toujours en train de circonscrire le problème.

L'HISTOIRE D'ERIC

L'un de mes clients, qui avait indiqué le transport comme son principal intérêt, avait déjà rencontré cinq personnes dans le secteur du camionnage, son domaine préféré. Eric avait également discuté avec des responsables à divers niveaux – le secteur privé, le monde syndical et le gouvernement –, de telle sorte qu'il avait finalement acquis une connaissance poussée des problèmes propres à cette industrie. La déréglementation, la main-d'œuvre, la concurrence étaient autant de questions qui revêtaient une importance cruciale pour les personnes qu'il avait interviewées.

« À en croire les dirigeants syndicaux, m'expliqua Eric, la vieille image du dur à cuire est en train de disparaître. Ils pensent maintenant à adopter de nouveaux critères pour les représentants syndicaux qui auront à travailler avec la direction. Je leur ai demandé quelles seraient exactement les qualités qu'on exigerait d'un négociateur syndical dans les années à venir. »

On voit ici comment s'élabore une description de fonctions. En fin de compte, ce fut Eric qui rendit service à son interlocuteur. Sa question déboucha sur une analyse minutieuse des *qualités* du dirigeant syndical. Et, à cause de l'ampleur de ses recherches et de l'expérience acquise lors de rencontres antérieures avec des chefs de file de l'industrie, il put faire des remarques pertinentes. Son attitude calme, effacée, mais pleine d'assurance, fit une forte impression sur le syndicaliste qui s'interrompit un moment pour réfléchir.

« Il ne fait aucun doute que vous avez étudié la question à fond, dit-il. Au début de l'entrevue, vous m'avez dit que vous êtes, entre autres choses, un communicateur qui a le sens des réalités et un excellent organisateur. Ce sont deux des qualités qu'un bon négociateur se doit d'avoir. Entre la gestion et le syndicalisme, avez-vous déjà décidé de votre orientation ? »

Il était en train de penser qu'Eric pourrait faire une bonne recrue, à cause de sa personnalité et de ses antécédents. « Le monde syndical a besoin de professionnels équilibrés et dévoués, et non de gens qui veulent s'en prendre aux patrons. L'idéal, plutôt, c'est d'être déterminé à défendre sans compromission la position de l'ouvrier. Et vous, Eric, vous semblez bien comprendre quelle est cette position. »

Eric s'était familiarisé avec le milieu à l'époque où, tout en fréquentant l'université, il conduisait un camion. Il était maintenant sur le point d'obtenir son baccalauréat en relations industrielles. C'est pourquoi il tenait tant à trouver un emploi conforme à ses capacités et qu'il était venu me demander mon aide.

Avant de procéder à sa première consultation, Eric devait déterminer les questions qu'il poserait. Poser les bonnes questions peut faire toute la différence entre l'accomplissement et la frustration, entre la réussite et l'échec – ce que, j'en suis sûre, vous avez déjà constaté dans votre propre carrière.

À l'instar d'Eric, utilisez la Fiche d'entrevue, incluse à la fin de ce chapitre, pour y résumer la teneur de vos consultations. Remplissez-la le plus tôt possible, au sortir de la réunion, sinon vous risqueriez d'oublier des éléments importants. Il vaut toujours mieux écrire tant que vos souvenirs sont encore frais. Par ailleurs, la Fiche d'évaluation des facteurs, présentée elle aussi à la fin de ce chapitre, vous sera très utile pour soupeser les divers éléments qui vous permettront d'opter pour un poste plutôt que pour un autre. Vous pourrez également y ajouter vos propres exigences professionnelles afin de voir s'il vous sera possible de les satisfaire dans le cadre de l'emploi qui vous intéresse.

PRÉPAREZ VOTRE ORDRE DU JOUR

C'est vous qui décidez de l'ordre du jour d'une consultation et non la personne que vous rencontrerez. En voici les trois objectifs :

1. vous présenter – précisez vos points forts, vos valeurs et ce qui, jusqu'ici, constitue votre objectif global ;

2. obtenir des informations – posez toutes les questions qui vous préoccupent, voyez quels sont les problèmes que vous aimeriez résoudre ;

3. préparer d'autres consultations – « connaissez-vous d'autres personnes que je pourrais rencontrer pour me documenter davantage ? »

L'entrevue se déroulera dans le sens prévu si vous dressez au préalable la liste de vos questions – dont certaines porteront sur les problèmes qui attendent une solution et d'autres provoqueront des réactions positives. Elles se diviseront en trois catégories : l'industrie, l'entreprise proprement dite et le plan personnel. Vous pourrez aussi les séparer en questions *positives* et *négatives*. Les premières visent autant à faire parler votre interlocuteur qu'à recueillir des informations. Les secondes traitent plus directement des problèmes. Vous devez amorcer l'entrevue de façon à inciter votre interlocuteur à partager ses connaissances avec vous. En général, cela débute par une question «positive» relative à l'industrie. Une question «négative» – comme «dans quelle mesure la concurrence influe-t-elle sur le recrutement du personnel qualifié?» – risquerait d'imprimer un tour effectivement négatif au reste de la discussion. (Cela dit, il y aura peut-être des cas où, à cause de votre attitude ouverte, la conversation s'orientera dès le début vers une franche discussion des problèmes en cause. Ici encore, il n'existe pas de règles immuables. Cela dépendra de la situation.)

À propos de l'industrie, par exemple, vous pourrez commencer par quelques questions «sûres», du genre de celles-ci : «Quelles sont, d'après vous, les tendances qui caractériseront votre secteur au cours des prochaines années? De quelle façon les changements qu'a récemment connus le marché ont pu influer sur ces tendances?» Étant donné qu'il est impossible de s'attarder indéfiniment sur des généralités, votre interlocuteur commencera à établir un parallèle entre la situation de l'industrie et celle qui prévaut dans sa propre entreprise : «Le secteur des cosmétiques est en train de s'orienter vers le concept de l'hygiène personnelle globale. Les Américains sont de plus en plus nombreux à se soucier davantage de leur corps en s'alimentant sainement et en faisant plus d'exercice. C'est pourquoi nous offrons maintenant un supplément vitaminé avec nos produits de base pour les soins de la peau.» Dès ce moment, vous pouvez enchaîner avec des questions «positives» sur la société elle-même. Quand votre vis-à-vis vous aura dit tout ce qu'il a à dire sur la question ou s'il semble réticent à aller plus loin, passez à une autre question «positive», puisée dans les catégories «industrie» ou «plan personnel».

Voici maintenant quelques exemples de questions «positives» et «négatives» que vous pourrez poser pendant l'entrevue. Il va de soi que vous n'aurez pas le temps de toutes les aborder; néanmoins, certaines sont plus importantes que d'autres, eu égard aux informations que vous voulez obtenir. Il s'agit de questions générales qui (1) vous indiqueront jusqu'où prolonger votre questionnaire, et (2) délimiteront le cadre de la discussion. Vos propres questions seront plus précises, davantage axées sur le contexte particulier.

Questions « positives » – plan personnel

1. Quelle a été votre contribution la plus marquante pour votre société, cette année? Et au cours des cinq dernières années?

2. Parmi les personnes que vous avez engagées, y en a-t-il dont le rendement est conforme au potentiel que vous aviez décelé chez elles?

3. Quelles sont les qualités nécessaires pour réussir dans votre position?

4. Qu'avez-vous modifié dans la nature de vos fonctions?

5. Quels sont vos objectifs à court terme? Et à long terme?

6. Quelle est la personne que vous admirez le plus dans votre branche et pourquoi?

Questions « positives » – industrie

1. Comment les bénéfices sont-ils maximisés – réduction des coûts, mise en marché, stratégie, amélioration des produits ou services?

2. Qu'est-ce qui est à l'origine des nouvelles tendances positives ou novatrices de l'industrie? Ces tendances sont-elles d'ordre social, politique ou individuel?

3. Quels sont les facteurs qui expliquent l'essor de l'industrie?

4. Quels secteurs de recherche spécifiques l'industrie a-t-elle privilégiés afin d'augmenter ses profits ou de poursuivre sa croissance?

5. Comment l'industrie a-t-elle amorcé son expansion et quelles stratégies applique-t-elle pour la poursuivre ou la diversifier?

6. Quelle est la situation de l'industrie, au plan des bénéfices globaux?

Questions « positives » – entreprise

1. Quelle est, au plan de la gestion, la philosophie de votre entreprise? Comment est-elle appliquée? Et comment vous, personnellement, pouvez-vous l'évaluer?

2. Dans quelle mesure avez-vous une connaissance précise des nouveaux créneaux commerciaux et des progrès de l'industrie? Quel est votre style de gestion: ouvert, vertical, horizontal?

3. Quels sont les objectifs à long terme de votre entreprise? Et à court terme?

4. Quelle a été la principale initiative de votre entreprise pour consolider sa position sur le marché?

5. En quoi votre entreprise est-elle supérieure à ses concurrentes?

6. Dans quelle mesure vous êtes-vous appuyé d'une part sur l'analyse et d'autre part sur une stratégie dynamique pour conquérir votre part du marché?

Questions « négatives » – plan personnel

1. Si, professionnellement parlant, vous aviez la latitude d'agir à votre gré, que feriez-vous? Quelles en seraient les conséquences pour votre entreprise? Qu'est-ce qui vous empêche d'agir?

2. Quels sont les aspects de votre position que vous voudriez modifier ou supprimer?

3. Quels sont les progrès survenus dans votre branche et que vous n'aviez pas prévus, eu égard à votre plan de carrière. Que signifient-ils pour votre avenir et pour celui de ceux qui œuvrent dans ce secteur?

4. Quelles sont les conséquences de l'intervention accrue du gouvernement pour votre profession?

5. Si vous aviez la possibilité de tout recommencer, opteriez-vous pour le même domaine et la même entreprise? Si oui, pourquoi? Et sinon, pourquoi?

6. Comment les professionnels que vous respectez envisagent-ils la croissance de l'industrie au cours des cinq prochaines années?

Questions « négatives » – industrie

1. Que pensez-vous de la réglementation gouvernementale relative à l'industrie, la voyez-vous comme un facteur positif ou négatif? Aux niveaux municipal, provincial, fédéral?

2. Êtes-vous touché par les restrictions d'ordre écologique? Subissez-vous les pressions d'associations concernées?

3. Votre croissance suit-elle un rythme lent ou accéléré? En va-t-il de même du reste de l'industrie?

4. Qu'en est-il de l'approvisionnement ou des fournisseurs et du personnel? Quels sont les problèmes d'approvisionnement que vous connaissez? Êtes-vous capables d'attirer et de conserver des personnes compétentes?

5. Quels sont les facteurs qui vous affectent plus précisément? (Épuisement des marchés, courants hostiles à l'endroit de l'industrie, coûts, etc.?)

6. Faites-vous face à trop ou trop peu de concurrence? Qu'est-ce qui explique que la concurrence se soit améliorée ou aggravée?

Questions « négatives » – entreprise

1. Quelle est l'attitude de votre gouvernement, face à la réglementation gouvernementale? Quels sont les frais qu'il a fallu engager à cause de ça?

2. Qui est responsable de l'application des réglementations gouvernementales? Quels sont les autres facteurs politiques qui affectent l'industrie et ont des répercussions sur votre entreprise?

3. Quelles mesures prenez-vous pour attirer du personnel qui vous permettra de poursuivre votre croissance (si celle-ci est anormalement rapide)? Quels marchés risquez-vous de perdre si vous ne pouvez attirer des personnes compétentes. Quelles sont les qualités et compétences que vous recherchez pour augmenter votre chiffre d'affaires et vos bénéfices?

4. Comment s'effectue le contrôle de la qualité? Qui en est responsable?

5. Quels sont les effets des tendances inflationnistes sur votre entreprise?

6. Que faites-vous pour conquérir et conserver votre part du marché?

Au fur et à mesure que le courant passe entre vous, vous enchaînez avec les questions négatives sur l'industrie, puis avec les questions d'ordre personnel et enfin avec celles qui portent sur l'entreprise. Vous alternez entre les unes et les autres, tout en restant attentif aux réactions de votre interlocuteur. D'une entrevue à l'autre, vous maîtriserez de mieux en mieux ce genre de questionnaire exploratoire. Le processus tout entier vise à accroître votre confiance en vous, à parfaire votre connaissance du marché et à vous aider à faire valoir vos compétences. Et, au bout du compte, à atteindre votre but.

La grille d'entrevue qui suit vous aidera à préparer vos propres questions en fonction des diverses personnes que vous rencontrerez au cours de vos consultations. Vous vous concentrerez davantage sur la section inférieure droite – les questions négatives relatives à l'entreprise, à ses problèmes. L'objectif poursuivi lors d'une consultation consiste à circonscrire les problèmes et à voir si vous seriez en mesure de les résoudre. Mes exemples de questions positives et négatives devraient vous aider à formuler les vôtres. Représentezvous cette grille mentalement pendant l'entrevue.

LA GRILLE D'ENTREVUE

Représentez-vous cette grille mentalement pendant l'entrevue.

Question « positives » – plan personnel	Questions « positives » – industrie	Questions « positives » – entreprise
1.	1.	1.
2.	2.	2.
3.	3.	3.
4.	4.	4.
5.	5.	5.
6.	6.	6.
Questions « négatives » – plan personnel	Questions « négatives » – industrie	Questions « négatives » – entreprise
1.	1.	1.
2.	2.	2. C'est votre cible !
3.	3.	3.
4.	4.	4.
5.	5.	5.
6.	6.	6.

Étant donné que vous vous serez livré à une recherche approfondie et que vous aurez préparé des questions pertinentes, vous serez réellement intéressé par les propos de votre interlocuteur. Si vous l'amenez à se sentir important en mettant l'accent sur son champ d'expertise, il sera enchanté de votre visite et davantage porté à vous aider de son mieux.

Rappelez-vous que vous devez vous fier à votre instinct. C'est lui qui vous guidera en cas d'hésitation. Il est important de bien vous préparer. Lisez, procédez à des répétitions, réfléchissez, renseignez-vous. Puis, pendant la réunion, soyez souple et réceptif : sachez « saisir la balle au bond ».

L'un de mes clients, qui avait pris rendez-vous avec le directeur du service de la formation dans une entreprise qui l'intéressait, passa toute la journée avec lui ! Le directeur avait invité plusieurs employés à se joindre à la réunion, à la grande surprise de mon client qui, finalement, en fut enchanté. Naturellement, il modifia son ordre du jour en conséquence. Mais cela lui permit d'avoir cinq consultations en une seule journée !

LA LETTRE DE REMERCIEMENT

Après la réunion, mon client rentra chez lui et rédigea un bref compte rendu sur chacune des cinq personnes, en incluant des précisions sur leurs antécédents et leur poste. Ensuite, il fit quelque chose d'extrêmement important : *il écrivit à chacune une lettre de remerciement manuscrite*. Son instinct lui avait dicté de répondre à la faveur dont il avait été l'objet.

Le premier paragraphe

Adressez une lettre de remerciement à la personne que vous avez rencontrée, au plus tard le lendemain de votre réunion. Elle devra être rédigée avec autant de soin que votre lettre d'introduction et comportera elle aussi trois paragraphes. Le premier se lira plus ou moins comme suit :

> Je tiens à vous remercier très vivement d'avoir bien voulu me recevoir le (date). J'ai d'autant plus apprécié votre courtoisie, votre intérêt et vos conseils que je sais à quel point vous êtes occupé. Il ne

fait aucun doute que vous aimez ce que vous faites et votre enthousiasme témoigne de votre engagement.

Exprimez-vous simplement, *comme vous le faites verbalement*. Ne craignez pas de vous montrer chaleureux ni d'adopter des formules inhabituelles. Si vous êtes capable d'adopter un ton optimiste, faites-le ; votre lettre n'en aura que plus de poids, du moment que vous restez sincère et respectueux. Voici ce qu'a écrit un autre de mes clients :

> Vous êtes le spécialiste de la mise en marché le plus stimulant que j'aie jamais rencontré. Lorsque j'ai quitté votre bureau, j'avais des idées plein la tête et je me sentais infiniment plus léger ! Je sais maintenant pourquoi vos produits connaissent un tel succès dans cette ville. Avec des gens comme vous, votre compagnie ne peut que dominer le marché. Vos encouragements ont embelli ma journée. Ou plutôt ma semaine ! Je vous en remercie.

Postée sans retard, votre lettre arrivera à temps pour rappeler votre présence de façon positive. C'est presque comme une seconde entrevue. Réfléchissez à ce que vous ressentez lorsque vous recevez une lettre personnelle, au contenu positif. Vous avez l'impression d'être quelqu'un de spécial. Les gens puissants savent quoi faire pour amener les autres à se sentir différents. Ils suivent leur instinct : cette règle d'or est infaillible. Traitez tous ceux que vous rencontrez comme vous aimeriez qu'on vous traite et vous verrez toutes les portes s'ouvrir devant vous.

Une fois que vous occuperez vos nouvelles fonctions, adressez à *toutes* les personnes que vous avez interviewées un mot pour les informer de l'aboutissement de vos recherches et leur dire à quel point leur concours vous aura été utile. L'un de mes clients m'a affirmé que ce conseil valait à lui seul les honoraires qu'il m'avait versés !

« Trois personnes m'ont téléphoné pour me remercier et m'inviter à déjeuner afin de célébrer l'événement et l'une d'elles m'a proposé un poste fantastique si jamais j'étais mécontent de mon nouvel employeur », m'a-t-il raconté.

Le deuxième paragraphe

Voyons maintenant le deuxième paragraphe de votre lettre de remerciement. Concentrez-vous sur le sujet traité pendant la consultation. À ce sujet, reportez-vous à la Fiche d'entrevue dont vous trouverez un modèle à la fin de ce chapitre. Préparez-en une pour chaque entrevue, y compris les consultations « fortuites » (une brève conversation avec un passager dans l'autobus, une rencontre imprévue, toutes les occasions que vous aurez d'en apprendre davantage sur votre passion). C'est comme si vous retrouviez en classe, le mercredi, le professeur qui a donné un cours deux jours plus tôt et qui demande : « De quoi avons-nous parlé, lundi ? »

Vous levez la main et répondez : « Vous nous avez dit que les influences qui accentuent la tendance au laissez-faire du système économique sont d'ordre social, politique et religieux. » Puis, vous donnez des exemples pour chacune de ces trois catégories.

Pendant votre entrevue, vous aviez relevé – par *thèmes* – les principaux points de la présentation faite par votre « professeur » (votre interlocuteur). Procédez de la même façon dans votre lettre de remerciement, ce qui donnera plus ou moins ceci :

> Le monde des communications devra relever de nombreux défis au cours des années à venir. Vous avez traité des tendances technologiques, sociales, politiques et personnelles qui se dessinent dans cette branche et au sein de votre société, et vous avez souligné le fait que les changements sont si rapides que l'équipement moderne n'est pas plutôt inventé qu'il est déjà dépassé. J'ai été particulièrement fasciné de vous entendre affirmer que la télévision par câble a un urgent besoin de personnel compétent et que, bientôt, chaque famille possédera son propre récepteur par satellite installé sur son toit, ce qui reléguera les stations locales aux oubliettes. Il ressort clairement de notre réunion que je peux jouer un rôle dans cette évolution. Je vais tenir compte de vos suggestions et prendre contact avec les personnes que vous m'avez recommandées. Votre exposé m'incite à penser que je possède les compétences requises pour résoudre certains problèmes. Les occasions sont si nombreuses dans le domaine de la créativité que mon seul problème sera une question de *choix*.

Cette lettre est un peu longue, mais j'ai élaboré afin que vous ayez une bonne idée de ce que vous aurez à faire. Et le rédacteur fait au destinataire le plus beau compliment qui soit. Il a écouté et retenu ce qu'on lui a expliqué. Rien ne comble davantage un professeur que d'entendre ses élèves faire état de ce qu'il leur a appris.

Vous devriez, dans votre deuxième paragraphe, revenir sur un moment où vous avez partagé le même enthousiasme. Pensez aux regards, au langage corporel, aux intonations – à un moment où vous étiez tous deux sur la même longueur d'ondes. Faites revivre cet instant dans votre lettre. Rappelez votre excitation commune à propos des « satellites installés sur chaque toit ». Cette vision vous a particulièrement emballés tous les deux, au cours de cette rencontre.

Le dernier paragraphe

Le dernier paragraphe de votre lettre de remerciement portera sur vos intentions. Par exemple :

> J'ai été sensible à votre suggestion de communiquer avec M. / Mme
> _____ (ou de reprendre contact avec vous si j'ai besoin
> d'autres informations, ou d'approfondir ma recherche, etc., selon
> le cas). Je vous tiendrai au courant de l'évolution de mon projet.
> Permettez-moi de vous remercier une fois encore pour votre
> accueil chaleureux et votre amabilité.

En faisant état de vos intentions, vous gardez le contact. Après quelques réunions, vous aurez peut-être besoin de revoir quelqu'un que vous aviez déjà interviewé. Dans la plupart des cas, vous ferez la connaissance d'une personne particulièrement aimable, qui s'intéressera à ce que vous faites – et que vous souhaiterez revoir plus d'une fois.

LES OFFRES D'EMPLOIS

Vous devez vous mettre dans la tête que c'est *votre enthousiasme* qui est le garant de votre réussite aux plans professionnel et personnel. C'est l'enthousiasme qui fait vendre les idées et les produits. Mais vous ne pouvez l'éprouver à moins de savoir ce qui vous inspire, ce qui stimule votre énergie. Pour certains, ce seront les camions, pour d'autres, ce sera le domaine artistique, pour d'autres encore, les ordinateurs ou les satellites. Quelle que soit votre passion – et vous êtes le *seul* à connaître la réponse –, fiez-vous à votre instinct et écrivez une lettre à quelqu'un qui partage votre enthousiasme. Découvrez comment aider les autres en progressant sur le chemin de la réussite. Combinez votre pouvoir avec d'autres sources de puissance et intensifiez votre clarté.

C'est dans le cadre de vos consultations que l'on vous proposera des emplois. Habituellement, il faut prévoir entre 15 et 25 réunions avant de pouvoir cerner exactement ce que vous voulez. Une fois que vous aurez une image précise de votre objectif – et pas avant –, vous connaîtrez la nature de l'emploi qui vous conviendra le mieux. Certaines de vos premières consultations vous sembleront déconcertantes, difficiles à retenir, peut-être peu satisfaisantes à certains égards. Après les premières rencontres, votre interlocuteur vous fera généralement rencontrer certains de ses collègues. Et au bout de la deuxième ou de la troisième entrevue, vous serez mieux informé et saurez le genre de questions que vous devrez poser. Ne cédez pas à la tentation de «vous vendre». Écoutez plutôt attentivement ce qu'on vous explique et, quand le moment sera venu, faites en sorte que la discussion prenne un tour plus direct. Quand vous saurez ce que vous voulez, demandez-le. Certains de mes clients ont sauté directement à la «conclusion», puis se sont interrompus, attendant d'être interrogés. La formule typique pour mettre fin à une conversation est celle-ci:

«Eh bien, John, vous avez rencontré plusieurs membres de notre personnel. Que pensez-vous de notre société?»

Celui qui vous interroge veut savoir jusqu'où va votre intérêt. Une fois que vous avez décidé que vous êtes effectivement intéressé et que vous possédez les compétences nécessaires pour aider une entreprise à résoudre ses problèmes, ne vous mettez pas à jouer de façon interminable au chat et à la souris. Soumettez votre *solution*. Celle-ci sera à *votre* image. Vous pouvez même rédiger un bref résumé des problèmes et l'apporter avec vous lors de la troisième ou de la quatrième rencontre. C'est comme ça que la plupart des consultants décrochent des contrats. Ils procèdent à ce qu'on appelle une «évaluation des besoins» avant de proposer à l'employeur une solution (qui inclut leurs heures à titre de consultants). Si la solution est soigneusement élaborée – temps, coûts, main-d'œuvre –, ils sont engagés. Vous agissez de la même façon.

À l'instar des consultants, vous êtes un liquidateur de problèmes. Les problèmes portent sur des individus, des données ou des produits. Brian, notre soi-disant avocat, a combiné ses compétences en matière de données (analyse des rapports financiers) et ses compétences en matière d'individus (aptitude à s'entendre avec tout le monde et à inciter les gens à collaborer pour le bien de tous).

Brian a rencontré les représentants de la banque à sept reprises avant de se voir offrir un poste. Ensemble, ils ont laissé à leur relation le temps (deux mois) de se consolider. Si l'on vous propose quelque chose après une seule et unique réunion, méfiez-vous. Cela veut dire que quelqu'un est sur des charbons ardents. Ne vous attendez pas à voir votre sort se régler rapidement ; cela fonctionne rarement. Respectez le besoin de l'employeur de s'assurer que vous représentez incontestablement la solution à son problème. Engager la mauvaise personne est une erreur coûteuse, qui a des effets négatifs sur le moral comme sur le budget. Soyez patient. On vous dira probablement : « Nous allons y réfléchir et nous communiquerons avec vous. » Dans ce cas, répondez quelque chose comme : « C'est tout à fait compréhensible. Quand devrai-je attendre votre appel, ou préférez-vous que ce soit moi qui vous téléphone ? »

Assurez-vous de ne couper aucun pont tant que vous n'aurez pas pris votre décision. Même si vous pensez qu'une offre est sûre à 100 pour cent, continuez vos consultations. On ne sait jamais ce qui peut arriver. Un contretemps est toujours possible, même si ça n'a aucun rapport avec vous. Si vous vous sentez découragé ou simplement fatigué, donnez-vous relâche. Partez à la pêche ou en excursion, ou faites n'importe quoi qui vous permettra de vous détendre.

Vous travaillerez plus fort pour créer votre emploi ou votre entreprise que lorsque vous occuperez votre nouveau poste. Ne croyez pas que vous êtes anormal parce que vous aimeriez voir le processus s'accélérer un peu. Vous vous êtes lancé dans une aventure exigeante ; aussi, pensez qu'il y a bien peu de personnes qui font ce que vous faites. Pourquoi ? Parce qu'il faut faire preuve d'un rare mélange de ténacité et d'engagement pour mener à bien une pareille tâche. Mais les récompenses sont illimitées et ne cessent de se succéder : argent, satisfaction, conviction personnelle d'être le puissant réalisateur de vos propres aspirations. Toutes ces récompenses seront la justification de votre acharnement.

COMMENT DISCUTER UNE OFFRE D'EMPLOI

Dans les transactions immobilières, les contre-propositions sont une pratique courante. Dans le cas des offres d'emploi, rares sont ceux d'entre nous qui ont l'idée de faire une contre-proposition. Habituellement, on est tellement content d'avoir enfin une offre qu'on l'accepte sur-le-champ et c'est seulement de retour chez soi qu'on pense à ce qu'on aurait pu négocier. Parlez-en avec n'importe quel agent de recrutement chevronné et il vous affirmera que les négociations constituent la règle et non l'exception. D'ailleurs, l'une de vos consultations devrait se dérouler avec une personne chargée du recrutement dans votre sphère d'intérêt. Cela vous permettrait de l'interroger sur ses fonctions et sur le genre de stratégie qui aboutit à une association fructueuse.

Ne discutez pas salaire tant que vous n'avez pas reçu d'offre. Vous devez connaître la nature de vos responsabilités avant de pouvoir les chiffrer. Si l'on vous demande quel salaire vous comptez recevoir, soyez franc. Mais précisez en même temps que tout dépendra du poste en tant que tel. Dans bien des cas, vous découvrirez, en discutant avec les décideurs, d'autres domaines où vos compétences seraient tout aussi utiles. Ce n'est pas parce qu'une proposition vous séduit que vous devez perdre de vue vos objectifs globaux.

Elaine (au chapitre 7) avait démontré à l'employeur qu'elle était capable de recruter du personnel et d'administrer un programme interne de promotion professionnelle. Elle avait préparé un projet et le lui avait soumis. Tant qu'elle ne lui avait pas expliqué ce qu'elle pouvait faire pour lui, son interlocuteur n'avait aucun moyen de connaître son degré d'énergie et ses aspirations.

Il n'y a que *vous* qui connaissiez vos capacités, votre passion, votre degré d'intérêt.

Trois questions que vous devez vous poser

Supposons qu'on vous propose un salaire de base de 25 000$, assorti d'avantages d'une valeur de 5000$ (assurance médicale, vacances, participation aux bénéfices, etc.). N'acceptez pas immédiatement, sauf si vous êtes vraiment certain que c'est bien ce que vous voulez. Prenez 24 heures ou tout le week-end pour y réfléchir et posez-vous ces trois questions :

1. Est-ce que cela correspond à mes objectifs initiaux ? N'oubliez pas le montant que vous aviez inscrit dans votre exercice sur la méthode affirmative, au chapitre 3 ! Jusqu'à quel point êtes-vous prêt à lâcher du lest ?

2. Est-ce que ce poste correspond à mes compétences actuelles ?

3. Plus important encore, est-ce qu'il me permettra de progresser, eu égard à mes objectifs à long terme ?

Si vous répondez par l'affirmative aux trois questions, vous pouvez accepter l'offre. En revanche, si vous répondez « non » à l'une ou à l'autre, *préparez une contre-proposition* de façon à combler les lacunes. Si le salaire est insuffisant, demandez 15 ou 20 pour cent de plus. Et plutôt que de l'argent, vous pouvez opter pour des avantages hors salaire, comme une voiture de fonction, un espace de stationnement, des frais de déplacement ou un compte de dépenses. La différence se répercutera au niveau de votre tranche d'imposition. Étudiez les tables d'impôt pour vérifier quel est votre salaire net. Car c'est lui qui importe et non votre salaire brut. La plupart des offres d'emploi comportent un écart de trois à six mille par année, compte tenu de l'expérience et des compétences de l'individu. Si la société est très petite, avec moins de 10 employés, informez-vous des possibilités d'acquérir des parts – la clé de l'indépendance !

Répondez simplement à la personne qui vous a proposé le poste que vous serez très heureux de travailler pour son entreprise et que vous demandez un salaire de _____ $ par année. Vous êtes bien placé pour enchérir dès le moment où elle a décidé de vous engager. *Faites-le.* Après tout, qu'avez-vous à perdre ? Au pire, elle vous répondra non. Vous pourrez alors demander une révision rapide de votre salaire ou encore convenir d'une entente écrite qui lierait votre rendement à l'obtention de la rémunération que vous désirez. Tâchez d'élaborer une formule de compromis qui sera à l'avantage des deux parties. C'est une question de maturité et de réalisme, d'un côté comme de l'autre.

La deuxième question que vous devez vous poser concerne la nature du poste. Précisez à l'employeur les fonctions que vous aimeriez détenir et faites-lui comprendre que vous y attachez de l'importance. Comme pour toute négociation, ce genre de discussion se déroule mieux dans le cadre d'un face à face. Votre sincérité et votre parfaite connaissance de vous-même sont de puissants instruments de persuasion. Mais n'en faites pas trop. Formulez vos demandes avec calme et assurance. C'est à ce stade des négociations que vous serez le mieux à même d'apprécier l'expérience acquise tout au long du processus qui vous mènera à votre passion. Vous connaissez déjà d'autres solutions et vous n'avez pas à interrompre votre réflexion en vous croyant obligé d'accepter moins que ce que vous souhaitez réellement. Vous *savez* que vous pouvez trouver votre créneau.

Avant de répondre à la troisième question – est-ce que cette offre favorisera votre épanouissement –, revoyez tout le travail que vous avez accompli jusque-là (l'autobiographie, les exercices, les résultats de toutes vos rencontres). Additionnez les pour et les contre. Soyez réaliste et fiez-vous à votre instinct. Puis, *rédigez* votre évaluation de vos besoins insatisfaits et précisez comment on pourrait modifier le poste afin de retourner la situation. Cela pourrait peut-être se faire après que vous aurez fait vos preuves. Apportez une copie de ce projet à votre prochaine réunion avec votre éventuel employeur, afin que vous puissiez en arriver rapidement à une entente qui vous conviendra à tous les deux.

LES AUTRES FORMES DE CONSULTATION

Jusqu'ici, nous avons vu dans ce chapitre les diverses phases de la consultation. Mais il existe bien d'autres façons de découvrir votre créneau. Si, par exemple, vous voyez dans les petites annonces un poste qui correspond à vos objectifs, n'hésitez pas à répondre, *mais en procédant selon le principe de la consultation*. Téléphonez à l'entreprise et voyez qui est en charge du service. Adressez une lettre d'introduction à cette personne, en précisant pourquoi le poste vous intéresse. *N'incluez pas votre curriculum vitae* (je reviendrai sur cette question dans la prochaine section). Rédigez votre lettre de façon à montrer que vous êtes en quête d'informations et non d'un emploi.

Vous pouvez aussi apprendre par vos amis et vos relations qu'il y a des ouvertures dans tel ou tel domaine. Procédez toujours de la même façon en découvrant d'abord qui est le décideur, puis en lui écrivant une lettre d'introduction. Le fait que la situation *semble* différente ne justifie pas que vous changiez de stratégie. Chaque fois que l'on vous fournit un nom, écrivez d'abord et téléphonez ensuite. Il va de soi que vous pouvez vous servir de votre jugement. D'ailleurs, vous acquerrez votre propre style au fur et à mesure que votre «campagne» progressera. Plus vous aurez confiance en vous, plus vous vous comporterez avec spontanéité. Il y a aussi le cas où vous serez suffisamment lié avec certaines personnes pour n'avoir pas besoin de leur écrire avant de leur téléphoner.

De temps en temps, vous obtiendrez toutes les informations voulues par téléphone. Par exemple, vous donnez suite à l'une de vos lettres et, au bout de la ligne, votre interlocuteur décide de tout régler séance tenante : «Pourquoi ne pas parler maintenant ? Que puis-je faire pour vous aider ?»

Faites d'abord allusion à votre lettre : «Ainsi que je vous le mentionnais dans ma lettre, je suis en train de me documenter sur un domaine qui m'intéresse beaucoup. Mais, avant de prendre une décision, j'ai plusieurs questions à éclaircir. Aussi aimerais-je vous rencontrer personnellement parce que, comme j'ai pu le constater, ce genre de discussion se déroule mieux de vive voix. Si votre semaine est déjà prise, peut-être pourrions-nous nous voir au cours de la semaine prochaine ?»

Essayez d'obtenir un rendez-vous. En général, votre interlocuteur acceptera de vous rencontrer si vous paraissez sûr de vous et digne d'intérêt. Néanmoins, s'il insiste pour procéder par téléphone, allez-y, posez-lui vos questions. Celle-ci, par exemple, constitue une bonne entrée en matière : «Pourquoi avez-vous opté pour cette branche et pour cette entreprise ?» Tandis qu'il s'attardera à vous répondre, la conversation prendra un tour plus amical et vos chances d'obtenir un rendez-vous augmenteront d'autant. Revenez à la charge un peu plus tard, peut-être après avoir parlé à d'autres personnes et avoir recueilli davantage d'informations qui auront amené de nouvelles questions. Remerciez cette personne pour son aide, quelle qu'elle soit. La courtoisie porte toujours des fruits.

Certains de mes clients ont une attitude tellement positive au téléphone qu'ils n'ont pas besoin d'envoyer de lettres. Leur ton, leur assurance, leur technique suffisent à établir le contact et à décrocher un rendez-vous. Malgré tout, ils rédigent *toujours* une lettre de remerciement. Il est possible que vous manifestiez des aptitudes particulières pour la communication verbale. Profitez-en si c'est ce que votre instinct vous dicte.

LES CURRICULUM VITAE

On accorde une importance souvent superflue aux curriculum vitae. Je vous conseille très vivement de ne pas céder à la tentation d'en rédiger un trop tôt. « Trop tôt » signifie avant de savoir ce que vous voulez faire et pour qui. Je vais traiter ici de trois types de curriculum vitae : le c.v. de type « proposition », le c.v. fonctionnel et le c.v. chronologique. (J'ai inclus une autre formule : la biographie d'une page.)

Un curriculum vitae peut être utilisé au mauvais moment et au mauvais endroit, ou au bon moment et au bon endroit ; c'est ce que nous allons voir ici.

Le mauvais moment et le mauvais endroit

1. Le poster avant une réunion.

2. Le remettre à quelqu'un au début de la réunion ou pendant la discussion. Cela pourrait nuire à vos démarches si vous le présentiez trop tôt.

3. L'inclure à la réponse à une offre d'emploi (même si l'annonce précise qu'il faut l'envoyer). Rédigez plutôt une lettre personnelle qui résumera votre expérience.

4. L'envoyer sans discrimination à des amis et à des entreprises (cette forme d'*auto*marketing massif est inefficace).

5. *Tout* moment et endroit, alors que vous en êtes encore à définir le type de gagne-pain qui vous conviendra le mieux.

Le bon moment et le bon endroit

1. Après avoir défini votre objectif.

2. Quand il est rédigé à l'intention d'une entreprise précise et d'une personne avec qui vous souhaitez travailler.

3. Après avoir tenu plusieurs réunions avec les personnes dont les intérêts correspondent aux vôtres.

4. Lorsque *vous* savez que le moment est bien choisi. (Fiez-vous à votre instinct.)

Un c.v. devrait démontrer à son destinataire que vous avez les compétences voulues pour résoudre des problèmes spécifiques dans un milieu de travail donné. L'examen d'une ou deux pages devrait convaincre cette personne que vous pouvez combler ses besoins. Mais, à moins que vous n'ayez d'abord précisé ces besoins, un résumé de type classique s'avérera inefficace. Bon nombre de mes clients ont trouvé leur créneau sans même présenter de c.v.

Généralement, le bon moment et le bon endroit pour soumettre un c.v. se situent après le fait. C'est-à-dire après avoir constaté que la personne que vous venez tout juste de quitter a besoin de la confirmation écrite que vos compétences contribueront à la réussite de son entreprise.

PROBLÈME ET « PROPOSITION »

Je préfère, dans bien des cas, la proposition au c.v. Celle-ci circonscrit le problème et expose une solution (vous) de façon détaillée. Vous décrivez vos antécédents et indiquez dans quelles situations vous avez eu à résoudre des problèmes du même genre. Avec cette formule, vous devez faire étalage de vos connaissances et utiliser le vocabulaire propre à ce domaine – son jargon, si vous préférez. Nous allons voir comme exemple la proposition d'Eric (ce client dont nous avons parlé plus tôt dans ce chapitre et qui s'intéressait à l'industrie du camionnage). Vous vous souviendrez qu'Eric avait rencontré à plusieurs reprises des responsables syndicaux et des directeurs administratifs, et qu'il avait découvert combien on avait besoin dans ce secteur de liquidateurs de problèmes dotés d'un tempérament agréable, ayant les pieds sur terre et une bonne connaissance de l'industrie dans son ensemble. Avec sa personnalité, son éducation et son expérience comme camionneur, Eric avait conquis les directeurs, conscients du fait que le style « macho » qui caractérisait les cadres intermédiaires dans l'industrie du transport routier était en train de disparaître rapidement.

Eric Jones
Adresse
Ville, code postal
Téléphone

Objectifs

Mon objectif à court terme est d'obtenir un poste de superviseur dans l'industrie du camionnage. À moyen terme – soit d'ici un an –, j'envisage de devenir directeur de l'exploitation et, à long terme, chef de l'exploitation d'une entreprise comme Delta Industries. Je n'ai pas pris cette décision à la légère. Je connais l'industrie du transport routier pour avoir été camionneur, évaluateur, instructeur et contremaître. Je serai bientôt diplômé en relations industrielles de l'Université de San Francisco. Au cours des derniers mois, j'ai rencontré des cadres supérieurs de l'industrie du transport, ce qui m'a permis de me familiariser avec les problèmes qu'il lui faut affronter : la déréglementation, la main-d'œuvre, le recrutement et la concurrence. Compte tenu de mon expérience et de mes études et à la lumière de ces discussions, j'ai décidé de faire carrière dans l'industrie du camionnage, et plus spécifiquement au niveau de l'exploitation. C'est dans ce secteur que je pourrais utiliser mes compétences pour planifier les itinéraires et superviser les camionneurs, afin de venir à bout des problèmes propres au trafic routier, ce qui se traduirait par une hausse des bénéfices et par des chauffeurs plus heureux de leur sort.

Ce que j'ai à offrir

1. La communication. Je suis quelqu'un d'honnête et de chaleureux et je m'entends facilement avec tout le monde. Je me suis spécialisé dans les relations industrielles, je connais les problèmes des ouvriers et je peux discuter facilement avec eux. Ma vaste expérience, acquise en fréquentant divers groupes de travailleurs, m'a appris à être patient, compréhensif et souple. De plus, je retire quelque chose de tous ceux que je côtoie et je sais écouter. Ce dernier point, plus particulièrement, me permet d'être suffisamment proche des gens pour qu'ils se sentent libres de parler ouvertement, ce qui facilite considérablement les échanges d'opinions. La patience est un élément clé d'une communication efficace. Et je suis patient.

2. L'organisation. Pour pouvoir organiser les autres, il faut d'abord savoir s'organiser soi-même. J'ai pris le temps de réfléchir à mes buts et à mes objectifs. J'ai mis de l'ordre dans mes priorités et j'ai étudié les options qui s'offraient à moi. La base d'une gestion efficace tient à la capacité d'analyser les informations d'un œil critique : les données financières et techniques relatives à l'exploitation, les études de marché, les offres de placements. Pour voir à la bonne marche d'une entreprise, il faut d'abord être capable d'objectivité personnelle et savoir comment résoudre les problèmes.

3. La créativité. La créativité est présente partout – qu'il s'agisse de décorer un bureau, de réaménager un horaire de travail ou d'apaiser un camionneur en colère. Pendant que j'étudiais à l'Université d'État de San Francisco, j'ai mis sur pied et animé un programme de créativité dans une école primaire de San Francisco, et j'ai ainsi appris que les idées créatrices comme les miennes trouvent toujours une application, même si on ignore encore tout des circonstances de cette application. Il m'est déjà arrivé de rentrer au volant d'un camion hors d'état de rouler et que j'avais rafistolé avec un cintre trouvé au bord de la route. La créativité est tout simplement une façon différente (et parfois inusitée) d'envisager un problème.

4. Le leadership. Le leadership découle d'une expérience précoce et diversifiée de l'indépendance. Mon éducation était orientée vers l'autonomie. Au lieu de suivre quelqu'un aveuglément, je choisis des collègues susceptibles de m'apprendre quelque chose. Je choisis ceux qui me serviront de guides en fonction de ce que je souhaite accomplir. Cette sélection minutieuse m'a permis de renforcer mes propres qualités de leader.

Ce curriculum vitae fit d'emblée la conquête des personnes auxquelles il était destiné. Et parce qu'Eric s'était soigneusement préparé, il obtint le poste qu'il convoitait.

Quand faut-il utiliser un c.v. de type « proposition »

Ce type de c.v. s'avère surtout efficace lorsque le poste que vous recherchez en est encore au stade de la définition. L'employeur ou l'associé éventuel n'a pas fini de cerner ses besoins.

C'est un mythe de croire que les dirigeants d'entreprises savent toujours comment résoudre leurs problèmes – ce que n'importe quel conseiller en gestion pourra vous confirmer. Bien souvent, ils ne savent même pas qu'ils ont un problème. Un observateur objectif (vous) est généralement plus prompt à repérer la difficulté et à lui trouver une solution. Vous pouvez tirer parti de ce trait de la nature humaine lorsque vous avez découvert un poste, un « créneau », qui vous convient.

LE CURRICULUM VITAE FONCTIONNEL

Le curriculum vitae fonctionnel met l'accent sur vos quatre ou cinq grandes forces. Il est davantage indiqué lorsque les titres de vos anciens postes – ce qui inclut celui que vous occupez actuellement – diffèrent quelque peu du titre du poste que vous visez. Dans ce type de c.v., vous décrivez vos fonctions en montrant que les compétences qu'elles exigeaient sont les mêmes que celles requises pour ce nouveau poste. Cela devrait convaincre l'employeur que vous êtes la personne tout indiquée pour le remplir.

Dans le prochain c.v. que nous allons voir et qui est de type fonctionnel, Susan (cette psychologue dont nous avons parlé au chapitre 4 et qui s'était orientée vers le recrutement des cadres) insistait sur sa facilité à nouer des liens avec les gens qui détiennent les rênes du pouvoir, avec les décideurs. Et le fait qu'elle ait dirigé sa propre société témoignait de ses qualités d'entrepreneur.

Si vous avez déjà fait du porte à porte, travaillé à domicile ou même si vous avez été serveuse dans un restaurant, *vous êtes un entrepreneur*. Soyez-en fier et mentionnez-le dans votre c.v. On sous-estime souvent le courage qu'il faut pour être serveur ou serveuse, par exemple. Certains de mes clients dont c'était le métier l'ont regardé d'un autre œil après nos discussions.

« C'est tellement humiliant de travailler comme serveuse », m'avait dit une jeune cliente qui s'appelait Joan.

« Est-ce que vous vous rendez compte que, dans ce restaurant, vous vous retrouvez chaque soir à la tête de votre propre entreprise ? »

«*Ma* propre entreprise? Que voulez-vous dire? Le restaurant n'est pas à moi.»

«Je sais, répondis-je. Mais vous êtes responsable de cinq ou six tables qui sont une source de liquidités. Vous êtes comme un entrepreneur indépendant; le restaurant s'occupe de la gestion et vous et votre travail produisez les revenus. Vos tables et tout ce qui se passe pendant votre quart de travail, c'est ça, votre entreprise.

Les yeux de Joan étincelèrent. «Je n'avais jamais vu ça sous cet angle, mais c'est vrai! C'est mon attitude qui détermine mes pourboires. Bien sûr, il faut aussi que tout se passe bien dans la cuisine. Mais, tout bien considéré, l'argent que je gagne à mes tables dépend entièrement de mon rendement.»

Quelques jours plus tard, Joan me confia qu'elle n'avait jamais fait une aussi bonne semaine. «Je dirige une petite entreprise importante», conclut-elle en blaguant.

Elle avait su voir qu'elle avait toujours été un entrepreneur. En Nouvelle-Zélande, d'où elle était originaire, ses parents possédaient une série de dépanneurs. Avec Joan, nous avons opté pour un c.v. fonctionnel, tout comme pour Susan. Il est préférable de ne pas dépasser deux pages.

Susan Smith
Adresse
Ville, code postal
Téléphone

Objectifs

Occuper, dans le secteur des ventes, un poste administratif axé sur la conception, l'organisation et le suivi des opérations. Vivement intéressée par un poste permettant de mettre à profit un don certain pour la communication, en particulier avec les cadres supérieurs et les «décideurs».

Compétences

Communicatrice efficace, possédant la volonté, le sens de l'organisation et l'énergie nécessaires pour réaliser des objectifs précis. Vaste expérience dans la solution de problèmes dans les domaines suivants : motivation, supervision et évaluation du personnel à tous les niveaux, de même qu'au niveau du cheminement du travail et des communications, de la planification et de la coordination.

Études

Scolarité de doctorat, analyse transactionnelle, psychodrame, Union Graduate School-West, San Francisco, 1978.

Scolarité de doctorat, orientation et systèmes humains, Université d'État de la Floride, 1975.

Maîtrise, conseiller en réadaptation professionnelle, Université d'État de la Floride, 1972.

Formation supérieure, évaluation professionnelle, Université d'État de la Floride, 1971.

Baccalauréat, psychologie, Jacksonville, Floride, 1969.

Planification, organisation, coordination

Planification et coordination, à partir de zéro, de divers programmes, comme celui de la Isis House, un centre de traitement pour les adolescents victimes de violence. Porte-parole du groupe au sein de la collectivité et de la communauté professionnelle. Planification et coordination d'un programme pour le traitement de l'alcoolisme, formation du personnel chargé de son application. Conception de méthodes d'évaluation professionnelle pour Goodwill Industries, incluant une batterie de tests psychologiques libres de culture, formation du personnel et des conseillers chargés de les faire passer, de les mesurer et de les interpréter. Préparation de cours et enseignement au niveau universitaire.

Supervision de la formation

Engagement, formation et supervision d'un grand nombre d'employés, professionnels et non professionnels. Enseignement des concepts sous-tendant les politiques et méthodes régissant la mise en œuvre des buts et objectifs organisationnels.

Communications écrites et verbales

Rédaction de demandes de subvention, de descriptions de fonctions et d'analyses de cas. Rapports oraux et écrits sur les progrès des clients, rapports d'évaluations psychologiques préparés à la demande des tribunaux et préparation de plans de carrière. Nombreuses conférences à caractère général ou professionnel, porteparole de la commission lors d'entrevues radio et télédiffusées. Animatrice de nombreux séminaires / réunions à caractère individuel ou collectif.

Expérience professionnelle

Consultante / conseillère en orientation professionnelle, 1978 jusqu'à maintenant – Psychothérapie, psychodrame, Institut de San Francisco.

Consultante, 1978 – C.U.R.A. Inc., conception du programme, formation du personnel.

Directrice clinique, 1977-1978 – Isis House, conception du programme, formation du personnel.

Clientèle privée, 1973-1975 – Thérapie individuelle, familiale et de groupe.

Associations étudiantes

Psi Chi, National Honor Society, psychologie. University Honor Society. Department Honors and Trophy. Kappa Delta Pi, National Honor Society, éducation.

Renseignements personnels

Célibataire, excellente santé.

Références

Fournies sur demande.

LE CURRICULUM VITAE CHRONOLOGIQUE

Vous utilisez le curriculum vitae chronologique, qui est un résumé linéaire de vos antécédents, lorsque l'emploi ou l'entreprise qui vous intéresse comporte plus ou moins le *même* titre que celui de votre poste antérieur. Ici encore, faites en sorte que votre c.v. ne compte pas plus de deux pages.

Brian Martinez
Adresse
Ville, code postal
Téléphone

Objectifs

Occuper, dans le secteur de la mise en marché, un poste d'agent
de liaison axé sur l'étude des marchés, l'analyse des budgets, la
planification et la communication entre les chefs de service immédiats et les représentants régionaux. Particulièrement intéressé par
un poste qui me permettrait d'exploiter ma facilité à communiquer
avec les gens.

Compétences

Mature, équilibré et perspicace, doué pour la communication avec
les gens – en groupe ou individuellement –, aussi bien dans le
monde du travail ou des affaires qu'au niveau gouvernemental. Je
prends le temps d'écouter toutes les opinions et j'aime organiser
et mettre au point des solutions pratiques. Je m'exprime clairement
et efficacement, verbalement comme par écrit, et je suis aussi à
l'aise dans la supervision du personnel que des budgets.

Études

LL.M., faculté de droit Hasting, Université de Californie, 1975.

B.A., sciences politiques, Université Stanford, 1972.

Université de Guadalajara, sous les auspices de l'Université de San
Francisco, Guadalajara, Jalisco, Mexique, session d'été 1969.

Expérience

Agent de contrats/administrateur de programme, de 1977 jusqu'à
maintenant, Alameda County Training & Employment Board. Rédiger les contrats passés avec le gouvernement et les directives les
accompagnant; négocier les contrats avec les commissions scolaires, les municipalités et les administrateurs de programmes de
financement. Gérer un budget de 2,5 millions de dollars.

Superviser et évaluer l'exécution des contrats. Amender les contrats, fournir sur demande au personnel de l'agence des précisions
sur les modalités des contrats, les droits, obligations et

réglementations. Organiser et animer des ateliers pour les parties contractantes et le personnel de l'agence.

Délégué syndical, août 1977-mars 1978, local 535 de l'Union internationale des employés des services, chapitre de l'ACTEPB/ACAP. Représentant élu de l'unité de négociation. Négocier les conventions collectives ; représenter l'unité de négociation aux comités conjoints ; rédiger les statuts du chapitre et organiser les membres.

Conseiller technique auprès des autorités locales, août 1976-juin 1977. Conseiller en ressources humaines auprès des autorités locales du comté d'Alameda. Principales réalisations : rédaction d'un document de recherche sur le logement subventionné, rédaction des statuts et des articles pour la constitution en société d'une œuvre de bienfaisance et organisation des réunions.

Conseiller juridique/organisateur, juin 1975-août 1975, Services juridiques aux immigrants et Union des travailleurs agricoles, Santa Maria, Californie.

Conseiller les organisateurs de l'UTA sur les modalités de la nouvelle loi sur les relations de travail en milieu agricole. Présenter des exposés sur cette loi lors des assemblées générales des membres. Résoudre les problèmes juridiques. Travail effectué essentiellement en espagnol. Porte-parole auprès des médias à de nombreuses occasions.

Administrateur du programme d'emplois d'été, juin 1974-août 1974, mairie de la ville de Los Angeles.

Superviser les activités des douze organismes participant au programme. Résoudre les problèmes d'adaptation des participants au programme.

Expert en relations industrielles, juin 1972-août 1972, ministère du Travail des États-Unis, Labor Management Services Administration, D.C.

Répondre aux demandes d'information du Congrès et des électeurs sur l'implication du ministère dans les conflits de travail. L'organisme était essentiellement chargé de présenter des rapports sur les conflits de travail au ministre du Travail, au Congrès et au grand public.

« Youth Developer », février 1972-juin 1972, « Youth Opportunity Program », Université Stanford. En collaboration avec l'administration et le corps professoral, coordonner la création d'emplois sur le campus à l'intention des élèves du cours secondaire. Procéder aux entrevues et décider de l'attribution des emplois.

Bourses d'études

Université Stanford : bourse accordée par la faculté de droit, bourse du Mexican-American Legal Defense and Education Fund ; traitement perçu dans le cadre du Programme de stages de Stanford, à Washington, D.C.

Diablo Valley College : bourses d'études : Academic Senate ; Walnut Creek Women's Cooperative.

Langues parlées et écrites

Bilingue, anglais et espagnol.

Intérêts personnels

Jogging, racquetball et philosophie.

Références

Fournies sur demande.

LE CURRICULUM VITAE CHRONOLOGIQUE D'UN JEUNE

Le c.v. chronologique est celui qui convient le mieux si vous êtes jeune et inexpérimenté. L'important, si vous voulez qu'il soit véritablement efficace, c'est de bien présenter vos objectifs et vos compétences.

Le c.v. qui suit illustre comment un jeune qui possède déjà une solide expérience professionnelle peut se faire valoir de façon positive. Le California Conservation Corps demande à ses membres de rédiger un c.v. à la fin de leur service. Pendant qu'il était dans les Corps, ce jeune homme s'est découvert une passion insoupçonnée, mais j'ai tout de même insisté pour qu'il résume *toutes* les compétences qu'il avait acquises.

Patrick a d'abord rédigé un premier jet que nous avons retravaillé ensemble. Vous remarquerez comme il n'hésite pas à dire clairement qui il est et ce qu'il veut. Comme il est du type associé, il sait qu'il lui faut trouver le bon superviseur et il le précise carrément dans son c.v.

Si vous postulez pour votre tout premier emploi, vous avez peut-être un passe-temps ou encore vous avez déjà travaillé comme bénévole, ce qui vous aura permis d'acquérir des talents particuliers. Par exemple, si vous jouez du piano, vous avez sûrement développé votre force tactile et votre sens du toucher. Aussi, vous pourriez être attiré par le travail de pépiniériste, puisque vous pourrez toucher et planter des fleurs, ou encore par toute autre activité où le toucher est un élément important, comme la céramique, le textile ou le vêtement.

PATRICK BOLDING
1451, Elkhorn Road
Watsonville, CA 95067
Téléphone

OBJECTIFS : Travailler comme cuisinier dans un restaurant gastronomique, spécialisé dans la fine cuisine.

COMPÉTENCES : Je suis une personne mature, fiable, déterminée, qui éprouve un grand intérêt pour les aliments et leur préparation. Du fait de mon expérience, je m'entends bien avec tout le monde. Je travaille bien avec un chef équitable et ouvert.

EXPÉRIENCE :

Cuisinier, 1982 jusqu'à maintenant, California Conservation Corps, Monterey Satellite Center.

Unique responsable d'une cuisine de type cafétéria. Planification des menus de tout le mois, budget et achat des denrées alimentaires. Préparation des trois repas quotidiens. Application des règles d'hygiène et de sécurité ; supervision et formation de la brigade de cuisine ; détermination des règles et politiques visant à assurer la bonne marche des opérations.

Outre ces tâches, je dois remplir tous les devoirs d'un « corpsmember » : débroussaillage des sentiers, aménagement paysager, légers travaux de menuiserie et de maçonnerie, lutte contre l'érosion, intervention en cas d'incendie, d'inondation ou de toute autre situation d'urgence, manipulation d'outils électriques, assèchement des marécages.

EMPLOIS D'ÉTÉ :

Concierge, juillet-novembre 1980, Apple Valley School District, Apple Valley, CA. Nettoyage des classes, planchers, peinture, aménagement paysager.

Aide-cuisinier, 1979, Howard Johnson's Mill Valley, CA. Préparation des aliments, préposé aux salades, aider le cuisinier pendant le coup de feu. Plongeur, nettoyage des appareils, aide-serveur, mise en place.

RENSEIGNEMENTS PERSONNELS :

Âgé de 20 ans, en bonne santé.

RÉFÉRENCES :

Fournies sur demande.

L'AUTOBIOGRAPHIE D'UNE PAGE

L'autobiographie d'une page est une variante du curriculum vitae. Elle constitue une excellente façon de vous présenter brièvement, si cela vous apparaît nécessaire. Elle s'avère surtout efficace après une consultation au cours de laquelle votre interlocuteur s'est montré sincèrement intéressé. Vous l'adapterez au gré des situations en faisant ressortir vos points forts, vos études, vos réalisations et votre expérience et en ajoutant quelques lignes sur votre emploi actuel.

Ne rédigez pas plus de deux paragraphes. Non seulement les biographies les plus courtes sont les meilleures, mais le lecteur sera mieux disposé si vous vous en tenez aux éléments les plus marquants. Il saura à quoi s'en tenir à votre sujet, sans avoir besoin de lire un c.v. de deux ou trois pages.

Le texte qui suit a été rédigé par une comptable, après une consultation fructueuse avec un éditeur. Elle aime les chiffres et éprouve une véritable passion pour la lecture.

Modèle d'autobiographie d'une page

Comptable à la pige depuis six ans, j'ai eu l'occasion de travailler pour nombre de petites entreprises et j'ai fini par me rendre compte que mes domaines préférés sont liés à l'art ou à la communication. Avant de quitter New York pour la Californie, en 1983, j'avais financé mes études universitaires en tenant la comptabilité d'une station de radio locale et d'un bulletin communautaire. Cela m'a permis d'acquérir l'expérience et les connaissances nécessaires pour devenir une comptable de plein droit. Et, en même temps, j'ai appris énormément de choses sur la radiodiffusion et sur l'édition!

J'ai toujours aimé travailler avec les chiffres et j'ai perfectionné mon talent d'organisatrice, de telle sorte que je peux travailler efficacement pour deux ou trois clients simultanément. Je travaille actuellement pour une petite galerie d'art et pour un établissement thermal et j'aimerais bien pouvoir élargir mon rayon d'action en prenant un client de plus. Comme je suis un véritable rat de bibliothèque (je fais partie d'un groupe de discussion littéraire qui se réunit toutes les semaines), mon objectif est de profiter de mes talents et de mon expérience pour m'orienter vers un domaine rattaché à la communication, tel que l'édition.

FICHE D'ENTREVUE

Ainsi que je l'ai mentionné un peu plus tôt dans ce chapitre, vous aurez tout intérêt à préparer une Fiche d'entrevue pour chacune de vos consultations. Elle comprendra les points suivants :

CCDP _____ Date de l'entrevue _____

ENTREPRISE _____

Principal produit ou service _____

NOM DE LA PERSONNE _____

TITRE _____

COMMENTAIRES – Points saillants

1. Qu'avez-vous appris sur cette personne ? _____
_____

2. Qu'avez-vous appris sur l'industrie ? _____
_____

3. Qu'avez-vous appris sur l'entreprise ? _____
_____

4. Quelles sont les personnes qu'on vous a conseillé de rencontrer au sein de l'entreprise ? À l'extérieur de l'entreprise ? _____
_____

5. Quels sont les problèmes qui semblent surtout préoccuper cette personne ? _____
_____

Dans la Fiche d'évaluation des facteurs qui suit, vous noterez les entreprises visitées sur une échelle de 1 à 10, en fonction de leur conformité avec les « caractéristiques de l'emploi ». Le moment est tout indiqué pour revoir l'exercice sur vos valeurs, effectué dans le cadre du chapitre 2. Quelles étaient les caractéristiques de l'emploi qui comptaient le plus pour vous à ce moment-là ? Vos valeurs ont-elles changé depuis ?

FICHE D'ÉVALUATION DES FACTEURS

Poste :

Caractéristiques de l'emploi	Entreprise 1	Note 1-10	Entreprise 2	Note 1-10	etc.
1. Affiliation					
2. Altruisme					
3. Ambiance					
4. Autorité					
5. Compensation (dans deux ans)					
6. Compensation (initiale)					
7. Conformité avec l'objectif professionnel					
8. Créativité					
9. Diversité					
10. Égalité des chances					
11. Esthétique					
12. Évolution					
13. Harmonie morale					
14. Indépendance					
15. Pressions, stress					
16. Réalisation					
17. Reconnaissance					
18. Sécurité					
19. Statut, titre					
20. Stimulation intellectuelle					
21. Trajet					

RÉSUMÉ

> **Huitième secret de la passion : les gens puissants se fient à leur instinct.**

1. Soyez attentif lorsqu'une conversation vous *enthousiasme* ou vous *fascine (indice-passion!)*. Il peut s'agir de consultations déguisées.

2. Une consultation ressemble à une partie de racquetball : soyez souple et relancez la balle dès que vous la recevez.

3. Le moi, quand il s'exprime à travers un « gagne-pain idéal », est l'incarnation de l'amour. Le travail, c'est une passion.

4. Le concept du gagne-pain idéal accorde la préséance au travail plutôt qu'à l'argent.

5. C'est vous qui décidez de l'ordre du jour d'une consultation. Vos trois objectifs sont : (1) vous présenter et faire état de vos points forts et de vos objectifs ; (2) obtenir des informations ; et (3) obtenir les noms d'autres personnes que vous pourriez consulter.

6. Pendant une consultation, posez des questions « positives » et « négatives » portant sur ces trois catégories : le plan personnel, l'entreprise et l'industrie. Concentrez-vous plus spécifiquement sur les questions « négatives » relatives à l'entreprise parce que ce sont elles qui vous révéleront les problèmes et vous permettront de voir si *vous* pouvez les résoudre !

7. Adressez toujours une lettre de remerciement aux personnes que vous avez rencontrées.

8. Apprenez à discuter d'une offre d'emploi.

9. Il y a un bon et un mauvais moment pour présenter son curriculum vitae.

10. Utilisez le *c.v. de type proposition* lorsque le poste en est encore au stade de la définition.

11. Utilisez le *c.v. fonctionnel* lorsque le titre ou la teneur du poste que vous visez diffèrent quelque peu de votre poste actuel ou de ceux que vous avez occupés auparavant.

12. Utilisez le *c.v. chronologique* lorsque le titre du poste que vous visez est plus ou moins le même que celui de votre poste actuel.

13. Utilisez le c.v. chronologique si vous êtes jeune et inexpérimenté, et insistez sur vos objectifs et vos compétences.

14. Utilisez l'autobiographie d'une page lorsqu'une brève présentation est préférable.

15. Remplissez une Fiche d'entrevue pour chaque consultation.

16. Remplissez une Fiche d'évaluation des facteurs pour chaque entreprise visitée. Évaluez-la en fonction de sa conformité avec les caractéristiques de l'emploi qui vous importent le plus.

9

TOUJOURS PLUS HAUT, TOUJOURS PLUS LOIN

> Neuvième secret de la passion : les gens puissants savent reconnaître qu'ils sont « arrivés ».

Vous avez bien suivi mes directives et vous voici au terme de votre voyage – du moins, du voyage que nous avons fait ensemble. Vous êtes donc prêt à aborder la neuvième étape : apprendre à reconnaître que vous êtes « arrivé ». Mais comment savoir que vous avez touché au but ?

COMMENT SAVOIR QU'ON A TOUCHÉ AU BUT ?

Chaque élément de votre vie vous apparaît comme une réussite

Vous saurez que vous avez réussi lorsque *chaque élément* de votre vie vous apparaîtra comme une réussite. Vous constaterez alors que chacune des étapes que vous avez vécues était nécessaire à votre croissance. Vous annexez le passé et continuez de progresser, d'avancer plus haut et plus loin. En analysant vos « erreurs », vous assimilez et intégrez tout ce que vous avez appris. Tout au long du processus, vous devez faire preuve de patience à votre endroit et vous pardonner sans hésiter de n'avoir pas su voir ce qui semble maintenant évident. Il faut du temps pour apprendre une leçon – et on ne peut accélérer ce processus dynamique. Dès que votre mode de pensée se modifie, de nouvelles informations viennent renforcer ce changement. Vous continuez de tisser la toile de votre vie et vous la percevez comme un tout unifié et fécond.

Votre univers est plus vivant

Outre le fait que votre vie vous plaît davantage, vous pouvez vous fier à d'autres indices pour savoir que vous avez réussi. Votre univers vous semble plus vivant, plus intense. Les nuances s'accentuent, se précisent – comme ce fut le cas pour le grand poète anglais John Keats que toute forme de vie faisait vibrer[1]. Keats, qui a su intégrer l'esprit, le corps et l'âme, est la parfaite illustration de ce principe : travailler avec passion. Sa courte vie (il mourut à l'âge de 26 ans) constitue un remarquable exemple d'une passion concentrée et se reflète dans sa poésie – intellectuelle, sensuelle, ambitieuse. Tout comme la nouvelle technologie du laser qui fait apparaître sur nos écrans de télévision des images dont la clarté et la précision tiennent du mystère, les images de ce grand poète nous étonnent par leur justesse. C'est la même chose au niveau de la réflexion et des sensations : votre vision est élargie, votre perception est aiguisée. Vous êtes maintenant un enfant qui *doit* vivre ses expériences. Si le soleil brille, c'est très bien, et s'il pleut, ça l'est tout autant. Si vous venez de perdre votre emploi, pensez à toutes les possibilités qui s'offrent à vous du fait de ce renvoi, puisque vous savez que votre croissance s'en trouvera stimulée. C'est un moment pénible, mais, au bout du compte, vous serez content d'avoir eu l'occasion de devenir un acteur plus averti. Et parce que vous venez de subir une perte, vous pouvez obtenir quelque chose de *plus*.

Vous êtes plus exigeant dans le choix de vos expériences

En même temps que vous recherchez avidement toutes les expériences que vous offre la vie, vous devez extrêmement sélectif dès le moment où vous avez « réussi ». (*Indice-passion : le discernement caractérise le véritable passionné.*)

Dans son autobiographie, le poète irlandais William Butler Yeats décrit la façon d'accumuler des expériences soigneusement choisies : «(…) comme pour la vitrine d'un collectionneur. (…) La véritable unité de l'être, où toute la nature répond par un murmure à la moindre note qu'on effleure, se manifeste émotivement, instinctivement, par le refus de toute expérience qui n'aurait pas la qualité souhaitée et par la limitation de son envergure[2]. » Lorsque vous êtes « arrivé », vous repoussez les expériences non désirées et qui engendreraient, pour vous comme pour les autres, de la douleur, du chagrin ou un sentiment de culpabilité. Désormais, vous n'êtes plus tenu de fréquenter les gens que vous n'aimez pas ou de faire ce que vous détestez. Personne ne peut plus vous « piéger » parce que vous ne vous laissez plus ni aveugler ni leurrer par les illusions. Au moment de prendre une décision, vous analysez vos motifs à la lumière éclatante de l'honnêteté, l'un des plus beaux mots de notre langue.

Vous êtes honnête et indulgent

Nos vies prennent parfois des directions qui débouchent sur des situations traumatisantes (mariage mal assorti, divorce, décès, faillite, chagrin d'amour). Après avoir rapidement admis vos erreurs, vous entreprenez de corriger la situation. Chaque fois que vous avez blessé quelqu'un, vous vous en excusez et lui demandez pardon. Quant à vous, vous vous pardonnez vos fautes sans attendre. Au lieu de vous répandre en récriminations contre vous-même ou contre les autres, vous vous empressez de tirer parti de l'adversité.

Vous trouvez un sens à la moindre expérience

Pour celles d'entre nous qui ont vécu la magie de l'accouchement, il est possible de comprendre la force motrice qui sous-tend l'expérience créatrice. C'est l'enfant, et non la mère, qui décide de l'heure de la naissance. « Pourquoi souffrir autant, pourquoi est-ce si long ? » vous demandiez-vous. Et vous avez finalement compris que la nature a son propre rythme et son propre cycle. Ceci étant clair, vous ne choisissez pas de ne plus souffrir, mais vous acceptez toutes vos expériences et vous leur donnez un sens. Dans *Découvrir un sens à sa vie avec la logothérapie*[3], Victor Frankl décrit les qualités des personnes qui ont survécu à l'horreur des camps de concentration et relève que celles qui ont su mener une vie féconde après leur libération trouvaient un sens même à leur détention. Pour sa part, Carl Jung affirme que toute expérience devient intelligible pour la conscience lorsqu'on lui trouve une signification.

Dans un mode plus léger, vous pouvez rendre vos expériences signifiantes, à l'image, ou presque, des personnages de la bande dessinée *Peanuts*; Lucy, Charlie Brown, Linus, Schrœder et Snoopy finissent toujours par tirer une leçon des conflits qu'ils vivent. La musique en est un autre exemple. La résolution supprime tensions et dissonances, et nous permet d'apprécier la beauté des sons harmonieusement structurés.

Vous acquérez de la maîtrise

Le concept de la maîtrise est un autre de ces indices qui vous confirmeront votre « réussite ». Faire preuve de maîtrise, c'est exécuter une tâche qui vous vaudra de la considération. Lorsque vous excellez dans quelque chose, vous agissez avec la précision d'un grand joueur de tennis quand il a le service. Les gens qui se consacrent à ce qu'ils font de mieux n'ont pas l'air de travailler, mais de s'amuser. C'est le cas de Johnny Carson, par exemple. Et ce sera également le vôtre quand vous aurez maîtrisé les tâches que vous accomplissez aisément, de quelque nature qu'elles soient. Les grands entraîneurs sont passés maîtres dans l'art de reprendre les champions. Ils évitent d'insister sur les erreurs et de multiplier les critiques, tout en faisant des suggestions d'un ton subtil. Ainsi, mon professeur de tennis me disait gentiment : « Tournez votre poignet d'un demi-pouce, penchez-vous vers la balle, les genoux légèrement pliés. » Lorsque vous avez « réussi », vous devenez comme un bon joueur de tennis. Vous trouvez des entraîneurs compétents, vous continuez d'améliorer votre jeu en corrigeant systématiquement vos erreurs. C'est en modifiant continuellement son comportement, par petites touches, qu'on acquiert de la maîtrise.

Les appareils de navigation aérienne sont un autre exemple qui illustre ce concept. Qu'il s'agisse d'un avion de ligne ou de la navette spatiale, l'équipement informatisé corrige constamment la route, du décollage à l'atterrissage. Rares sont les avions qui suivent exactement le trajet prescrit. Interrogez n'importe quel pilote et il vous confirmera que les légers écarts de route sont monnaie courante. Votre équipement personnel de navigation est lui aussi d'une très grande précision. Votre inconscient (l'imagination) et votre conscience (la logique) travaillent en équipe. Et lorsque vous avez « réussi », fort de la conviction d'avoir atteint votre but, vous dotez l'un et l'autre d'un statut identique.

Vous restez vigilant

Vous êtes vigilant, à l'affût du moindre indice. Vous savez, maintenant, que le « hasard » n'existe pas. Vous notez soigneusement les détails de votre quotidien et vous étudiez les gens qui traversent votre vie, de façon éphémère ou prolongée, pour découvrir ce qu'ils ont à vous apprendre sur vous-même. Vous observez votre ou vos associés et êtes conscient de leur importance. Vous êtes une caméra qui regarde tout avec intérêt et enregistre les données qui alimenteront vos souvenirs, tout en ne conservant que celles qui stimuleront votre croissance.

Vous êtes en bonne santé

Quand vous avez « réussi », vous tombez rarement malade. Mais si cela vous arrive et puisque les émotions sont à l'origine de la plupart de nos maux, analysez vos symptômes pour voir ce qui ne va pas dans votre *tête*. Vous ne refoulez pas vos sentiments pendant des années, des mois ni même des jours. Vous pratiquez une activité physique pour vous libérer des émotions que vous avez réprimées. Vous mangez et buvez avec modération. Vous dormez lorsque le besoin s'en fait sentir. Autrement dit, vous êtes équilibré, en harmonie avec vous-même et fier de l'être. Vous éprouvez une profonde affection pour votre organisme.

Vous êtes à l'écoute de l'inédit

De tous les indices qui attestent de votre « réussite », celui-ci est peut-être le plus important. Vous êtes ouvert aux idées nouvelles et vous écoutez avant de porter un jugement, même si l'idée ou le concept vous paraît farfelu. Les prophètes se manifestent parfois dans les endroits les plus imprévus, comme cette femme avec qui vous bavardez en attendant votre autobus, ou encore ils peuvent être très jeunes, comme votre propre enfant. Les prophètes sont toujours des idéalistes, mais ils nous incitent à réfléchir. Presque tous les progrès marquants qui ont jalonné la civilisation sont nés d'une idée bizarre, à l'insu de tous. Si vous pensez que notre société court à sa perte, dites-vous bien que la meilleure façon de l'aider consiste à *vous améliorer et à suivre votre passion*. Ce sont les gens puissants et passionnés qui changent le monde.

Vous puisez dans vos ressources pour mieux progresser

Vous utilisez les ressources qui accélèrent l'assimilation et l'intégration de vos expériences. En cas de difficulté, vous pouvez consulter un thérapeute si vous ressentez le besoin de vous confier à une oreille objective. Certaines personnes ont recours à la thérapie de groupe pour accroître leur lucidité. Les ateliers, les séminaires et les cours de toute nature sont souvent d'excellents outils parce qu'ils favorisent la concentration. Vous en apprendrez toujours plus sur vous-même en vous tenant au courant des nouvelles théories, de même que des nouvelles versions d'idées consacrées.

Il existe d'innombrables activités qui pourront vous aider à mieux vous connaître. Pour mes clients, tout est bon, du moment que cela leur convient : thérapeutes, cours universitaires, ouvrages axés sur le développement personnel, astrologues, médiums et même le tarot. Ce sont là des procédés qui peuvent s'avérer efficaces. Il n'y a qu'une question à se poser : est-ce que cela fonctionne ? Tous ces outils de conscientisation s'appuient sur des techniques similaires et vous font profiter d'une attention qui vous est exclusive. La perception d'un tiers est un projecteur qui vous initie à la perception de soi. Quand vous êtes prêt à recevoir des informations sur vous-même, les conseils qu'on vous donne peuvent provenir des sources les plus inattendues.

Je me souviens de ce médium réputé que nous avions été entendre, mon associé et moi. J'avais été frappée par son exposé, sensé et plein d'humour, qui révélait une profonde connaissance des difficultés vécues par les personnes venues l'écouter, en quête de solutions. À tous ceux qui l'avaient interrogée, cette femme avait prodigué aussi bien des encouragements et de l'amour que des conseils judicieux. Il n'y avait rien d'angoissant ni de surnaturel dans les techniques qu'elle employait. Ainsi que je l'ai déjà mentionné, vous devez être réceptif à tous les types d'informations. Les gens puissants savent tirer parti des outils de conscientisation qui répondent à leurs besoins. Ils sont tournés vers eux-mêmes, mais de la façon la plus positive qui soit. Pour eux, le mot « égoïsme » n'a pas le même sens que pour les gens *im*puissants. Ils savent pertinemment que leur vie et leurs activités auront un effet d'entraînement sur les autres. C'est pourquoi ils sont conscients de l'importance de leur choix de carrière, non seulement parce que c'est là un exemple pour les autres, mais aussi parce que c'est une forme d'expression de soi. Il est indispensable de comprendre et d'analyser son moi de façon continue, afin de pouvoir prendre des décisions avec lucidité.

Vous filez le parfait amour avec vous-même

Quand la « réussite » vous est acquise, vous devenez votre meilleur ami. Vous aimez jouir de votre liberté *et* être responsable. Vous constatez que vous prenez plaisir à rester seul pendant de longues heures, sans interruption. Vous êtes fasciné par votre moi qui ne cesse de se développer – au point que vous avez presque l'impression d'occuper davantage de place dans l'univers ! La méditation et les moments de tranquillité que vous passez en tête à tête avec vos pensées vous permettent de vous familiariser avec ce « moi supérieur ». Vous le consultez plus souvent et vous constatez qu'il est toujours fidèle, drôle et persévérant. Cette polarisation sur vous-même n'a rien de narcissique ; elle vous permet d'aimer les autres plus intensément et de mieux les aider. Elle vous permet de vous épanouir.

Votre spiritualité est individualisée

Lorsque vous êtes « arrivé », votre définition de Dieu devient intensément personnelle. Vous êtes conscient d'une force, d'une puissance supérieure qui imprègne votre vie. Vous résistez aux efforts des autres pour vous imposer leurs croyances car, d'où qu'elle vienne, la tyrannie est écrasante et obscure. La spiritualité est une lumière – vive et puissante – et vous irradiez cette lumière. C'est en éclairant les ténèbres que vous « illuminez » votre vie. Lorsque votre spiritualité est individualisée, vous menez une vie sans entraves.

Les prochaines histoires, en débutant par celle de Robert, sont celles de personnes qui, aux yeux des autres, avaient déjà « réussi ».

Elles illustrent comment chacune d'elles a appris à effectuer de subtils changements afin de parvenir à une totale maîtrise de sa vie, aux plans professionnel et personnel. Elles sont des exemples de la façon dont les gens apprennent à se concentrer sur leur pouvoir personnel et à le libérer. Ces cinq personnes sont « arrivées » et poursuivent leur progression.

L'HISTOIRE DE ROBERT

Robert avait une maîtrise en administration et était également diplômé en droit. Sa société m'avait engagée pour découvrir comment l'employer à meilleur escient. Il faut dire que Robert, qui est un analyste financier, ne s'entendait pas avec son patron et que son travail laissait à désirer ; qui plus est, il n'hésitait pas à prendre deux heures pour déjeuner et arrivait souvent en retard.

Son autobiographie nous révéla l'apparition précoce d'un schème de comportement rebelle qui se manifesta d'abord face à son père, puis qui persista à la petite école. En fin de compte, ce fut au cours secondaire que Robert trouva une façon constructive de canaliser son trop-plein d'énergie et son besoin de défier l'autorité. Il se joignit à un groupe qui organisait des joutes oratoires au cours desquelles il remporta systématiquement la victoire. Plus tard, à l'université, il se distingua surtout par ses exposés. Robert était un meneur naturel et son talent de communicateur lui valut fréquemment les éloges de tous. Convaincu que le droit et l'administration le mèneraient au succès, il poursuivit ses études jusqu'à la fin de la vingtaine.

« L'un de mes professeurs de droit m'avait dit que l'écriture était un facteur déterminant pour réussir l'examen du barreau. D'après lui, même si l'on était calé en droit, il était inutile d'espérer le passer si on ne savait pas écrire. Du coup, j'ai décidé de concentrer tous mes efforts sur l'analyse verbale et écrite. Et j'ai été reçu à l'examen », me raconta-t-il.

Son principal point fort était définitivement la communication, un don qu'il n'avait cessé de perfectionner depuis le cours secondaire. Il aimait cette excitation qui le gagnait quand il s'adressait à un auditoire et il avait finalement poussé son talent à un niveau professionnel. Mais il occupait un poste qui ne lui donnait pas l'occasion d'exploiter les plus précieuses de ses capacités.

« Pourquoi avez-vous opté pour l'analyse financière, un domaine qui vous oblige à rester assis derrière un bureau et à aligner des chiffres toute la journée ? » lui demandai-je. (Il est facile de « faire fausse route » quand on s'efforce de parvenir à un type de réussite qui soit bien vue de la « société ».)

« Je suis entré dans la société à titre de fiscaliste. Mais j'ai constaté que je n'aimais pas ça du tout et la direction m'a muté à la gestion de la trésorerie, en pensant que cela me plairait davantage. Mais ce n'est pas le cas. Je m'ennuie à mourir et mon travail s'en ressent. Avant de faire les exercices que vous m'avez prescrits, je commençais à croire que j'étais un fruit sec. » (Voyez-vous comment même ceux qui, selon toute apparence, ont « réussi » connaissent eux aussi des moments d'incertitude ? Robert n'avait pas la possibilité de se conduire en *meneur*, ce qui était sa véritable passion.)

Je rencontrai la responsable de la trésorerie pour connaître sa version de l'histoire.

« Depuis un an, j'ai tout essayé. Mais il est incapable de s'en tirer. Mes échéances ne sont pas respectées et je vais devoir le remplacer bientôt. » Sa patience était à bout. Je lui demandai si Robert avait réussi quelque chose pendant cette année où ils avaient travaillé ensemble.

Son visage s'illumina, tandis qu'elle me parlait d'un cours qu'il avait donné à tous les comptables sur l'analyse des rapports financiers.

« Il était superbe. Il avait passé des jours à préparer ce cours. Il avait rédigé un document qui en reprenait les grandes lignes et, quand il s'est présenté devant le groupe, il avait la situation bien en main. J'ai été surprise par ses talents d'enseignant. Robert est un meneur naturel. Après le cours, plusieurs participants m'ont demandé qui il était. Ils disaient n'avoir jamais rencontré de meilleur professeur. »

« Pourtant, répliquai-je, il n'y a vraiment rien de très excitant dans un rapport annuel. Si l'on peut tirer un cours passionnant d'un sujet aussi aride, pourquoi ne pas charger Robert de la formation et du perfectionnement du personnel de votre société, au lieu de lui *confier* des tâches ? »

Elle réfléchit un petit moment.

« Bien sûr, s'exclama-t-elle. Il est un si bon communicateur que c'est normal qu'il s'ennuie. Il déteste son travail parce qu'il ne lui permet pas de faire ce qu'il aime vraiment. »

Tout comme les enfants qui se morfondent dans leur coin, les adultes qui s'ennuient sont souvent portés à déranger les autres, simplement pour se distraire un peu – une façon négative de se fixer des défis.

La solution consistait donc à muter Robert à un poste qui le satisferait. Justement, le service fiscal avait besoin de briefer les vendeurs sur les avantages fiscaux dont pouvaient bénéficier les clients qui achetaient le coûteux matériel informatique de la société. Il recherchait un bon communicateur qui fût également un spécialiste des lois fiscales.

« C'est fantastique de penser à tout ce que je vais pouvoir accomplir en donnant un cours sur les avantages fiscaux à des vendeurs dynamiques. En plus, je m'entends très bien avec eux », me déclara Robert.

« C'est parce que vous êtes vous-même un vendeur né. Vous avez vendu des idées et des concepts toute votre vie. Et plus vous vous perfectionnerez, plus vous deviendrez précieux ; on s'arrachera vos services. Combien de personnes, croyez-vous, sont capables d'allier la connaissance des affaires, du droit, de la fiscalité et de la gestion de trésorerie aux compétences d'un communicateur hors pair ? »

Tout, chez Robert, témoignait de sa nouvelle assurance, jusqu'à sa façon de se tenir qui n'était plus la même que quelques semaines auparavant. Le menton relevé, les yeux brillants, il s'appuyait nonchalamment contre le dossier du divan.

« Je suis en pleine forme, m'annonça-t-il. J'ai appris énormément de choses, cette année. J'avais tenté de devenir ce que je ne suis pas, c'est-à-dire un analyste financier, parce que j'espérais que cela me donnerait du prestige et de la classe. Mais, finalement, ce qui me convient le mieux, c'est un poste où je peux donner toute ma mesure. » (Et, justement parce qu'il était si apprécié, il jouissait également « du prestige et de la classe » qu'il avait convoités !)

Robert est arrivé, il a « réussi ». Il fera face à d'autres défis et saura qu'il lui appartient de les relever, tout en restant fidèle à sa passion.

Tout comme Robert, il se peut fort bien que vous travailliez pour la bonne entreprise. Aussi, avant d'en changer, vérifiez s'il n'y a pas quelque problème interne que vous pourriez résoudre facilement et en y prenant plaisir. Le monde des affaires n'apprécie guère la rotation du personnel; c'est un processus coûteux qui nuit au moral des employés. Comme Robert a enfin trouvé sa voie et qu'il est motivé, sa société y gagne beaucoup. Il résoudra d'autres problèmes, en même temps qu'il contribuera à accroître le chiffre d'affaires et à réduire les coûts.

Pour qu'un changement porte des fruits, il faut que les autres *acceptent* de nouvelles méthodes. Vos idées créatrices ne pourront prendre tournure que si vous avez des «atomes crochus» avec l'un des décideurs de votre entreprise. La résistance au changement est un phénomène bien réel dans le monde des affaires. Si vous avez de bonnes idées, mais que vous ne pouvez convaincre votre patron ou tout autre décideur de les mettre à l'essai, vous devrez peut-être envisager de chercher ailleurs des personnes qui se montreront plus réceptives. Auparavant, vérifiez, en faisant l'exercice du chapitre 5, si vous êtes du type associé, équipier ou solitaire.

Convaincu qu'il n'avait d'autre choix que de s'en aller, Robert avait étudié diverses offres d'emploi avant de trouver un remède à son mal au sein de sa propre société. Mais dès le moment où il comprit comment il pouvait contribuer à son essor, son attitude se modifia du tout au tout. «La prochaine étape sera de donner une dimension internationale à ma carrière, me dit-il. Comme je serai chargé de la formation du personnel dans toutes nos filiales, je vais voyager. C'est vraiment l'emploi rêvé.»

Robert passe maintenant beaucoup de temps à réfléchir à la façon de transmettre ses connaissances. Il se rend compte qu'en définitive tout a tourné pour le mieux. La possibilité de voyager, de voir d'autres pays, l'essor de sa société, sa propre évolution sont autant de sujets qui occupent son esprit, jusque-là fourvoyé dans un labyrinthe de situations négatives. Sa vie tout entière s'est trouvée enrichie par cette expérience, comme celle de sa famille, d'ailleurs. Rappelez-vous que votre esprit est semblable à la terre: on récolte ce qu'on y a semé.

L'HISTOIRE DE JAN

L'une de mes clientes était une idéaliste, toujours en quête d'une cause à défendre. Acharnée à changer le monde, elle s'était passionnée tour à tour pour le sionisme, la vie dans les kibboutz, la méthode de contrôle mental Silva et bien d'autres encore. Tout ça pour devenir finalement analyste fonctionnelle.

Jan avait toujours concentré ses énergies sur des organisations de toutes sortes, mêlant ses propres objectifs aux leurs. Dotée d'un tempérament dynamique, elle ne tardait pas à prendre les commandes du groupe auquel elle se joignait. Mais, maintenant, elle avait décidé de se tourner plutôt vers elle-même pour trouver des solutions et elle commençait à faire l'expérience de l'*individuation* – c'est-à-dire, selon Carl Jung, de l'acceptation de son individualité –, une réaction qui l'effrayait. En renonçant à ses causes, elle s'était retrouvée devant un vide. «Je sais ce que je ne veux pas. Mais je ne sais pas ce que je veux», me dit-elle.

Les jeunes qui ont vécu les bouleversements des années 60 connaissent les extrêmes; leur mentalité s'est forgée au rythme des affrontements entre des blocs adverses. Ils ont vu s'effondrer leurs idéaux sociaux, mis en pièces par les manifestations, les émeutes et la guerre du Viêt-nam. Conséquence directe de ces événements, beaucoup d'entre eux ont éprouvé le désir d'unifier leurs valeurs personnelles et sociales. Nous avons été nombreux, au sortir de cette turbulente décennie, à chercher des solutions de rechange. Les années 60 ont été le symbole de cette transition vers une croissance affective généralisée. Qu'on pense à la mort, au divorce, à la perte d'un emploi ou à celle d'un amour, c'est notre univers tout entier qui est en mutation. Et Jan, marquée autant par ces années agitées que par la perte de ses convictions, ne savait plus à quoi se raccrocher. Le présent lui semblait vide, l'avenir restait muet.

Comme Jan s'était toujours retrouvée à la tête de la moindre organisation dont elle devenait membre, elle donnait l'impression d'avoir réussi. Aussi, était-elle perturbée par son nouvel état d'esprit qui lui était complètement étranger. (*Indice-passion*: vous choisissez des expériences qui vous *effraient* juste assez pour stimuler votre croissance.)

« Demandez-vous pourquoi vous vous êtes ménagé une période creuse dans votre vie, lui conseillai-je. Pourquoi croyez-vous que vous avez enfin le temps de penser, d'analyser et d'envisager toutes les autres possibilités qui s'offrent à vous ? »

Je demandai à Jan de tenir son journal et d'écrire au moins quelques phrases chaque jour, afin de l'inciter à observer tout ce qui se passerait autour d'elle.

« Ce que vous allez écrire n'a aucune importance. Pas plus que le moment de la journée où vous le ferez. Notez tout ce qui vous vient à l'esprit – des remarques sur ce qui se passe dans le monde, chez vous, au travail. Notez simplement vos réactions », lui précisai-je.

Après avoir tenu son journal pendant un mois, Jan commença à comprendre le sens de cette expérience et pourquoi elle avait changé de route. L'une de ses réflexions en particulier devint la clé qui nous permit d'ouvrir une porte fermée depuis longtemps.

« Un matin, j'ai commencé à écrire mon journal après avoir vu des enfants qui se rendaient à l'école. (*Vous remarquez cet indice inspiré par le voisinage ?*) Cela m'a rappelé combien j'étais terrifiée quand je suis arrivée encore toute petite dans ce pays. Je ne parlais pas anglais et je n'ai pas dit un mot pendant des semaines. Le fait de penser à cette époque a fait ressurgir une montagne de souvenirs – c'était tellement important pour moi de me trouver une nouvelle famille ! Est-ce que ce ne serait pas le besoin de faire partie d'une famille qui m'aurait poussée à me joindre à tous ces groupes ? » me demanda-t-elle.

« C'est fort possible, en effet, que votre désir de vous mêler aux autres, de vous identifier à un mouvement, remonte à cette époque. Sept ans, c'est bien jeune pour être déracinée et se retrouver toute seule dans un pays étranger. »

À force de se pencher sur elle-même, Jan commença à percevoir son passé comme une sorte de mise en condition en prévision d'un travail d'un genre plus indépendant. Elle était revenue à son point de départ, au point de croire qu'elle ne pourrait plus jamais travailler pour quelqu'un d'autre qu'elle-même.

« J'ai besoin d'être mon propre maître, m'expliqua-t-elle. Et mon travail comme analyste fonctionnelle est trop axé sur les « choses » et les « données ». J'aime les gens. Pourtant, quand je rentre du bureau, il m'est difficile de discuter avec mon mari. Son travail est tellement basé sur les individus que j'ai du mal à m'adapter à sa conversation, à la fin de la journée. »

Nous avions parcouru un long chemin en quelques mois. Tout semblait indiquer que Jan était prête à lancer sa propre affaire. Nous réexaminâmes ses passions, ses aptitudes et ses valeurs. Son collage, surtout, s'avéra extrêmement révélateur. (Vous vous souvenez de cet exercice, à la fin du chapitre 3 ?) Un collage consiste à disposer sur un grand carton des photos et des mots découpés dans des revues afin d'obtenir une image de son moi profond. Celui de Jan comportait de nombreuses photos d'aliments, de repas en famille, de pique-niques et d'autres scènes où des gens étaient réunis pour boire et pour manger.

« J'adore faire la cuisine, me dit-elle. Dans toutes les organisations dont j'ai fait partie, c'était toujours moi qui m'occupais du ravitaille-ment. J'ai même organisé des repas pour 500 personnes. Chaque fois que nous avons des invités à dîner, ils me demandent mes recettes. Je suis très douée pour la cuisine. »

Je suggérai à Jan d'avoir plusieurs consultations avec des traiteurs et, après l'avoir fait, elle me téléphona un jour pour me parler d'une jeune femme qu'elle venait de rencontrer.

« Nous sommes comme deux jumelles ! Ses antécédents sont semblables aux miens et elle a travaillé sur des ordinateurs jusqu'au jour où elle en a eu assez. Comme elle aime faire la cuisine, elle a suivi des cours d'art culinaire et invitait des amis pour mettre ses talents à l'épreuve. L'un d'eux lui a confié la préparation de son banquet de noce et, après, plusieurs des invités lui ont demandé d'en faire autant pour eux. Au bout de six mois, elle avait tellement de travail qu'elle a démissionné et qu'elle est maintenant traiteure à plein temps. Elle est si débordée qu'elle m'a demandé si j'aimerais l'aider pour son pro-chain gros contrat ! » Jan ne pouvait contenir son enthousiasme.

La fin de l'histoire se devine sans peine. Jan s'est associée à cette jeune femme et est en train d'apprendre le métier, sans avoir à cou-rir de risques financiers. Elle est heureuse, travaille dur et les possi-bilités d'avenir lui semblent infinies.

«Nous avons décidé de donner des cours de cuisine et nous venons de nous attaquer à notre premier livre de recettes», m'a-t-elle appris au cours d'une récente conversation.

Jan a «réussi»; elle avait simplement besoin de prendre le temps de voir clair dans ses idées avant de se lancer dans une nouvelle entreprise. Les gens puissants savent quoi faire quand ils sont coincés. Ils se replongent dans le passé, rassemblent leurs esprits et passent à l'action. Leur évolution est incessante. Le succès est, de par sa nature même, un facteur de motivation et les gens qui ont réussi veulent voir ce qu'ils peuvent faire d'*autre*. Ils adorent relever de nouveaux défis.

L'HISTOIRE DE DAVID

Voici un autre exemple d'un subtil changement de comportement. Un jour, un jeune vendeur au faîte de la réussite vint me voir pour l'aider à pousser sa carrière plus avant. David essayait de se tailler une place dans le commerce international au Moyen-Orient, mais ses tentatives pour prendre contact avec diverses multinationales n'avaient rien donné. À chaque lettre, à chaque coup de téléphone, il s'était heurté au fameux mur. Selon toute apparence, ses talents de vendeur ne lui servaient à rien dans sa recherche d'une nouvelle carrière.

David, qui était le meilleur vendeur de sa compagnie, prenait les moyens voulus pour se perfectionner et possédait plusieurs des qualités nécessaires pour réussir. Mais ce dont il avait besoin à l'époque, c'était d'une nouvelle méthode qui *ouvrirait son esprit à une façon différente d'agir*.

Au début, David fit la sourde oreille à toutes mes suggestions de suivre un programme précis en vue d'atteindre ses objectifs. Selon lui, il lui suffirait d'améliorer sa technique au téléphone. Il ne voulait ni prendre le temps d'écrire son autobiographie ni amorcer le processus en neuf étapes. Tout ce qu'il voulait, c'était une solution rapide à ses problèmes.

«Vous ne réussirez pas à vous frayer un chemin dans une entreprise simplement avec un curriculum vitae et quelques coups de téléphone donnés à la va-vite, lui dis-je. Il y a des comportements que vous répétez systématiquement et qui vous empêchent de progresser. Je dois découvrir ce que c'est. Votre entêtement à vouloir faire les choses à votre façon se dresse entre vous et la position que vous dites souhaiter. Quand ce type de comportement a-t-il débuté ? » Je réussis finalement à convaincre David de rédiger son autobiographie (et de suivre mon programme).

C'était une histoire fascinante, peu commune et riche en événements de toutes sortes, qui révélait que David avait été très tôt le témoin de conflits religieux, politiques et sociaux. Il avait grandi au Moyen-Orient, au milieu de ses dissensions et de son ambiance chargée de mystère et de suspicion, et où les épreuves avaient façonné un combattant. J'ai repris ici des extraits de son histoire, longue à l'origine de 30 pages, afin que vous puissiez prendre connaissance d'une véritable autobiographie et en relever les schèmes les plus révélateurs. Mes remarques entre parenthèses ont pour but de vous indiquer les points que vous devriez mettre en relief dans votre propre récit.

> Certains de mes tout premiers souvenirs datent de ma première année au jardin d'enfance de l'École arménienne de Jérusalem. Tous les enfants y étaient vêtus de tuniques rouges avec des cols de dentelle blanche. Je me revois assis dans la classe, les mains dans le dos, en train de réciter des extraits de la Bible. Je me sentais très mal à l'aise d'avoir à réciter ces versets dépourvus de sens – du moins pour moi – en compagnie d'étrangers. (Le premier souvenir de David est un sentiment de malaise parmi ses pairs. Il se sentait contraint. Votre souvenir le plus ancien donne le coup d'envoi de votre histoire.)

> Chaque jour, ma mère envoyait la bonne me porter des jus frais au moment de la récréation et moi, je détestais les jus. Les autres enfants avaient pris l'habitude de se réunir autour de moi pour me demander de les partager avec eux, ce que je faisais très volontiers. Selon les normes de l'époque, nous vivions dans l'aisance, même si ma mère se plaignait continuellement du manque d'argent. Issue d'une famille traditionnelle de la haute bourgeoisie, elle avait épousé un homme de la classe moyenne et s'y était d'autant moins résignée que les distinctions sociales revêtaient une énorme importance dans cette culture traditionnelle. (Ce lien avec la mère et sa conscience de classe est comme un grand drapeau rouge. Nous restons marqués pendant des années par les croyances de notre mère, sauf si nous réussissons à les analyser et à rejeter celles qui ne cadrent pas avec notre vie. Il est important que vous notiez,

dans votre autobiographie, les valeurs et les convictions de vos parents.)

La plupart des gens autour de nous étaient pauvres, d'autant que le conflit israélo-arabe de 1948 avait pris fin seulement quatre ou cinq ans plus tôt. De temps en temps, il y avait des accrochages le long de la frontière et les rues n'étaient pas sûres. (Même si David était tout jeune, il était sensible au climat de peur qui régnait autour de lui.) Bien des gens avaient perdu leurs proches et leurs biens. Ma propre famille avait perdu sa maison et son entreprise, et mon père avait dû repartir à zéro. Nous dûmes fuir Jérusalem en 1948. Je n'avais que quelques mois à l'époque où nous vécûmes avec les bédouins dans le désert et je n'en ai gardé aucun souvenir. Je devais avoir trois ans quand nous revînmes à Jérusalem, après la partition. Nous habitions une grande maison du XIIIe ou du XIVe siècle, avec ces murs épais et ces immenses dômes qui caractérisent l'architecture arabe.

Des changements accélérés

Je passai deux ans à l'École arménienne, après quoi mes parents m'inscrivirent dans une école allemande pendant un an, puis dans un collège français pour garçons où je restai jusqu'à l'obtention de mon diplôme, en 1967. Cette institution n'était rien d'autre qu'un stalag dirigé par des « frères ». La discipline et la soumission y étaient d'une importance primordiale. (Ce milieu répressif succédant à de fréquents changements a alimenté son esprit de rébellion). Les cours commençaient à 7 h 20 et se terminaient à 16 h 30, avec deux récréations de 15 minutes et une heure pour le dîner. J'ai détesté l'école probablement jusqu'à ma première année d'université. Mes notes se maintenaient autour de la moyenne ou un peu en dessous.

J'étais terriblement jaloux de ceux qui réussissaient et je les traitais de « filles ». (Ici, il y a conflit. David veut être le favori, attirer l'attention. C'est là un premier signe des efforts qu'il fera pour y parvenir.) Ils étaient les préférés du professeur. Je me souviens très bien de ce cours de catéchisme où le frère nous fit venir en avant, le premier de classe et moi-même. Johnny était blond, avait les yeux bleus, sa tenue et ses ongles étaient impeccables. J'avais la peau sombre, j'étais maigre et toujours échevelé. Il nous dit de nous agenouiller et entreprit d'expliquer la différence entre les démons et les anges. Johnny représentait l'ange. Cela me rendit tellement furieux que je frappai le frère qui, un peu plus tard, pour me punir, me donna 10 coups de fouet et me colla en retenue. C'était un geste particulièrement audacieux de ma part, surtout qu'à l'époque aucun d'entre nous n'aurait osé lever les yeux vers un professeur en lui parlant.

Premières images de soi

J'étais un gamin turbulent. Je passais le plus clair de mon temps à grimper aux arbres et à explorer des grottes et des trous. J'attrapais des lézards que je tuais, en dépit des supplications et des observations de ma mère et de ma tante. Avec d'autres enfants du quartier, j'explorais de vieux châteaux et des églises en ruine.

Je collectionnais des bouteilles que je remplissais de parfums bizarres, à base d'épices et de colorants liquides, et je les vendais aux bédouins qui venaient à la ville tous les vendredis. J'embauchai également des gamins du voisinage à qui j'assignai des stands aux carrefours les plus achalandés. Par la suite, j'ai appris qu'ils me volaient sans vergogne. J'avais aussi entrepris d'acheter des pigeons, des poules et d'autres animaux domestiques que j'élevais pour nourrir la famille et pour les revendre. (Premières manifestations du solitaire, de l'entrepreneur.) Dès l'âge de 10 ou 12 ans, je savais plein de choses sur les animaux. J'aimais également beaucoup travailler de mes mains. Je construisais des niches à chien ou je taillais des bateaux dans des morceaux d'écorce de pin, ce qui m'a valu de remporter des prix lors des bazars scouts ou des expositions d'artisanat. La menuiserie était mon passe-temps préféré.

J'avais horreur des livres et je ne trouvais jamais le temps d'étudier ou de faire mes devoirs, ce qui mettait ma mère hors d'elle. Comme elle était très instruite en regard des normes de l'époque, surtout pour une femme, elle aurait voulu me voir continuellement plongé dans mes livres. Mais je détestais l'école et je n'avais pas de bonnes notes. Les châtiments corporels étaient monnaie courante et j'eus droit à quelques bonnes corrections, mais on avait du mal à m'immobiliser tellement je me débattais. En grandissant, je découvris à ma grande surprise que certains professeurs m'aimaient bien. Je fus nommé responsable de la discipline, ce qui veut dire que je devais voir à ce que tous les autres élèves obéissent à leurs stupides règlements. J'acceptai de «jouer le jeu». (Soumission au système, incitation à suivre des «règlements stupides». David se cherche. Il commence à devenir perspicace.) Vers l'âge de 14 ou 15 ans, je passai presque tout mon temps à faire du sport.

La découverte du public

Puis j'ai commencé à m'intéresser à la musique et je me suis joint à un groupe – le premier du genre dans le royaume hachémite de Jordanie. Nous avions du succès et le groupe fut bientôt connu à l'échelle du pays. Nous nous produisions principalement sur scène. Les prises de bec étaient fréquentes, surtout entre moi et le chanteur soliste qui était le meilleur musicien de nous quatre. Je trouvais qu'il monopolisait le groupe. Aujourd'hui, c'est mon meilleur ami. C'est curieux que la jalousie ait pu donner naissance à une amitié aussi forte.

La vie de famille

Notre maison était le point de ralliement de tous nos amis. Même les femmes y venaient, ce qui était exceptionnel pour l'époque. Ma mère était incapable de supporter ces réunions. Elle souffrait de migraines. Ma mère a toujours eu une santé fragile. J'ai eu ma première expérience sexuelle à 15 ans avec une femme mariée, très belle, d'environ 22 ans. J'avais une de ces frousses !

Papa soutenait notre groupe et était très fier de mes succès comme musicien et comme athlète. Il avait un merveilleux caractère. Il se fâchait rarement et je ne me souviens pas qu'il m'ait jamais frappé. C'était mon ami, tandis que maman s'occupait de m'inculquer la discipline. Elle travaillait vraiment très fort, même si nous avions une bonne, et la maison était toujours d'une propreté immaculée. Papa recevait de nombreux dignitaires et des relations d'affaires. J'éclatais de fierté quand le gouverneur de Jérusalem venait nous rendre visite avec son escorte militaire.

À l'époque, j'étais très occidentalisé. Je portais des jeans et des T-shirts, et mes amis et moi, nous chantions *West Side Story*. Nous nous prenions pour des durs et nous nous bagarrions fréquemment. L'Amérique était pour nous une source d'inspiration. Nous fûmes très tristes quand J.F. Kennedy fût assassiné. C'est intéressant de voir que ceux qui réagirent ainsi à ce moment-là sont aujourd'hui profondément anti-Américains et soutiennent l'OLP. J'aimais énormément les activités de plein air, tout autant que maintenant, d'ailleurs. Je partais souvent en excursion dans les montagnes de la Judée, où j'allais voir des moines grecs qui vivaient dans des monastères retirés. Quelle vie simple c'était, alors. (Je me demande s'il n'y retournera pas vers la fin de sa vie.)

L'université

J'obtins une bourse d'études pour l'université Drew. Cela tombait pile, juste après la guerre des six jours, en 1967, où j'ai connu les pires moments de toutes ces années passées à Jérusalem. Des voisins furent fusillés, des magasins pillés, mais on n'en parlait jamais dans la presse américaine. Israël n'appliquait assurément pas ses principes démocratiques avec les Arabes. Chaque fois que je revenais dans la ville, j'étais interrogé. J'avais l'impression de vivre dans un pays étranger. Après mon arrivée aux États-Unis, j'acquis une meilleure connaissance de la politique et de la propagande américaines, ainsi que du processus politique. À Drew, on vivait dans une tour d'ivoire et j'adorais ça. Les professeurs, l'ambiance qui régnait sur le campus, tout ça me plaisait beaucoup. Mes notes étaient excellentes et, pour la première fois de ma vie, je découvrais le plaisir de lire. Je me fis beaucoup d'amis.

Je commençai à militer dans les mouvements en faveur des droits civiques et contre la guerre du Viêt-nam. J'avais aussi de nombreuses autres activités. Je fondai le Club International dont j'assumai la direction, je me joignis à l'équipe interuniversitaire de soccer et participai aux championnats nationaux, je fus élu président de ma classe et, pour couronner le tout, je sortais avec beaucoup de filles. J'étais enchanté de ma vie d'étudiant. Après avoir finalement obtenu mon diplôme en psychologie, je fis la connaissance d'une fille merveilleuse. Je l'épousai un peu plus tard et nous déménageâmes à Boston pour y poursuivre nos études tout en travaillant. Nous étions tellement en guerre contre l'establishment que je refusai d'entrer dans une grande entreprise. Je dénichai un emploi de mécanicien avant de travailler quelque temps comme contremaître dans une usine. Nous nous amusâmes énormément pendant ces deux années passées à Boston.

Ma femme, Dianne, était la première femme dont j'ai vraiment été amoureux. Je n'avais jamais eu de relations suivies avec une fille avant elle. Nous avions les mêmes aspirations et les mêmes intérêts. (Pas beaucoup d'expérience avant le mariage.)

Le Kentucky

Le mouvement du retour à la terre fut un facteur déterminant dans notre décision de partir pour le Kentucky. Nous voulions vivre dans une ferme et, deux ans après notre arrivée dans cet État, nous pûmes en acheter une. Nous étions loin de soupçonner que c'était une vie aussi exigeante ni qu'il fallait investir autant pour démarrer et pour diriger l'exploitation.

Pour moi, le Kentucky était le cœur même de l'Amérique. Je fis mes débuts comme travailleur social, me refusant toujours à occuper un emploi lucratif. Quelle naïveté. J'étais très fier de travailler pour des motifs humanitaires et positifs. Peu à peu, je me rendis compte à quel point tout se tenait dans la structure sociale, tout était imbriqué. Mon travail m'enchantait et je m'étais vite lié d'amitié avec le directeur et les deux autres employés.

Puis la politique s'immisça dans le travail de notre agence et notre directeur fut viré pour avoir tenté de réformer le système. Je me joignis à un groupe de pression qui voulait amener l'Assemblée législative de l'État à voter une nouvelle loi qui créerait un ministère distinct pour les services sociaux et garantirait que les fonds fédéraux soient dépensés à bon escient. Cette incursion dans le monde de la politique et du processus démocratique s'avéra incontestablement l'une des expériences les plus intéressantes de toute ma vie. La signification du pouvoir et des contacts commençait à se préciser à mes yeux. Simultanément, mon travail m'apparaissait de moins en moins intéressant parce que je n'en retirais pas suffisamment de gratifications matérielles ni même spirituelles. Je continuai de me battre pour mes convictions pendant encore un an. Finalement, nous obtînmes gain de cause non seulement parce que notre cause était juste, non seulement parce que nos arguments étaient fondés, mais surtout parce que nous avions acquis un certain pouvoir politique. Mon ancien directeur et ami fut réinstallé dans ses fonctions. Le moment était venu pour moi de partir.

Je commençai à regarder autour de moi, en quête d'un autre genre d'emploi. Je ne voulais plus entendre parler d'études. Après avoir suivi des cours en évaluation du travail dans deux ou trois écoles d'études supérieures, j'en étais arrivé à la conclusion que l'enseignement traditionnel ne correspondait pas à mes aspirations.

Fin du mariage – première trahison

Parallèlement à tout ça, j'étais très engagé dans la *Common Cause* et le *Sierra Club Issues Committee*, sans parler de la ferme. J'avais entrepris de construire une imposante annexe à la maison et je m'intéressais aux autos, à la photo et à d'autres passe-temps. Ma femme ne faisait pas partie de mon univers. Elle n'y trouvait aucun intérêt et je n'étais pas suffisamment réceptif, à l'époque, pour m'apercevoir que nous nous éloignions l'un de l'autre. Je fus à la fois stupéfié et consterné quand, n'éprouvant plus rien pour moi, elle tomba amoureuse d'un de nos meilleurs amis.

Aujourd'hui encore, je suis surpris d'avoir aussi bien pris la chose et même de leur en avoir tenu si peu rigueur que je les ai dépannés à plusieurs reprises. Jusque-là, j'avais toujours entretenu d'excellentes relations avec mes beaux-parents. J'éprouvais beaucoup de respect pour mon beau-père dont j'admirais le caractère et la puissance de travail. Ma belle-mère, elle, était léthargique, dépensière, désordonnée et très insécure. Elle était aussi très affectueuse, mais je ne pouvais m'habituer à ses défauts. Il y a vraiment très peu de femmes pour qui j'ai eu de l'admiration, surtout parmi la génération précédente. Peut-être est-ce parce que la société ne leur a jamais permis de faire leurs preuves. (Ici, en réalité, il parle de sa propre mère et je lui en fis la remarque. J'émis aussi l'hypothèse que les femmes des autres générations avaient dû adopter toutes sortes de comportements cachés pour mieux résister à la répression dont elles étaient victimes. L'arrogance dont témoignait David à l'endroit des femmes me mettait hors de moi, tout autant que ses généralisations. Je lui conseillai de réfléchir à la possibilité qu'il ait réprimé, par son attitude, son élément féminin, son *anima*, son côté intuitif.) Mais, après notre séparation, j'ai commencé à remarquer une certaine froideur de la part de mes beaux-parents. Le Kentucky ne me convenait plus du tout. Je voulais progresser et je ressentais de plus en plus vivement le besoin de vivre dans un milieu cosmopolite. J'avais besoin de libérer mes élans et de vivre conformément à mes intérêts.

Plein cap sur la Californie

Entre temps, Dianne avait rompu avec son amant. Nous étions restés bons amis et quand elle fut mutée en Californie, elle me proposa de l'accompagner en tout bien tout honneur jusqu'à ce que je trouve ma voie. Nous vendîmes la maison, en achetâmes une autre en Californie et fîmes nos valises. Notre relation était purement platonique. (David n'a jamais mis fin à sa relation avec Dianne. Il semble aller au-devant des coups. Pourquoi ?) En Californie, elle se trouva rapidement un ami et emménagea avec lui. Pour ma part, je montai une compagnie spécialisée dans la vente de sièges de baignoire et autres accessoires pour handicapés. Cela me plaisait beaucoup, mais ne rapportait pas suffisamment. Au bout de six mois, je décidai de travailler pour une société pharmaceutique et

quittai la maison. Dianne et son ami s'y installèrent. Nous conclû-
mes une entente verbale au sujet de la maison, en vertu de laquelle
je toucherai en liquide environ 80 pour cent de l'indivision. Notre
divorce par consentement mutuel s'accompagna de la promesse
qu'elle me réglerait le solde dès qu'elle le pourrait.

Deuxième trahison

Mais, à mon immense désappointement, elle revint plus tard sur sa
parole en soutenant que j'avais reçu plus que ma juste part. (David
est déçu par les femmes. Y voit-il la preuve que ce sont ses propres
valeurs qui sont supérieures ?) C'était vraiment ce qu'elle pouvait
faire de pire. Et cela fait très mal. Cela m'étonne, du reste, de lui
être encore dévoué et de savoir que je n'hésiterai pas à l'aider si je
le peux. (Cela ne tient pas debout. Qu'est-il advenu de sa colère ?
David le batailleur fait volte-face et se pose en victime. Il est possible que nous soyons à la fois passifs et agressifs.) En plus, mes
beaux-parents ont enfoncé le couteau dans la plaie en coupant les
ponts entre nous. Ils ne me téléphonent même plus quand ils sont
en ville, même s'ils sont toujours très gentils quand c'est moi qui
les appelle. (Pourquoi David reste-t-il muet sur ses véritables sentiments face à ces personnes ? Il est par trop conciliant envers les
gens qui le blessent.)

J'ai détesté mon nouveau travail dès le premier jour. Chaque refus
me touchait personnellement. Je ne connaissais ni mes clients, ni
mon territoire, ni les produits. Au bout d'un an environ, la situation
commença à s'améliorer, à tel point que j'étais impatient de commencer ma journée. Chaque jour est riche d'enseignements et me
permet de progresser vers mon but ultime. J'apprécie la compagnie
de la plupart de mes collègues. Je n'ai pas l'impression de vendre
des produits, mais plutôt d'offrir un service. J'ai d'ailleurs été surpris par mon chiffre de ventes. Si je réussis si bien maintenant, imaginez un peu ce que ce sera lorsque j'aurai plus d'expérience.

Conclusion

Après avoir relu ce que je viens d'écrire, je n'ai pas l'impression
d'avoir tellement changé au fond de moi depuis mon enfance. (Ce
paragraphe constitue un point tournant au plan de l'écriture. Il se
livre à des commentaires sur sa vie ; il est maintenant l'éditeur et
il analyse ses choix selon une nouvelle perspective. Il s'aime tel
qu'il est, avec ses problèmes et tout le reste.) Je ne suis pas certain de regretter ma révolte contre l'establishment, mon orientation

sociale et la négation de mes besoins matériels. C'est une période de ma vie qui, par sa conscientisation et ses expériences, en a valu la peine. La vie est là, devant moi, et je n'ai qu'à en profiter. Il est certain que l'avenir est très prometteur. Je ne demande qu'à donner le meilleur de moi-même. C'est là l'essence même de mon bonheur. Je sais que j'attends énormément de la vie. Mais je donne aussi énormément. Et j'arriverai à mes fins. Il y a beaucoup de gens qui vont profiter de ma réussite. C'est sûr qu'il est plus enrichissant de donner que de seulement recevoir.

Notre caractère commence à se former très tôt. Dans le cas de David, ses expériences successives ont façonné son jugement, qui s'est révélé correct dans bien des cas. Il a maintenant bouclé la boucle. Et, en lisant son histoire, on peut remarquer la persistance des mêmes traits de caractère tout au long de sa vie.

«J'ai toujours réussi dans tout ce que j'ai entrepris. Je suis discipliné et je termine ce que j'ai commencé. J'étais fier d'être un travailleur social et je le suis de ma carrière de vendeur. J'ai toujours donné le maximum», conclut-il.

La recherche d'emploi et les méthodes de David

Pour ceux qui, comme David, ont l'esprit de compétition, le processus d'autocorrection s'avère assez subtil. Vous vous rappelez mon analogie avec le joueur de tennis ? Quand son entraîneur conseille à un champion de tourner son poignet d'un huitième de pouce, ce geste à peine perceptible peut faire toute la différence entre la victoire et la défaite. David essayait de «conclure une vente» avant même d'avoir circonscrit le problème. Il appliquait une méthode du genre : «Me voici, avez-vous quelque chose pour moi ?» Il distribuait des curriculum vitae qui atterrissaient généralement au service du personnel où l'on se contentait simplement de les glisser dans une chemise. Et quand son c.v. et sa lettre étaient transmis à un responsable, ils suscitaient peu d'intérêt. Un curriculum vitae de type classique est un outil stérile en matière de marketing, parce qu'il manque totalement de précision ; il ne tient compte ni des besoins spécifiques de l'entreprise ni de ceux de la personne aux prises avec un problème. Quand on crée un emploi, c'est pour tenter de résoudre des difficultés d'ordre professionnel. Et c'est la capacité d'identifier celles-ci qui donne au c.v. toute son efficacité (reportez-vous au chapitre 8). Il est fort possible qu'on crée tout spécialement pour vous un poste qui correspondra à votre passion. David a suivi le processus et a découvert qu'il avait, lui aussi, « créé » l'emploi de ses rêves.

Le commerce international – qui était le champ d'intérêt de David – représente un secteur particulièrement épineux pour bon nombre d'entreprises américaines. La plupart d'entre elles s'intéressent d'abord et avant tout au marché domestique. Et, surtout lorsque celui-ci s'avère d'un bon rapport, elles éprouvent une réticence bien naturelle à s'implanter dans des pays dont la politique et les marchés suivent une courbe chaotique, sans parler des actionnaires qui veulent que leurs placements leur rapportent des dividendes. Les dirigeants des multinationales savent par expérience qu'il faut faire preuve d'un flair politique, économique et social peu commun pour décrocher et conserver des contrats. En outre, l'inflation et les taux d'intérêt élevés les incitent à se montrer encore plus méfiants. Malgré leur savoir-faire technologique, les Américains font preuve d'une étrange naïveté pour tout ce qui touche au commerce extérieur : nous formons une nation compétente, productive, mais nous sommes tout simplement fermés aux subtilités des marchés internationaux. Le rôle de David consistait à convaincre une entreprise américaine que sa connaissance de ces marchés l'aiderait à accroître son chiffre d'affaires.

La nouvelle méthode de David

David cessa d'envoyer des c.v. à droite et à gauche et entreprit de procéder par consultation. Il sélectionna des personnes qui œuvraient dans son domaine et s'intéressaient au commerce international, et prit contact avec la Chambre de commerce arabo-américaine, des agents commerciaux et plusieurs sociétés, aussi bien grandes que petites.

La technique de la lettre d'introduction fit merveille. David obtint des rendez-vous qui se révélèrent extrêmement productifs. Il découvrit ainsi que plusieurs entreprises pouvaient utiliser ses talents et reçut même deux offres d'emploi. Ni l'une ni l'autre ne lui convenaient, mais le succès de ses efforts lui redonna confiance en lui.

« Je me rends compte maintenant que j'essayais d'« accrocher » les gens trop vite. Je *n'écoutais pas* et j'y mettais trop d'acharnement. Les gens se sont montrés incroyablement obligeants au cours de ces consultations et je pense que j'ai trouvé la compagnie qui me convient et dont le siège social se trouve ici même, dans cette ville. J'ai écrit au vice-président pour le commerce extérieur, dont j'avais obtenu le nom au cours d'une de mes entrevues avec le consulat arabe. On m'avait dit que sa société avait voulu élargir ses activités au Moyen-Orient, mais qu'elle s'était heurtée à des difficultés. Il me fallait en apprendre davantage, d'autant plus qu'il existait un vaste marché pour leurs produits au Moyen-Orient», me raconta David.

La réunion fut un succès. Le vice-président ne demandait pas mieux que d'écouter les arguments de David et il passa un long moment à lui expliquer la position de sa société :

«Notre part du marché dans la région du golfe Persique ne dépasse pas 3 pour cent. La situation politique évolue si rapidement depuis quelque temps que nous ne sommes pas sûrs que notre personnel comprend bien toutes les difficultés sociales, politiques et économiques qui en découlent. C'est pourquoi nous avons suspendu nos projets d'expansion jusqu'à ce que nous ayons trouvé la meilleure formule. Nous savons que le marché existe, mais nos stratèges sont plus familiers avec les marchés locaux. »

David l'écouta attentivement et lui posa plusieurs questions. Devant la réaction du vice-président, il s'enhardit à lui demander s'il pourrait rencontrer d'autres membres du service, dont les avis lui permettraient d'y voir plus clair. En même temps, cela lui donnerait l'occasion de les évaluer en quelque sorte, parce que leur appui et leur empressement à agrandir le marché au Moyen-Orient auraient un effet déterminant sur la teneur des propositions qu'il pourrait formuler.

Après de nombreuses rencontres qui s'échelonnèrent sur plusieurs mois, David fut prêt à soumettre un projet. Entre temps, il s'était familiarisé avec sa société cible, tout en suivant de très près l'évolution de la situation au Moyen-Orient. Son projet prévoyait une période d'initiation qui lui donnerait la chance de se documenter à fond sur les produits et les stratégies commerciales de l'entreprise. Dans sa dernière lettre au vice-président, écrite *après* que le poste lui eût été offert verbalement, il résuma l'ensemble des services qu'il pouvait rendre à la société. Ce faisant, David venait de franchir une nouvelle étape dans sa carrière. Il était «arrivé». En modifiant très légèrement son comportement, il avait pu atteindre son objectif. Vous aurez peut-être, vous aussi, à modifier votre mode de pensée afin de déclencher vos mécanismes autocorrectifs, tout comme ce fut le cas pour David. Quand celui-ci se fiait aux méthodes traditionnelles pour prendre contact avec les sociétés, il s'imposait lui-même des limites. Mais tout a changé dès l'instant où il a essayé une nouvelle technique.

David a encore progressé depuis l'époque où il rédigeait son histoire. Au bout de deux ans, il a accepté le poste de directeur général pour tout le Moyen-Orient au sein d'une importante compagnie qui équipe les hôpitaux. Cela représente une importante promotion, aux plans tant financier que personnel. David est revenu à son point de départ, il a repris contact avec ses racines. Je pense que son histoire connaîtra son apogée au moment où il unira sa conscience sociale et ses compétences en marketing. Lorsque nous avons dîné ensemble, avant son départ pour Athènes, il m'a fait part de son rêve :

« Ce qui compte, Nancy, dans les relations aussi bien politiques que commerciales, ce sont les nuances. Je veux devenir un intermédiaire clé entre les principaux chefs de gouvernement au Moyen-Orient et les hommes d'affaires américains. La culture des pays du golfe Persique exige qu'on en connaisse bien toutes les nuances. Je veux contribuer à l'instauration d'une compréhension et d'un respect mutuels. »

Naïf ? Idéaliste ? Je ne crois pas. La foi et l'énergie qui animent les personnes comme David sont des facteurs qui forcent le changement et la compréhension entre les peuples. David est en train d'apprendre la patience et de devenir un homme aux qualités exceptionnelles. C'est grâce à l'influence de personnes qui savent ce qu'elles veulent, qui font ce qu'elles aiment et qui le font bien, que le monde pourra changer.

L'HISTOIRE DE CYNTHIA

Il y a quelque temps, j'ai vu entrer dans mon bureau une femme tellement découragée et qui dégageait un tel négativisme que je doutai de pouvoir lui venir en aide.

Professeur au niveau secondaire, Cynthia avait connu jusque-là une carrière fructueuse. Néanmoins, elle se sentait profondément perturbée par le manque d'intérêt continuel que manifestaient ses

élèves, ses collègues et (surtout) les administrateurs. Son enthousiasme l'abandonnait peu à peu et jamais, de toute sa vie, elle ne
s'était sentie aussi démotivée face à ses cours et à sa carrière.

«Tous les matins, je dois faire un effort incroyable pour sortir du
lit et j'en suis rendue à appréhender le début de chaque journée. Les
élèves sont apathiques, surtout face à la matière que j'enseigne, les
sciences sociales. J'ai l'impression que personne ne m'apprécie. Les
autres professeurs ont baissé les bras et se contentent de donner
leurs cours, tout comme les administrateurs qui ne font que le strict
minimum afin de conserver leurs postes. L'enseignement est une
bataille perdue d'avance», conclut-elle avec une expression qui reflé-
tait sa frustration et sa crainte de l'avenir.

«Cela fait longtemps, Cynthia, que vous vous sentez comme
ça?» lui demandai-je.

«Des années, en fait. Il y a déjà cinq ans que j'ai compris dans
quel sens évoluait le système d'enseignement public, mais j'étais incapable de me voir dans un autre domaine. J'enseigne depuis 17 ans, je
ne connais rien d'autre. Et que pourrais-je faire d'autre?», demanda-
t-elle, au bord des larmes. (De toute évidence, on se trouve ici devant
un problème d'envergure qui, si douloureux qu'il puisse être, ouvre
la voie au changement et s'avère une source d'enrichissement.)

Cynthia avait passé des jours à rédiger son curriculum vitae, l'avait
envoyé à plusieurs compagnies et avait même rencontré quelques personnes, le tout sans le moindre résultat.

«Je suis plus désorientée que jamais auparavant. Mes amis me
disent que je suis folle de renoncer à un emploi stable. Je suis un bon
professeur, mais j'ai envie de découvrir d'autres domaines, surtout
dans le monde des affaires.»

J'expliquai à Cynthia qu'un changement de carrière serait un travail de longue haleine qui pourrait durer des mois, et je lui demandai
si elle se sentait capable de supporter l'incertitude qui accompagne
la recherche d'emploi. J'étais préoccupée par toutes ces années de
sécurité que lui avait procurées l'enseignement et par le poids de cette
période de sa vie en regard d'un avenir imprévisible.

«Je dois essayer. Si je ne change pas maintenant, je sais que je ne le ferai jamais», me répondit-elle en ajoutant qu'elle y arriverait avec mon aide.

« Mais, Cynthia, je ne suis pas une magicienne. C'est vous qui ferez la plus grande part du travail et c'est comme ça que cela doit être. Je ne vous laisserai pas devenir dépendante de moi, sinon nous allons reproduire le passé. D'après ce que vous m'avez raconté, je constate que vous essayez de devenir indépendante et d'évoluer dans de nouvelles directions. C'est loin d'être facile quand on a connu, comme vous, une sécurité relative pendant 17 ans. »

Les exercices de Cynthia révélèrent qu'elle était portée à dépendre d'un groupe, qu'elle doutait de sa capacité à prendre des décisions et qu'elle préférait travailler en équipe. Je savais que la recherche d'un emploi lui serait un processus pénible, mais qu'en même temps elle acquerrait suffisamment de connaissances pour pouvoir prendre ses propres décisions et s'y fier pleinement.

Lorsque nous étudiâmes l'un de ses exercices, j'attirai son attention sur ses points forts ainsi que sur les éléments qui nécessiteraient davantage de travail personnel.

« Vos résultats démontrent que vous possédez une certaine assurance et que vous êtes extravertie, audacieuse et passablement stable. Vous êtes intuitive, brillante et franche. Vous êtes également dépendante d'un groupe quand il s'agit de prendre des décisions. Pour moi, cela signifie que vous n'avez pas confiance dans votre propre jugement, que vous doutez de vous-même », lui expliquai-je. Et j'ajoutai que le fait de travailler avec elle serait un exercice équilibreur pour moi.

« Que voulez-vous dire ? Vous ne pensez donc pas que mes chances soient bonnes ? » demanda-t-elle d'un ton inquiet.

Je me mis à rire. « Bien sûr, Cynthia, que vos chances sont excellentes. Quand je parle d'un exercice équilibreur, je fais allusion à ma capacité de vous encourager à penser par vous-même. Il s'ensuit que je devrai me retenir de vous fournir les réponses, puisque la responsabilité et les choix personnels vont de pair. Je tiens à ce que vous sachiez que je serai toujours contente de travailler avec vous, même quand j'aurai à vous dire des choses que vous ne voudrez pas entendre. »

Cynthia allait se souvenir de cette réflexion lorsque, quelques mois plus tard, une semaine entière d'échecs aurait raison de sa détermination. Cette semaine-là, tout avait été de travers. Le poste qu'elle pensait obtenir ne s'était pas concrétisé. Elle dormait mal, s'en faisait pour sa santé, n'avait presque plus d'argent et toutes ses consultations semblaient complètement stériles. À tel point qu'elle envisageait même de retourner dans l'enseignement.

« Votre expérience du monde des affaires a-t-elle été si désagréable ? » lui demandai-je.

« Non, j'ai beaucoup aimé cette occasion de rencontrer tant de gens intéressants. Ils ont tous fait leur possible pour m'aider, mais aucun n'a voulu m'engager comme vendeuse, alors que c'est ce que je veux faire. Je sais que je suis capable de vendre, mais on m'a dit que je manquais d'expérience. C'est faux. Je vends de l'éducation, alors ce serait pour moi un jeu d'enfant avec n'importe quel autre produit. »

Cynthia avait passé une entrevue pour un poste intéressant et elle avait fait la conquête du directeur des ventes, mais le supérieur de celui-ci ne voulait pas prendre le risque d'investir dans la formation d'une inconnue. Elle ressentait encore toute l'amertume de cette déception.

« Si vous voulez faire carrière dans la vente, vous devez apprendre à accepter un refus. Je me rends compte que vous êtes découragée et que vous voulez interrompre votre recherche. Mais n'oubliez pas que cela fait seulement deux mois que vous vous êtes orientée vers ce secteur et que vous avez été à deux doigts de décrocher une offre ferme. Puisque vos finances vous inquiètent, pourquoi ne pas prendre un emploi intérimaire, le temps de vous renflouer et de faire le point ? » J'estimai que Cynthia avait besoin d'échapper un moment à la pression et de penser à autre chose.

« Quel genre de position ? » me demanda-t-elle après m'avoir écoutée.

Je lui dis alors qu'un de mes amis, Les, m'avait téléphoné la veille pour me demander si je ne connaîtrais pas quelqu'un qui pourrait le seconder dans la bonne marche de son bureau. Il était responsable de l'équipe de vendeurs itinérants pour une société qui offrait des services de planification financière.

« J'ai besoin de quelqu'un de mûr et de brillant – et qui puisse venir à bout des prima donna », avait précisé Les en riant. Je lui avais répondu que j'allais y réfléchir et que je le rappellerais.

Je savais que la personnalité de Cynthia s'accorderait avec celle de Les. Celui-ci était un excellent patron – dynamique, solide, avec un esprit vif et un bon sens de l'humour. Cynthia était très à l'aise avec ce genre d'homme qui lui rappelait son père dont elle avait été très proche. Les femmes qui s'entendaient bien avec leur père ont tendance à consentir volontiers à des concessions mutuelles avec les hommes et à y exceller.

Cynthia téléphona à Les et prit rendez-vous avec lui pour discuter du poste. Celui-ci me rappela aussitôt après pour me dire qu'elle l'avait tellement impressionné qu'il allait l'engager, mais pas pour diriger son bureau :

« Si elle est vraiment la personne que je devine, j'aimerais l'affecter à la vente. Le domaine de la planification financière a besoin de femmes perspicaces et qui n'ont pas peur de travailler. Elle s'exprime bien et elle sait parfaitement quels sont ses points forts. »

J'étais enchantée et Cynthia n'en croyait pas ses oreilles. Je lui demandai comment elle s'était comportée pendant l'entrevue.

« J'ai fait ce que je fais toujours lors de mes consultations : j'ai essayé d'en savoir plus long sur lui et sur son entreprise. Après avoir discuté pendant une heure sans interruption, nous nous sommes arrêtés le temps d'un café et nous avons recommencé à parler de sa société. J'étais *fascinée* (*indice-passion !*) par tout ce qu'ils font pour les gens. C'est vraiment fantastique d'aider les gens à gérer leurs finances et leurs investissements ! » Je ne l'avais encore jamais vue aussi enthousiaste. C'était vraiment l'exemple parfait de la personne qui se découvre une passion dont elle ignorait tout jusque-là. Cela se produit parfois pendant la recherche d'emploi. Toutes les études, toutes les consultations semblent infructueuses, on a envie d'abandonner et, soudain, on trouve sa voie !

Comme il est de règle dans la plupart des entreprises, Cynthia dut, même si son futur patron était satisfait, rencontrer d'autres chefs de service avant qu'on en vienne à une décision finale. Elle passa encore six entrevues et fut engagée. Les m'envoya un mot de remerciement et Cynthia vint me voir deux mois plus tard. Ses yeux brillaient, elle marchait d'un pas léger, elle était dans une forme superbe.

«Je viens de faire ma première grande vente, Nancy. C'était un autre professeur, une amie qui, par suite d'un héritage, se trouvait dans une situation précaire au plan fiscal.

Pendant qu'elle suivait un cours de formation au sein de sa nouvelle société, Cynthia avait téléphoné à ses anciens collègues. (Vous voyez comme il est important de maintenir le contact?) Sa première cliente, une amie, lui faisait suffisamment confiance pour autoriser le personnel de la société à se pencher sur son problème. On lui proposa une solution qui permit d'enlever la vente. Le temps aidant, Cynthia deviendra capable d'analyser des problèmes financiers sans aide. Elle suit actuellement un stage de formation et pense retourner à l'université pour se spécialiser en planification financière.

L'histoire de Cynthia montre bien comment on peut perdre toute perspective et ne pas se rendre compte qu'on *est* en train de «réussir». C'est vrai que j'avais prodigué quelques conseils à Cynthia, mais c'est à sa conscience de soi et à ses aptitudes qu'elle doit d'avoir atteint son but. Au cours de ses réunions avec Les, elle s'est concentrée sur lui et sur sa société, en laissant de côté ses propres préoccupations. Elle a eu la même attitude que les grands artistes – «le spectacle doit avoir lieu», quoi qu'il advienne. À partir du moment où elle s'est sentie sûre d'elle et qu'elle a établi une forme de communication franche et ouverte, elle a pu libérer son pouvoir. En outre, ses années d'enseignement lui ont été très utiles. Chaque fois qu'elle entrait dans une classe, elle donnait le maximum d'elle-même, même si elle ne se sentait pas en forme. Son image de soi, telle qu'elle l'avait décrite (voir le chapitre premier), a cédé le pas à son image idéale. Voici d'ailleurs ses deux textes, afin que vous puissiez voir ce qui a engendré son subtil changement d'attitude. Pour son moi idéal, Cynthia s'était fixé des objectifs réalistes. Et elle les a atteints.

Comment je me perçois

Je me vois comme quelqu'un qui veut obtenir davantage de la vie aux plans de l'épanouissement et de l'accomplissement. Comme je peux être très disciplinée et déterminée quand je décide d'entreprendre quelque chose, je me sens capable de relever de nouveaux défis et je suis prête à faire tout ce qu'il faudra pour ça. Malgré mon enthousiasme et mes espoirs, je continue de douter de moi et de mes véritables capacités qui, d'ailleurs, n'ont peut-être encore jamais été mises à l'épreuve. Je peux me montrer plus romantique que réaliste et j'admets qu'il me faudra devenir plus pragmatique si je veux réussir autrement que comme professeur.

J'ai appris à ne compter que sur moi-même et à être indépendante. Je peux être heureuse par moi-même et la solitude ne me pèse pas. Cela fait des années que j'ai appris qu'elle est un état d'esprit et non un état de fait. Cela dit, j'espère que je finirai un jour par avoir une relation satisfaisante avec un homme parce que, même si je peux rester livrée à moi-même, il est certain qu'une relation empreinte d'affection ne pourra qu'enrichir ma vie.

Physiquement, je me trouve jolie et sexy. J'essaie de me maintenir en forme en faisant du jogging et en surveillant mon alimentation. Je suis consciente de mon apparence et l'idée de vieillir m'inquiète parfois. Mais si j'étais plus jeune, je ne serais sûrement pas aussi sage ! Je me sens vraiment en bonne santé et débordante d'énergie.

Mon moi idéal

Mon moi idéal serait beaucoup plus confiant et moins circonspect. Je pourrai peut-être le devenir en apprenant à canaliser mes énergies et à me concentrer sur des buts spécifiques. En étant plus sûre de moi, j'hésiterai moins à prendre des décisions et je serai plus encline à courir des risques. J'aimerais apprendre à développer mes capacités psychiques et à les exploiter de façon constructive. J'aimerais également faire équipe avec des gens qui ont réussi, c'est-à-dire des gens qui apportent une véritable contribution à la société. Cela m'aiderait probablement à avoir moins de pensées négatives – à être moins critique et jalouse, par exemple – et à consacrer davantage d'énergies à des projets positifs, à des choses qui me rendront plus heureuse. En résumé, je veux apprendre à avoir la totale maîtrise de ma vie et de ma destinée.

Nous voulons tous être les maîtres de notre vie. Cynthia a exprimé ce besoin au tout début du processus. Quelques mois plus tard, elle avait atteint son but. Et vous pouvez en faire autant.

Nous manifestons souvent le désir d'être pleinement responsables de notre vie et de notre destin. Il est ironique de penser que, sur le plan cosmique, nos voies *se dessinent d'elles-mêmes* ; on sait qu'on a *vraiment* réussi quand on comprend que le plan de notre vie avait été tracé de très bonne heure. Dès la naissance, on est déjà un être conscient. Nous faisons tous partie d'une luxueuse tapisserie, dont les fils s'entrecroisent avec une extrême complexité. Cette tapisserie universelle atteint des proportions incommensurables ; pourtant, votre fil est d'une importance capitale pour l'ensemble du motif. En fait, votre propre vie est elle-même une tapisserie qui se démarque par la richesse de ses coloris et par tout ce qu'elle implique. Vous décidez du motif et le modifiez au gré de votre imagination. Si vous réfléchissez suffisamment longtemps à ce que vous souhaitez véritablement (des rêves venus du cœur et non de la tête) et que vous vous le représentez mentalement comme si c'était déjà une réalité, vous créez une nouvelle tapisserie.

Celui qui est maître de sa vie aborde chaque journée avec courage. Le courage n'est pas l'absence de peur ; c'est plutôt la capacité d'agir malgré la peur. Quand vous suivrez le processus décrit dans ce livre, vous connaîtrez aussi bien des déceptions que des gratifications. Il s'avère parfois difficile de changer d'emploi, de rencontrer de nouvelles personnes et de découvrir quelle est sa véritable voie. Si ce ne l'était pas, ce serait à la portée de tout le monde ! Ce qui rend ce processus pénible dès le départ, c'est qu'il s'agit d'un voyage essentiellement personnel et qu'on ne peut le faire que tout seul. Une fois que le processus est amorcé, vous remarquerez que la plupart des gens que vous rencontrerez vous offriront leur appui. Et non seulement on vous soutiendra, mais vous aussi, vous aiderez les autres.

Quand mes clients sont démoralisés, ils viennent s'en ouvrir à moi. Cela fait partie de mon travail, d'écouter le récit des échecs comme celui des réussites. Un jour, l'un de mes clients, Burt, entra dans mon bureau, en proie à la frustration la plus totale.

L'HISTOIRE DE BURT

« Votre système semble fantastique, mais, avec moi, cela ne donne rien. Mes lettres sont transmises au service du personnel et il y a même un type qui m'a dit de ne plus l'ennuyer et qu'il n'avait aucune ouverture », me déclara-t-il d'emblée, prêt à exploser au souvenir de ce traitement.

Après avoir analysé calmement le nombre de lettres envoyées et celui des rencontres qui avaient suivi, il s'avéra que Burt avait un taux de réussite moyen de 50 pour cent ! Néanmoins, je n'étais pas satisfaite. Lorsque tout se passe bien, la moyenne est de 80 pour cent. J'appris alors que Burt avait expédié les deux tiers de ses lettres à des agences de publicité, un secteur extrêmement sollicité. Bien des gens sont attirés par le côté séduisant de la publicité.

« Pourquoi avez-vous adressé autant de lettres aux agences de publicité ? lui demandai-je. J'ai la nette impression que vous seriez davantage à votre place dans une société dont vous seriez le porte-parole auprès des publicitaires. Tâchons de prendre contact avec d'autres personnes qui travaillent dans ce genre d'entreprises. »

Du coup, la moyenne de Burt augmenta, en même temps qu'il se rendait compte que l'ambiance extrêmement stressante d'une agence de publicité n'était pas faite pour lui. Les gens qui travaillent sous pression sont généralement assez peu réceptifs. Burt ramait à contre-courant ; il tentait vainement de percer dans un secteur qui n'était pas le bon et, de ce fait, ses résultats ne correspondaient pas à ses attentes. Dès qu'il changea de cap, ils s'améliorèrent de façon spectaculaire. Il envoya davantage de lettres, poussa ses recherches plus à fond et eut des consultations fructueuses.

« Je suis stupéfait devant l'accueil qu'on me réserve. J'ai tellement de coups de téléphone à donner, tellement de gens à rencontrer à la suite de mes réunions, que je ne suis pas du tout certain de pouvoir tout faire », me dit-il d'un ton enthousiaste.

Finalement, Burt fut engagé par une importante société à titre d'agent de liaison entre elle et ses diverses agences de publicité. Il avait suffi d'un subtil changement dans sa façon de procéder pour qu'il découvre qu'il pouvait vivre sa passion – la publicité – dans un créneau auquel il n'avait pas pensé.

MAÎTRISER LA VIE

Maîtriser sa vie est une question de *foi*, de *conviction* et d'*imagination*. La foi est la plus forte et la plus productive de toutes vos émotions. C'est un état d'esprit. Son opposé, le scepticisme, fait partie de notre système d'alarme interne. Utilisé à bon escient, il nous évite les erreurs de jugement. Si vous êtes convaincu de l'efficacité des neuf secrets de la passion décrits dans ce livre, vous renoncerez à toute forme de scepticisme stérile au profit de la foi et de la conviction.

Vous devez tout d'abord avoir foi dans le fait que vous *méritez* d'avoir une vie prolifique. À mesure que vos convictions changeront, il en ira de même de votre façon de vous percevoir. Et tandis que vous adopterez de nouveaux comportements face à vous-même et à la vie, que vous serez davantage conscient de votre moi intime, vous observerez les événements quotidiens d'un regard plus pénétrant. Le temps venu, vous serez prêt à passer à l'action afin de réaliser vos objectifs. Mais si vous *n'agissez pas*, vous demeurerez un receveur passif, dont l'existence se déroulera en quelque sorte par procuration. Or, ce n'est pas du tout votre destin. Ce serait comme posséder une Porsche et ne la conduire que pour faire les courses, une fois par semaine! Vous êtes capable des plus grandes performances. Votre esprit est une ressource illimitée, d'une extrême richesse, le créateur de la réalité sous toutes ses formes. Vous possédez ce qu'aucune machine ne peut avoir: l'*imagination*, source première de l'art, de la musique, de la science, des affaires et de toutes les idées. Rappelez-vous que vos pensées sont des choses, des forces puissantes dont vous êtes le seul maître.

Considérés dans une perspective unique et d'une importance primordiale, *tous* vos choix s'avèrent fondés parce qu'ils sont gouvernés par un système de guidage interne qui intensifie votre conscience de vous-même. Vous *maîtrisez* votre vie, même lorsqu'elle est loin d'être conforme à vos aspirations. Votre expérience est en harmonie avec vos convictions les plus intimes à propos de vous-même et de la vie. Si, par exemple, vous croyez comme Cynthia que vous ne possédez aucun talent, vous orienterez vos choix de carrière de façon à éviter d'être exposé et à éliminer les risques. Vous vous cantonnerez dans des situations propres à vous sécuriser. Pourtant, il y a toujours en vous ce moi créatif qui est attiré par la nouveauté, ainsi que Cynthia l'a découvert. Cet impérieux besoin de s'exprimer peut provoquer des troubles affectifs, un manque de confiance en soi ou de l'anxiété. Vous pouvez décider de vous réfugier dans un monde intérieur (où personne ne vous verra) pour résoudre ces conflits, plutôt que de vivre au grand jour et de faire votre marque. Si vous êtes réellement convaincu que vos capacités, vos talents et vos forces sont limités, ils le seront effectivement. En revanche, si vous croyez qu'ils sont illimités, l'avenir vous appartiendra !

Les histoires de Cynthia et de David illustrent bien comment nous laissons nos convictions nous imposer des limites. David était convaincu qu'il devait toujours être prêt à se battre pour obtenir ce qu'il voulait, que ses rivaux se dissimulaient dans l'ombre, guettant l'occasion de passer à l'attaque. Son attitude défensive l'avait bien servi pendant son enfance en l'aidant à supporter un système répressif. Mais, parvenu à l'âge adulte et vivant dans un milieu différent, il lui a fallu se débarrasser de cette conviction pour devenir plus confiant et plus coopératif.

Les convictions sont des phénomènes subtils. Pour mieux cerner les vôtres, pensez à votre état présent. Peut-être vous sentez-vous pris au piège et désirez vivre autre chose, mais vous doutez de votre capacité à provoquer les changements souhaités. Il est aussi possible que, à l'instar de Cynthia, vous exerciez la même profession depuis si longtemps que vous soyez incapable de vous imaginer dans une autre branche. Cette impression d'être pris au piège a un effet stimulant ; ne luttez pas contre vos sentiments. Ceux-ci sont la clé qui vous donnera accès à vos convictions et vous permettra de résoudre votre propre énigme.

LES ÉMOTIONS POSITIVES ET NÉGATIVES

Qu'elles soient positives ou négatives, les émotions ont un effet déterminant sur nos choix. Jetez un coup d'œil sur cette liste des émotions positives et négatives (tirée de *Réfléchissez et devenez riche*[4] de Napoleon Hill) et voyez comment celles-ci influent sur votre capacité à cibler vos objectifs et à agir.

Les sept grandes émotions positives

1. l'émotion du désir ;

2. l'émotion de la foi ;

3. l'émotion de l'amour ;

4. l'émotion de la sexualité ;

5. l'émotion de l'enthousiasme ;

6. l'émotion de l'aventure amoureuse ;

7. l'émotion de l'espoir.

Les sept grandes émotions négatives

1. l'émotion de la peur ;

2. l'émotion de la jalousie ;

3. l'émotion de la vengeance ;

4. l'émotion de l'avidité ;

5. l'émotion de la suspicion ;

6. l'émotion de la colère ;

7. l'émotion de la haine.

Ces deux états ou ces deux groupes d'émotions ne peuvent occuper votre esprit simultanément. L'un ou l'autre domine, selon votre humeur. Le monde est rempli de gens qui travaillent avec assiduité dans la négativité. Songez un instant au nombre de pensées qu'il faut pour se maintenir dans un état dépressif. Les spécialistes estiment que notre esprit est traversé par au moins 50 000 pensées par jour !

Combien de vos 50 000 pensées quotidiennes sont axées sur les sept émotions positives ? Dans quelle mesure votre vie porte-t-elle l'empreinte de la passivité, de l'acceptation du statu quo ? Combien de vos pensées sont ancrées dans la négativité ?

VOTRE HISTOIRE

Toutes les personnes puissantes et parvenues au faîte de la réussite, que j'ai connues, rencontrées et aidées, présentent les mêmes traits de caractère. Elles dominent leurs pensées et, plus important encore, elles *agissent*. (Rappelez-vous que la définition du pouvoir est la capacité d'agir, d'influencer.) Vous aussi, vous êtes capable d'agir, de façonner le cours de votre vie. Passez à l'action en travaillant sur vos pensées et en mettant votre imagination à contribution pour écrire votre histoire *exactement comme vous voulez qu'elle soit*. Remplissez les blancs ci-dessous et voyez ce que cela donnera! (C'est là la méthode affirmative que nous avons déjà vue au chapitre 3.)

Moi, _____, j'exerce une profession passionnante et gratifiante. Je gagne _____$ par année et j'ai droit à des avantages sociaux comme _____. J'habite et je travaille à _____, ce qui, d'un point de vue géographique, est idéal pour moi. Je fournis des services à ma société et/ou à mes clients, qui leur procurent _____ et _____. J'ai la réputation d'être un _____ dynamique et fiable, dans le domaine de _____. J'entretiens de bonnes relations avec mes collègues et mes chefs de service. On me considère comme une personne sympathique, chaleureuse, solide et compétente. Je progresse chaque jour un peu plus sur la voie de la conscience de soi et de la maîtrise de ma vie, ainsi qu'au plan professionnel. J'ai réussi à allier mon gagne-pain et ma passion. Mon travail est agréable et vivifiant. Ma vie privée est enrichissante et pleine de joie. Je, _____, suis extrêmement content de moi et le manifeste devant les autres. J'ai une confiance inébranlable en _____ (déclaration de foi ou croyances religieuses, à votre gré).

Votre histoire me plaît. Elle est véridique. Je vous présente toutes mes félicitations! Et, maintenant, *fêtez*!

ALLEZ-Y, FÊTEZ!

Lorsque mes clients ont terminé le programme, nous débouchons une bouteille de champagne et nous levons nos verres à la victoire du courage personnel que cela représente. Nous rions en nous rappelant notre lutte commune et nos doutes. Nous nous racontons mutuellement tout ce qui s'est passé en savourant chacune des étapes qui nous ont conduits jusqu'ici.

La fête est l'un des éléments capitaux d'une vie fondée sur la passion. Savourez votre victoire en la célébrant dignement. Débouchez les bouteilles, organisez une grande fête, faites vibrer les gongs, embouchez votre trompette. Que tous ceux qui se trouvent à portée de voix soient informés de votre réussite. Celle-ci résonne comme une musique aux oreilles des personnes qui sont découragées et de celles qui vous aiment. Vous savez maintenant quelle est votre passion et comment la rattacher aux autres. Vous êtes ici pour gagner votre vie en faisant ce que vous aimez, selon la méthode décrite dans ce livre. Vous êtes ici pour répandre l'amour dans le monde, grâce à votre travail et à votre passion.

RÉSUMÉ

> **Neuvième secret de la passion : les gens puissants savent reconnaître qu'ils sont « arrivés ».**

1. Soyez réceptif à votre destin ; ne vous imposez pas de limites.

2. Recherchez la clarté de la vie, la riche tapisserie de votre existence.

3. L'adversité est un élément nécessaire à l'acquisition de l'esprit de leadership. C'est la tension qui stimule le changement. Le défi fait partie intégrante d'une vie pleinement vécue.

4. *Toutes* vos expériences ont un sens. Toutes.

5. La rébellion est un indice très positif du changement : social, politique et personnel. Nous devons nous révolter contre la tyrannie qui réprime la liberté, qu'elle vienne de l'extérieur ou qu'elle se dissimule en nous.

6. Rares sont les entreprises qui disposent du temps et des fonds nécessaires pour gérer votre carrière ; *vous* devez assumer votre autogestion. Essayez tout d'abord des méthodes internes, en vous-même, à l'intérieur de votre entreprise. Ensuite, essayez des méthodes externes, à l'extérieur de vous-même (ateliers, thérapeutes, conseillers, etc.) et de votre société. Repérez la source du problème.

7. Soyez indulgent envers vous-même, recourez à toutes les formes d'aide possibles pour obtenir le poste ou l'entreprise que vous convoitez.

8. Une fois que vous serez installé dans votre nouvelle carrière, continuez de vous autogérer. Ne vous laissez pas leurrer par la fausse sécurité du salaire, des avantages sociaux et de ce parapluie que représente votre entreprise. *Soyez* le changement que vous voulez voir se concrétiser, au lieu d'essayer de changer tout le monde autour de vous.

9. Nous vivons la période la plus passionnante de toute l'histoire de l'humanité. On peut résumer l'avenir en deux mots : alternatives et nouveauté. Habituez votre esprit à être à l'affût de toutes les éventualités.

10. Envisagez la possibilité de lancer votre propre affaire, seul ou avec d'autres.

11. Évitez de conclure une entente trop tôt. Prenez le temps de découvrir ce que vous désirez au fond de vous.

12. Donnez toujours votre maximum. Développez vos capacités pour donner davantage de vous-même.

13. Quand vous êtes découragé, soyez honnête en déterminant pourquoi les « choses » vont de travers. Lorsque vous serez en harmonie avec vos véritables intérêts – ceux qui cadrent avec vos habiletés, vos forces et vos valeurs –, les « choses » s'amélioreront d'emblée.

14. Vous êtes capable des plus grandes performances. Utilisez votre pouvoir personnel, passez à l'action.

15. Tenez le compte de vos pensées quotidiennes. Combien d'entre elles sont axées sur les sept émotions négatives ? Et sur les sept émotions positives ?

16. Rédigez votre histoire *exactement comme vous voulez qu'elle soit.* Ensuite, vivez-la !

17. Fêtez toujours vos réussites. Offrez-vous quelque chose dont vous rêviez depuis longtemps, partez pour le week-end, passez la journée à bricoler dans votre jardin ou à vous dorloter, bref, faites-vous plaisir. Ne sous-estimez pas votre réussite. Arrêtez-vous, faites une pause et fêtez avec ceux qui vous aiment.

18. Vous êtes ici pour répandre l'amour dans le monde, grâce à votre travail et à votre passion.

NOTES

Chapitre 1
1. *Actualizations* est une société installée à San Francisco, qui aide les individus à identifier les comportements qui les empêchent d'avoir des relations sincères et leur enseigne des techniques propres à y remédier.
2. Roberts, Jane, *The Nature of Personal Reality*, Englewood Cliffs, Prentice Hall, 1974, p. 344.
3. Hill, Napoleon, *Réfléchissez et devenez riche*, traduit de l'américain par Thérèse Guindaux, Montréal, Éditions du Jour, 1988.

Chapitre 2
1. Roberts, Jane, *op. cit.*, p. 255-256.
2. Toffler, Alvin, *La Troisième Vague*, traduit de l'américain par Michel Deutsch, Paris, Denoël, 1982.
3. *Ibid.*, p. 64-65.
4. *Ibid.*, p. 261.
5. Zyfowsky, D.G., « 15 Needs and Values », *Vocational Guidance Quarterly*, vol. 18, 1970, p. 182.

Chapitre 3
1. Blotnick, Srully, *Getting Rich Your Own Way*, New York, Doubleday and Company, Inc., 1980.
2. Greer, Gaylon, « How Did The Rich Get That Way ? », *AAII Journal*, mars 1984, p. 23-24.
3. Shakespeare, William, *Antoine et Cléopâtre*, traduction d'André Gide, Paris, NRF Gallimard, « La Pléiade », t. II, 1959.

Chapitre 4
1. Hill, Napoleon, *op. cit.*

Chapitre 5
1. Waterman Jr., Robert H. et Peters, Thomas J., *Le prix de l'excellence*, traduit de l'américain par Michèle Garene et Chantal Pommier, Paris, Interéditions, 1983.
2. White, Richard, *The Entrepreneur's Manual*, Radnor, Pennsylvannie, Chilton Book Company, 1977.

Chapitre 7
1. Renoir, Jean, *Pierre-Auguste Renoir, mon père*, Paris, Gallimard, collection Folio, 1980, p. 124.

Chapitre 8
1. Gibran, Kahlil, *Le Prophète*, Tournai, Casterman, 1956, p. 27-28, traduction de Camille Aboussouan.
2. Phillips, Michael, *The Seven Laws of Money*, Menlo Park et New York, World Wheel et Random House, 1974, p. 8-9.

Chapitre 9
1. *Selected Letters of John Keats*, sous la direction de Lionel Trilling, New York, Farrar, Straus & Young, 1951, p. 127.
2. *The Autobiography of William Butler Yeats*, New York, Macmillan Company, 1928, p. 300.
3. Frankl, Dr Victor Emil, *Découvrir un sens à sa vie avec la logothérapie*, traduit de l'anglais par Clifford J. Bacon, Montréal, Éditions de l'Homme, 1988.
4. Hill, Napoleon, *op. cit.*

TABLE DES MATIÈRES

Achevé   Imprimerie
d'imprimer Gagné Ltée
au Canada Louiseville